슬픔이 희망에게

슬픔이 희망에게

김혜정

마음산책

슬픔이 희망에게

1판 1쇄 인쇄 2003년 7월 25일
1판 1쇄 발행 2003년 7월 30일

지은이 | 김혜정
펴낸이 | 정은숙
펴낸곳 | 마음산책

편집 | 고은희·박지영   디자인 | 이지윤
영업 | 공태훈   관리 | 동미옥
등록 | 2000년 7월 28일 (제13-653호)
주소 | 서울시 서대문구 충정로 3가 270 (우 120-840)
전화 | 362-1452~4   팩스 | 362-1455
홈페이지 | http://www.maumsan.com
전자우편 | maum@maumsan.com

종이 | 화인페이퍼
인쇄 | 한영문화사
제본 | 정민제본

ⓒ 2003, 김혜정

ISBN 89-89351-44-8 03810

* 책값은 뒤표지에 있습니다.

한 생명의 장엄함. 병을 이겨내려고,
그 하기 싫은 것을 해야 나을 수 있다고 믿고 사투를 벌이는
'휘'라는 한 생명의 장엄함은 눈부셨고,
그 눈부신 빛은 내 습한 곳을 많이 제거해주었다.

□ 책머리에 □

미움이나 분노로 마음 다치시지 않기를
―소아암, 난치병 아이를 둔 부모님들께

휘가 아프고부터 제겐 개인적인 이야기들은 우선 감추고 싶어하는 새로운 버릇이 생겼었습니다. 왜 그랬었는지 같은 처지인 여러분들은 아마 그 이유를 짐작하실 수 있을 겁니다. 제가 제 아들을 위해 그 싫어하는 검사 한번 대신 때워줄 수 없는데 누가 누굴 위로하고 위로받을 수 있다는 말인가, 그런 생각에 마음의 문을 닫곤 했었지요.

그런데 제겐 그 외에도, 꼭꼭 마음을 여미고 살아온 또 하나의 이유가 있었습니다. 도미노 조각 하나를 건드리듯, 불행 하나가 다른 작고 소박한 행복들을 줄줄이 넘어뜨리지만 않는다면, 그건 감수할 만한 것, 감수해야만 하는 것이라는 자각 때문이었습니다.

밴쿠버 아동병원의 암병동은, 그 중 양명한 공간, 볕이 좋으면 문 열고 바로 잔디밭으로 나갈 수 있는 곳에 자리하고 있습니다. 그렇지만 2년 넘게 그 병동을 오가면서 저는 그 양명한 곳의 바닥에 흥건히 눈물이 괴어 있음을 느낍니다. 평상복 차림의 아이가 금세 소아암 환자가 되어서 들어오기도 하는 곳.

그날도 그랬습니다. 어디 외식이라도 하러 가는 듯한 평상복 차림의 일가족이 들어와 간단히 그곳 소개를 받고는, 안쪽 조용한 방으로 안내되는 것을 보았습니다. 그건 암병동에서 일하는 이들이 처음 그곳에 온 환자와 그 가족을 위해 베푸는 배려지요. 그러나 문 한쪽이 열려 있어서, 의자에서 휘의 차례를 기다리는 동안 어쩔 수 없이 그곳이 들여다봐졌습니다.

얼굴에 핏기라고는 없는, 갑자기 영화 속에나 자주 등장하는 병을 가진 환자가 된 동생에게 열서넛쯤 되어보이는 형이 무슨 이야긴가를 신나게 해주고 있었습니다. 서너 살쯤 어려보이는 동생은 정말 재밌는지 이따금씩 폭소를 터뜨리곤 했구요, 부모 둘은 형제 곁에서 한 발짝 물러서서 그 정겨운 장면을 지켜보며 희미하게 웃고 있었습니다. 아, 참 조용하고 담대한 가족이구나 싶었습니다. 그래서 몰래몰래 두어 차례 더 쳐다봤을 겁니다.

그런데 형이 슬쩍 화장실에라도 가는 듯 그곳을 빠져나오더니, 동생이 머문 방에서는 안 보이는 암병동 한 구석으로 가 고개를 숙이고 흐느껴 울기 시작하는 거예요. 참 대견하다 싶어서 무심코 지켜보던 제 마음이 와르르 금가던 순간이었죠. 부모에게는 예감이라는 게 있지요? 곧이어 부모가 따라나와 그 아이를 안고는, 그렇게 세 사람이 일제히 집중해서 참았던 울음을 토해내는 것이었습니다.

    이제 저는 그런 이들, 또 저와 제 가족이 흘린 눈물이 흥건한 밴쿠버 암병동에서의 제 경험들을 시시콜콜 이야기하려 합니다. 같은 처지의 여러분들과 비교하자면 제 경험은 상대적으로 너무나 화사하다는 사실을 더이상 외면할 수 없어서입니다.

    그러나 그런 저의 자랑일 수도, 자랑이어서도 안될 화사한 슬픔 앞에 여러분이 한번 더 상심하거나 상처받지 않기를 간절히 바랍니다. 저는 다만 자신이 얼마나 많은 것을 가졌는지조차 제대로 헤아려볼 틈 없이 바쁜 분들에게 제 경험들이 하나의 쉼표처럼 다가갔으면 합니다. 그래서 질주를 멈추고 한번쯤, 눈길 닿지 않은 곳의 사람들이나 그 아이들 생각을 해보았으면 합니다. 그러고는 내가 할 수 있는 일은 없나, 누군가 한 명만이라도 그렇게 생각해준다면, 참 좋겠습니다.

제가 이곳에서, 고국의 같은 슬픔을 가진 여러분들 편에 서서 할 수 있는 일이란 고작 이 정도뿐입니다.
　경황중에 미움이나 분노로 더 마음 다치시지 않기를, 강하게 버텨 나가시기를……

　추신 : 이 책에 실린 글들은 모두 저의 1인 시위, 시위문들입니다. 조심했지만 아마도 시위문이 가지는 어떤 성향으로부터 자유롭지는 못할 것입니다. 제 글에 둘러 쳐진 붉은 머리띠, 너무 세게 움켜 쥔 주먹, 앙다문 입매, 이런 것들이 혹여라도 '열악한 의료전선'에서 일하시는 분들께 불편하게 느껴졌다면 그것은 모두 제 표현상의 미숙함 때문입니다. 개인적으로 저는 환자에게 최선을 다하는 전세계의 모든 의료인들을 진심으로 존경합니다.

밴쿠버에서
김혜정 올림

차례

때로 길이 모습을 바꾼다 · 15
진실은 잔인하다 · 19
얼마나 억울했으면 · 24
무섭고도 슬픈 '돈' · 29
미래를 알려주지 마 · 36
'나'는 '너'를 모른다 · 42
휘의 첫 연상의 연인 · 48
바위를 깬 물방울들 · 55
제 무덤 파고 눕기 · 62
조직의 단맛 · 69
그때, 그곳에 있었다 · 75
안개 속을 걷다 · 82
희망은 본능이다 · 87
수업료 100달러 · 93
나는 특별대접이 싫었다 · 99
고통 앞에 부끄러운 관념 · 106
웃어서 미안해요 · 113
아파서 미안해요 · 120
당신들의 천국 · 126
두리번거리고 한눈을 팔아라 · 133
삼류인생, 괜찮습니다 · 140
제가 대신 외치겠습니다 · 149
슬픈 만장일치 · 157
눈물짓고 잊어버리기 · 165

나는 영원한 2순위 · 173
취조당하는 엄마 · 182
우물을 들여다보다 · 189
최고급 이기주의자들 · 195
내 모자를 벗긴 점자 · 203
고요한 밤, 무서운 밤 · 210
어쩌다 보니 그렇게 돼서 · 218
흐름을 바꾸기 · 225
지금 이 순간 · 232
휘의 개그콘서트 · 239
우울증은 병입니다 · 246
절망할 틈도 없으니 다행 · 256
안 믿어줘서 고마워요 · 264
이쑤시개, 필요하세요? · 271
분노와 감상 방지시스템 · 279
등뒤 속삭임, 몸에 해롭습니다 · 287
메멘토 모리, 죽음을 기억하라 · 295
슬픔의 집에는 창문이 필요해요 · 302
도보여행자들을 만나다 · 309
어딜 그리 바삐 가시는지 · 317
불가능한 꿈을 꾸는 리얼리스트 · 324

발문—신경숙 / 몇 년 후엔가는 · 333
부록 · 344

첫 수술을 마치고 의기소침해 있을 때
신경외과 닥터인 스타인벅이 해준 말을 휘는 참 좋아한다.
"희망은 기적을 만든다."

때로 길이 모습을 바꾼다

나는 가리라, 남겨진 시간도 더는
위안 없는 마음밭 얼룩진다 해도
많은 물음 내게 와 닿고 또 끝끝내 남겨진 의문으로
저 수많은 자책의 비탈 많은 세월을 향해
―김명인 시 「머나먼 곳 스와니 Ⅳ」 중에서

    사람들의 이야기를 듣다가 가끔 놀란다. 몇 년 후에는, 또 몇 년 후에는 무엇이 어떻게 되리라고, 되어야 한다고 믿는 그들의 밝은 확신에, 그리고 아, 나는 몇 년 후를 믿지 않는 사람이 되었구나, 하는 자각 때문에.
    그러나 '몇 년 후를 믿지 않는다=비관주의자'라는 공식은 거부하고 싶다. 오히려 소박한 그리고 철저한 쾌락주의자로 변한 나 자신을 본다.

그냥, 살다보면, 여러 길 중에 하나를 택하기도 하지만, 길의 폭이나 바닥이 어느 날 갑자기 변해버리기도 하고 심지어는 멀리까지 평탄하게 이어진 듯 보이던 길 허리가 뚝 끊겨 갑자기 눈앞에서 사라져버리기도 하는, 그런 경험을 하게도 된다.

그런데 4차선이 3차선으로 바뀌는 정도의 경미한 경우라면 금세 또 잊고 몇 년 후를 과신하는 탄탄대로 신화에 빠져들겠지만, 나처럼 충격을 상당히 강하게 받은 사람들은 조금 다른 것 같다. 막연한 '몇 년 후 신화'에 기대는 대신, 그냥 오늘 하루의 소중함을 택하게 된다는 이야기를 하고 싶다.

응급실, 휘(홍설휘) 곁의 간이 접이침대에서 새우잠을 자고 있는데 새벽같이 간호사가 나를 깨웠다. 어젯밤 늦게까지 이루어졌던 모든 검사가 정상이라고 했다. 자기로서는 좋은 소식을 알리게 되어서 반갑다는 듯 그녀는 웃으면서 무심히 말을 이었다. 아마 휘는 향수병인가보다고, 향수병에서 온 꾀병? 그러면서 윙크까지 하고 나갔다. 이민 온 지 10개월. 아직 정착하지 못한 우리 처지를 알고 하는 농담 혹은 진담이었다.

아파서 깊이 잠들지 못한 휘는 이미 간호사가 들어오는 기척에 먼저 깨어 있다가 그 이야기들을 고스란히 다 들어버렸다. 그래서 그녀가 나가자 볼멘소리로, 정상이면 이제 집에 가자고, 집에 가면 되겠다고 했다.

그때 우리 아이를 다시 응급실로 보내 모든 검사를 지시한 닥터 콜린 영이 들어왔다. 나는 그에게 모든 검사들이 정상이라는 소식을 방금 들었다고, 그래서 휘가 지금 당장 집에 가고 싶어한다고 말했다. 그러나 그는 단호했다. "이번만큼은 그냥 집에 돌려보내지 않겠다. 넌 너의 아이가 정상이라고 보느냐. 아홉 살 아이가 저렇게 맥을 못 추는 건 절대 정상이 아니다."

엄마인 나는 그의 단호한 태도, 휘를 걱정스럽게 지켜보면서 하나하나 정밀하게 확인해나가는 태도에 조금 안심이 되어서 다시 휘를 달랜다. 조금만 참자고, 이번에는 검사들을 좀더 자세히 받아보는 게 좋지 않겠느냐고.

콜린 영이 나간 잠시 뒤, 이번엔 두 명의 또 다른 낯선 검사팀이 병실로 들어왔다. 그 중의 한 명이 휘 곁에 나란히 앉더니 학교생활은 어떤지, 한국에 돌아가고 싶지는 않은지, 한국 친구들 생각이 많이 나는지 등을 물었다. 당연히 나는 이젠 소아정신과 쪽 검사인가 했었다. 그런데 의사가 진료 가방에서 봉 하나를 꺼냈다. 지휘봉처럼 생긴 그 끝에 미키마우스 한 마리가 붙어 있었다.

"미키가 몇 개로 보이지?"

"두 개요."

아마 그때였을 것이다. 좁은 병상의 한켠 벽에 서 있던 나는 스르륵 주저앉았다. 어느만큼이 잘못되었는지는 모르겠지만, 적어도 무엇이 잘못되었는지는 알 수 있을 것 같았다. 휘가 본격적으로 아프기 시작하면서부터 끈질기게 달라붙던 불안과, 정체를 알 수 없어 더욱 두려웠던 공포의 존재가 그렇게 단번에 눈앞에 모습을 드러냈다. 미처 예상하지 못한 극단의 모습을 하고서.

적어도 2년은 죽어라 공부만 하고, 그런 다음에는 막노동이라도 해가면서, 말하자면 돈을 벌어가면서 계속 공부를 하고. 그래서 몇 년 후에는, 또 몇 년 후에는.

　내가 상상 속으로 열심히 쌓아올려가던 나와 우리 가족의 미래, 그 평탄대로 속에 그때 그 순간은 없었다.

　그렇게 그렇게 지금 우리가 안전하다고 믿고 있는, 혹은 큰 욕심까지는 부리지 않아도 이 정도만큼은 평탄하게 이어질 것이라고 믿었던 길은, 어느 날 우리의 의지와는 다르게 스스로 모습을 바꿔버리기도 한다.

　2001년 1월 26일 아침, 봉에 꽂혀 있는 미키마우스 하나를 두 개라고 말한 그 순간부터 정밀뇌검사들이 이어졌고, 결국 휘는 뇌종양 진단을 받았다.

　그냥 보통의 길을 걷고 있던 우리 가족 앞에, 그렇게 험한 산이 갑자기 솟아올랐다. 그리고 그 산길은 가파르고도 좁아서 바로 앞 굽잇길이 안 보일 때가 많았다. 누군가 앞서 지나간 사람의 발자국이 아예 없었더라면 산의 초입에서 그만 그 기세에 눌려 절망하고 말았을 법한, 그런 산길.

진실은 잔인하다

  친한 친구나 이웃의 문제를 발견하고 지적하는 데 걸리는 속도는 정말 눈부시게 빠르다. 그러나 내 자신의 문제를 발견하기까지 걸리는 시간은? 평생 발견중이라 절대 알 수 없음, 혹은 알고 싶지 않음 아닐까. 진실을 외면하지 않고 정면으로 쳐다본다는 것, 눈 돌리지 않고 응시한다는 것은 그만큼 힘들다.
  휘에게 더블비전(한 물체가 두개로 보이는) 현상이 있음을 발견한 의사들은, 곧바로 휘를 일으켜 음주운전 테스트를 할 때처럼 한쪽 발 발가락에 다른쪽 발 발꿈치를 대고 똑바로 걸어보게 하는 균형감각 테스트를 했다. 휘는 두 걸음도 제대로 못 걷고 휘청거렸다.
  더이상 다른 검사들은 해볼 필요도 없다는 듯, 두 의사가 황황히 병실을 나갔다. 그러고는 지체없이 간호사가 휠체어를 준비해 병실로 들어오더니 곧바로 CT촬영을 하러 가야 한다고 했다.

홍설휘

촬영 내내 검사실 유리벽 저편에서 의사들이 지키고 있어서 촬영이 끝나는 것과 결과 확인이 거의 동시에 이루어졌다. 그런데 지금껏 엄마인 나를 상대했던 콜린 영이 갑자기 남편을 찾았다. 지금 생각해보면 그때 아마 콜린 영은 내 이 가는 소리를 듣지 않았을까 싶다.

"남편은 지금 일하고 있어. 우선 내게 이야기해. 나한테 말해."

이 간단한 말을 하기 위해서 나는 어금니들을 꾹 악물어 갈아붙여야 했다. 우선 그 앞에서 벌써부터 울지 않기 위해서. 그리고 엄마인 나도 보호자인데, 이 긴급한 순간에 왜 엉뚱한 걸로 시간을 끌고 있어, 에잇. 이런 심정에서.

아마도 이를 갈아대면서, 또 울지 않기 위해 눈까지 부릅떠가면서 묻는 내 모습이 처참하고도 비장하게 보였던 모양이다. 콜린 영이 더이상 지체하지 않고 조용히 말했다.

"뇌 속에 무엇인가가 있다. 탁구공만한 것이."

그는 밴쿠버에서 살기 시작한 지 겨우 10개월째인 내 영어 실력에 맞춰서 설명한 뒤 병명을 말해주었다. 브레인 튜머(뇌종양)라고.

지금 생각하면 너무도 우스꽝스럽지만, 순간적으로 난 그나마 안심을 했던 것 같다. '아, 암은 아니구나. 캔서라고 말하진 않았지? 브레인 캔서라고 말 안했으니 이건 양성종양일 거야.'

한국에서 뇌암이라고 부르지 않고 뇌종양이라고 부르듯 캐나다에서는 양성, 악성을 모두 포함해 브레인 튜머라고 부른다는 걸 몰랐던 내 자신의 안타까운 진실 외면하기 순간, 그리고 어쩌면 지푸라기라도 붙잡고 매달리려던 순간이 아니었나 싶다.

남편에게 연락해서 가능하면 빨리 병원으로 오게 하라고, 이젠 입원하고 수술 스케줄을 잡아야 한다고 앞으로의 일들을 알려준 뒤, 급하게 자리를 뜨려다 말고 콜린 영은 잠깐 내 눈을 쳐다보았다. 그리고 조용하나 단호하게 말했다.

"네가 감당하기 힘든 나쁜 소식인 건 이해하겠다. 그러나 잔인한 말처럼 들리겠지만, 난 병명을 알게 되어서 기쁘다. 적어도 이제부터는 치료를 해나갈 수 있으니까."

휘가 미키마우스 한 개를 두 개라고 말한 순간 이미 벽에 기대 서 있을 힘까지를 다 잃은 내게 그 말의 의미는 선명하게 와 박혔고, 그 상황을 받아들일 준비를 시켜주기도 했다.

나는 둘째(홍창휘)와 함께 집에서 잔 뒤, 아이에게 아침을 먹여 이웃집 같은 반 친구 집에 데려다 주고는 신새벽에 잠깐 병원에 들러 상황을 살피고 출근한 남편에게로 전화를 했다. 그리고 콜린 영이 말한 그대로만 말했다.

'머릿속에 뭐가 있다고. 크기가 탁구공만하다고. 그래서 지금 바로 병원으로 와야 한다고. 보호자 둘 모두가 필요하다고.'

"어, 어, 그래, 알았어." 짧게 응대하는 전화기 저편의 남편 목소리가 마치 며칠 사막을 헤매며 물 한 방울 구경 못한 듯 꺼칠하고 적막했다.

그렇게 응급실 한켠에서 전화를 걸고, 모든 검사를 끝낸 휘가 누워 있는 응급실의 작은 방으로 들어가려다 말고, 나는 무릎을 꿇고 앉았다. 아니 무릎이 절로 꺾였다. 누워 있는 휘에게 보여주기 힘들 만큼 그 순간 나는 처참하게 무너졌다. 눈물도 솟구쳤다.

향수병일 거라고 장난을 쳐서 휘를 속상하게 했던 간호사가 그런 나를 발견했다. 그러고는 잠시, 사람들이 응급으로 오가는 그 분주한 곳의 바닥에 자기도 철퍼덕 주저앉아 나를 안았다. "어쩌지요. 어쩌지요." 똑같은 말을 반복하면서 그렇게 나를 안고 있다가 내 울음이 좀 잦아지자 간호사는 비어 있는 병실로 나를 안내했다.

응급처치 기구들이 쌓여 있는 빈 방, 그곳에 나를 앉혀두고 나가면서 그녀가 말했다. 아이 곁에는 내가 있어주겠다고, 그러니 머물고 싶을 만큼 머물다 나오라고. 그제서야 겨우 혼자가 된 나는, 조금 울고 조금 멍하니 앉아 있다가 금방 휘의 곁으로 갔다.

'그래 진실은 잔인한 법이다. 그러나 결국 알아야 하는 것이기도 하다. 그래야 대처를 할 수 있으니까. 콜린 영 말대로, 거의 한 달 가량 끌어온 긴 의혹의 시간이 끝나고, 적어도 이제부터는 치료를 시작할 수 있지 않은가.' 이런 생각을, 그때 그 정신없는 틈에 한 것 같지는 않다. 그냥 본능 같은 것이 그 순간 오래 절망의 나락에 혼자 갇혀 있지 말라고 시킨 것 같았다.

이미 자기 신상에 심상치 않은 일이 벌어졌다는 것을 눈치챈 휘를 너무 오래 혼자 놔둬서는 안되겠다는 생각, 그 생각이 가장 강했던 것이다. 얼굴에 눈물기가 아직 남아 있건 말건 그때 내가 있어야 하는 곳은 그 빈 병실이 아니라 휘의 곁이었다.

얼마나 억울했으면

 뻔한 말이지만 인간은 너무도 약하다. 그리고 환경 혹은 외적인 것들에 의해 쉽게 변한다. 지금 이 글을 쓰고 있는 동안, 공사중인 아래층에서 쿵쿵쿵 하는 소음이 계속되고 있다. 게다가 어딘가가 고장인지 이틀 동안 온수도 끊겼다.
 낡은 아파트에 살고 있음을 실감함과 동시에, 3일 동안 샤워도 못하고 머리도 감지 못하고 있는 내 손톱 밑 가시만한 고통이, 이라크의 부상당한 아이 사진을 볼 때의 고통만하다고 감정적으로 과장을 하기도 한다. 게다가 그건 너무도 인간적인 반응이라고 자기합리화까지 하려 든다.
 응급실에서 바로 입원실을 배정받고, 그리로 옮겨져서 팔만 꿰면 되게 되어 있는 환자복으로 갈아입고, 휘는 이제 정식 입원환자가 되었다. 새로운 환자복으로 갈아입고, 병실에 딱 누워 있으니 순식간에 휘는 마른 꽃처럼 애처로운 중환자로 변신해버렸다.

약 한 달간 휘는 감기환자였다가 독감환자였다가 심지어는 꾀병, 향수병 환자이기도 했다가 그제서야 비로소 '진짜' 환자가 된 것이다.

재미없겠지만 그 과정을 좀 설명하고 싶다. 우리가 일반적으로 갖고 있는 전문가에 대한 확신이라는 선입견을 깨자는 의미에서.

환자 혹은 환자가족이 되면 누구나, 의사를 하느님이라 생각하게 된다. 그의 말 한마디가 진리라고 생각하려 들고 또한 그렇게 서로 신뢰하지 않으면 안되기도 한다.

그러나 2년 몇 개월 휘의 투병생활을 지켜보는 나의 의견은 좀 다르다. 보호자는 물론 성년이라면 환자 역시 그때부터는 전문가가 되어야 하고, 그래서 의사라는 하느님과 어느만큼은 맞장도 떠야 한다고 본다. 의사라도 실수할 때가 있고, 그런 미심쩍은 순간에는 서슴없이 자신의 견해를 밝힐 수 있어야 한다고 생각하게 되었다. 그리고 그 병에 대해 공부해둔 것, 지금까지 받아온 이런저런 치료들, 먹은 약 등등에 대해 세밀히 기록하고 분석해나가야 할 필요가 있음을 알게 되었다.

의사도 인간이다. 그리고 환경에 의해 지배를 받는 그를 하느님 취급하는 건 인간인 의사에 대한 예의가 아니다. 의사의 입장에서는 얼마나 부담스럽겠는가(아닌가? 하느님으로 우러러봐주어야 더 좋은가?).

휘의 가정의는 처음엔 감기라고 했다.

"아니다. 좀 다르다. 기침도 안하고 목도 붓지 않았다. 두통만 심하다. 고개 돌릴 때 목덜미도 아프다고 한다"고 하자 이번에는 입을 벌리라고 하더니 쓱 목 안을 한번 더 들여다보고는 약을 주면서 그거 먹어보고 그래도 안 나으면 일주일 뒤에 한번 더 오라고 했다.

그러나 3일을 못 견디고 또 갔다. 여전히 두통이 심하다고 했다. 이번에는 독감이라고 했다.

이어서 세번째, 이번엔 전화를 걸어서 전문의를 소개해달라고 했더니 감기 때문에 전문의 소개해달라는 사람은 처음 보겠다고, 다시 한번 와보라고 했다. 나는 아픈 애를 데리고 그리 가깝지도 않은 그곳엘 또 갔다. 그제서야 그 의사는 전문의를 찾아가라고 했다. 휘가 점차 기운이 빠져나가는 것을 그는 그때야 느낀 모양이었다. 그러면서도 그날 당장이 아니라 다음날로 예약을 잡아주었다. 그날 걸을 힘도 없어서 아버지 등에 업혀가면서 휘가 말했다. "저 의사는 돌팔이야."

휘가 돌팔이라 했던 홈닥터가 소개해준 전문의가 바로 콜린 영이었다. 그는 휘를 보더니, 그리고 가장 기본적인 검진을 잠깐 해보더니 당장 종합병원응급실로 가 있으라고 했다. 자기도 곧 사무실 정리하고 응급실로 가겠다고. 응급실에는 자신이 지금 전화 연락을 해놓겠다고.

시간을 낭비하지 않겠다는 듯 차를 가지고 있느냐, 내 차로 갈 수도 있다, 다급하게 묻는 그를 보고 휘가 말했다. "저 의사는 진짜 의사 같아."

그렇다. 환자나 환자가족이 하느님처럼 생각하는 의사들도 실제로는 인간이어서, 휘가 돌팔이라 불렀던 그 홈닥터는 대개 99퍼센트를 차지하는 감기환자들을 매일같이 돌보는 사이 타성이 생겨버렸다. 감기를 부르는 비오는 밴쿠버 날씨, 게다가 1월, 그러면 감기겠지라는 공식이 자신도 모르게 몸에 배어버렸던 것이다.

비전문가인 엄마의 예감, 지금까지의 감기증세와는 다르다는 중요한 조언은 묵살되었다. 아마 견해를 밝히는 내 태도가 너무 조심스러웠을 것이다. 그 당시의 나는 의사라는 전문가를 완벽하게 신뢰하는 그저 평범한 엄마였으니까.

종양이 척추로 향하는 신경을 눌러 두 팔 바로 아래부터 마비된 아이의 엄마와 만나 서로의 사정을 이야기하다가 함께 울먹거리면서 동의한 적이 있다. 의사들이 조금만 덜 오만해서 엄마들의 말에 더 귀를 기울여준다면 불행은 훨씬 줄어들 것이라고. 그 아이도 휘도, 처음 만난 의사들이 시간을 너무 끌어버리는 바람에 필요 이상의 손상을 입었다.

그러나 지금의 나는 무척 달라졌다. 약의 정량이나 이해가 되지 않는 검사, 처치 등에 대해서 시시콜콜 묻고 또 묻고, 필요하면 따지기도 한다. 지난번에는 이러지 않았느냐고, 그런데 왜 갑자기 용량이 변한 것이냐고, 메모를 증거삼아 들이밀기도 한다. 부드럽게 웃고 있지만 조폭엄마 수준이다. '내 아들 제대로 치료 안 하면 재미없어.' 2년 몇 개월의 체험이 나를 그렇게 변화시켰다.

콜린 영은 의사로서 날렵하고 진지하다. 그러나 그것보다 더 존경스러운 점은 환자가 아파하면, 스스로가 어찌지 못해 힘들어하거나 심지어는 화를 참지 못한다. 아파하는 휘를 진단한 뒤 병실 문을 막 나서자마자 간호사들과 농담 따먹기하는 다른 몇몇 의사들과 다른 점이다.

왜 계속 아플까. 뭐가 문제일까. 콜린 영의 미간에는 쉴새없이 주름이 잡힌다. 그래서 2년 몇 개월 관찰해보니 그의 늙어가는 속도가 약간 빠른 것도 같다. 그런 콜린 영 덕분에 즉시 응급실을 찾아가 몇몇 기본적인 검사들을 했지만 수치들은 모두 정상. 그래서 귀가. 이틀 뒤 다시 콜린 영 사무실. 그리고 또 응급실.

그런 다음에야 비로소 뇌종양 환자가 되었으니 휘는 얼마나 억울했을까? 얼마나 억울했으면 '나 정말 많이 아프지?'라고 조금 안도하는 것 같기도 한 목소리로 힘없이 말했을까.

신경외과 의사팀이 들어와 휘에게 그림으로 병세를 설명해주었다. 그들의 설명에 의하면 휘의 종양은 뇌하수체와 양 시신경의 교차지점에 자리하고 있었다. 그리고 그 종양의 10퍼센트는 단단한 부분으로 이루어져 있다고 했다. 설명을 마친 의사들이 이틀 후에 간단한 수술을 할 것이라고 말하고 나간 뒤 겁나는 그 순간에 휘가 그랬다. "나 정말 많이 아프지?"

그래, 너, 정말 많이 아프다. 그렇게나 많이 아픈데도 부모도 의사도 다 몰라주고 시간을 낭비하기만 했으니 도대체 넌 얼마나 억울했니, 휘야.

무섭고도 슬픈 '돈'

　권투선수가 기교에 능하지 않으면 '맷집'이라도 있어야 하듯 그때그때 마음에 맺히는 것, 억울한 것, 따지고 싶은 것을 쉽게 풀어내지 못하는 내게는 어쩌면 '슬픔집' 같은 것이 단단하게 발달한 것 같다. 다른 사람보다 더 많이 맞아도 거뜬한 맷집. 다른 사람보다 더 많은 용량의 슬픔을 견디어내는 슬픔집.
　휘가 아프기 전에도 모든 인생이 그렇듯, 힘들고 슬픈 일이 나만 비켜가라는 법은 없어서 어찌어찌 힘든 일을 좀 겪고 있을 때, 한 선배가 그랬다.
　"왜 화를 안 내? 화가 안 나? 소리도 지르고 싸워붙이고 그래. 나 같으면 벌써 몇 번 그러고도 남았다."
　내가 좀 그랬다. 남의 눈에 화를 내거나 덤벼야 할 일조차 발달된 내 '슬픔집'만 믿고 고스란히 참아내는 조금 답답한 사람이었다.

설휘(왼쪽)와 창휘

그러나 내 아들이 아프니까 달랐다. 매에는 당할 장사가 없듯, 처참한 슬픔에는 어쩔 도리가 없었다. 그러면 드디어 맨슬픔을, 원색의 그 깊은 슬픔을 남김없이 표출했는가. 아니었다. 아직 그럴 수가 없었다.

그놈의 무서운 돈 때문에, 머리 한쪽에서 토닥거려지는 계산기 때문에 나는 범람하는 슬픔 속에 제대로 빠져들 수 없었다. 그러니 돈이란 얼마나 무섭고도 슬픈 존재인가.

맨 처음 응급실에 가야 했을 때, 같은 아파트 한국분들에게 전화로 물어보았다. 응급실까지 의료보험 적용이 다 되느냐고. 3년, 5년 넘게 살아 이제 10개월 신참인 우리보다는 더 자세히 알고 계시겠지 싶었다. 그런데 모두들 응급실을 이용해보지 않았단다. 그러면서 아마 응급실부터는 개인 부담도 좀 있지 않을까 싶다고 하였다. 그렇겠지. 현금이 당장 없어서 200달러를 빌리고, 액수가 너무 적은 것 같아서 신용카드를 챙겼다.

그런데 하룻동안의 응급실에서의 간단한 검사들, 아이비(링거) 등등까지 모두 의료보험비로 해결되었다. 검사결과가 정상이니 돌아가라고 하면서 달랑 의료카드만 챙겨서 돌려주었다. 그냥 가도 되나? 어, 왜 돈 달라는 사람이 없지? 하면서 주춤주춤 나왔다. 정말이다. 아직 영어를 완전히 다 알아듣지 못하는 상태인 이민 10개월의 신참으로서, 누군가가 "여보세요, 그냥 가시면 어떡해요" 하고 부르면 언제든 그냥 도망치려던 게 아니라고 대꾸하고 얼른 사태를 수습할 수 있을 만큼의 속도로 슬금슬금 응급실을 벗어났었다.

오지에서의 한번 경험이란 귀한 것이다. 다음 응급실 갈 때는 이제 그냥 휘만 신경썼다. 지갑에 얼마쯤 들어 있는지는 신경도 쓰지 않았는데 또 새로운 상황 발생. 이젠 입원해서 뇌수술을 해야 한단다. 그러면서 처음엔 6인실을 배정해주더니 4인실이 비자 간호사들이 알아서 좀더 쾌적한 그곳으로 옮겨주기까지 한다.

하루 만에 뇌종양 아이를 둔 어미가 된 나, 강한 진통제가 투여되면서 조금 편해진 휘 곁에서 이젠 본격적으로 돈 걱정을 시작한다. 수술비, 입원비는 본인 부담이 좀 있겠지. 그러나 여기 시스템으로 봐서 엄청나지는 않을 거야. 그 정도는 지금 우리 통장에 있는 액수로도 충분할 거야.

참 모질고 계산적인 엄마로 비치겠지만, 그래서 고백하기 좀 부끄럽지만 실제로 나는 그러고 있었다.

그러다 통역이 왔다. 이민자들이 많은 이곳은 영어를 아주 유창하게 구사하는 사람들을 제외하고는, 훗날 미묘한 분쟁이 발생할 수 있는 수술 혹은 방사선 치료 같은 중대한 결정을 할 때 통역이 붙는다. 통역이기도 하고 증인이기도 한 셈이다. 이민 10개월의, 의학용어는커녕 일상회화조차도 버벅대기 일쑤인 나에게 당연히 병원 측에서는 그때그때 중요한 순간에 통역을 불러주었다.

통역과 신경외과팀과 우리 부부와 휘가 모여 앉았다. 여기는 9세 이상이면 자기가 어떤 상태인지를 알아야 할 권리가 있다고 생각해 모든 중요한 결정에 휘를 참여시켜주었다. 그리고 가장 먼저 휘의 의견을 묻고 질문을 받았다. 부모는 그 다음 순서였다.

그때 우리는 휘의 종양의 길고 어려운 이름을 처음 들었고 그 성격을 배웠고, 귀 바로 위에서부터 10센티쯤 절개해 레자브와라는 튜브를 설치해 그곳으로 종양의 물을 빼낼 것이라는, 앞으로의 치료계획 등을 들었다.

종양은 완전히 제거하기에 너무 크고, 단단한 부분이 뇌하수체에 밀착해 있어서, 양성 쪽에 고이는 물을 그때그때 빼주면서 그 튜브를 이용해 항암 화학치료가 병행될 것이라고 했다.

수술을 맡을 의사는 독일 병정처럼 생긴, 얼굴에 '나는 뇌전문 수술의사'라고 쓰여 있는 것 같은 닥터 스타인벅.

지금은 휘를 마스터라고 부르면서 예뻐해주고 친해졌지만 당시는 아주 간단히 설명하고 쌀쌀맞게 돌아선다는 인상을 받았다. 그 후 그는 두 번 더 휘를 수술했는데, 가장 힘든 대수술을 앞두고는 태도가 달랐다. 나와 휘를 위로하고 안심시키려고 그 단단한 사람이 똑같은 설명을 두 번, 세 번, 계속했었다. 전에는 절대 하지 않던 약속을 남발하기도 했다. "다시는 지금 같은 두통이 찾아오지 못하게 해줄게. 다시 학교로 되돌아갈 수 있게 해줄게."

지금 생각하니 휘의 첫수술은 뇌수술이라는 이름을 붙이기에는 너무 간단한 처치 같은 것이었다. 그러나 그때 나는 설명을 들으면서 반쯤 혼이 나갔었다. 세상에 머리를 열고 물을 빼고 기구를 설치한다고?

개략적인 설명을 끝낸 스타인벅이 휑하니 나가고 그에게서 배우는 중인 의사가 휘의 질문을 받았다.

"궁금한 거 물어봐."

"그러니까 레자브와라는 게 〈매트릭스〉에 나오는 것 같은 기계장치예요?"

〈매트릭스〉 마니아인 동생 곁에서 취향에 덜 맞는 영화를 외우도록 봐버린 휘의 첫번째 궁금증은 바로 그것이었다. 그리고 그 질문 때문에 그 의사와 휘는 당장 친해졌다.

"야 너 〈매트릭스〉 좋아하니? 나도 좋아하는데." 주절주절주절. 좋아하는 것이 같을 때 두 사람 사이엔 그렇게 지름길이 하나 생기는 것 같다.

그러나 의사와 휘가 그런 이야기들을 하고 있을 때 나는 통역에게 의료시스템을 묻고 있었다. 입원비는? 수술비는? 개인 부담은 몇 퍼센트? 회상해보면 기가 막히고 삭막한 순간이다.

통역은 모두 공짜라고 했다. 정확히 말하면 의료비에 포함되는 것인데 그뒤 보니 모든 이들이 다 공짜라고들 표현했다. 미심쩍어하는 내게 통역은 웃으면서 한마디를 덧붙였다. "아시죠? 여기는 통역비도 모두 의료보험비에 포함되어 있어요. 말이 안 통해 불편하시면 주저 말고 통역 불러달라고 하세요."

뭐? 공짜라고?

이민 초년생, 둘 다 커뮤니티 컬리지 학생, 무직인 나, 이제 파트타임으로 일주일에 몇 시간 일을 시작한 남편, 가진 것은 IMF 여파로 팔리지도 않아 놔둔 한국의 소형 아파트 한 채.

그런 상황에서 그렇게 나는 그놈의 무서운 돈걱정에서 해방되었다. 이제 마음대로 슬퍼할 권리가 주어진 것 같았다. 누군가 어깨를 감싸 안아주면서 안심하고 슬퍼해도 된다고 허락을 해주는 것 같았다.

슬퍼할 권리. 그랬다. 그것은 슬퍼할 수 있는 권리였다.

바로 나와 똑같은 상황이었을 때, 누군가는 적금을 해약하기 위해 은행을 찾거나, 급전 마련을 위해 전화기를 붙잡고 매달려야 하거나, 혹은 돈이 마련될 때까지 수술을 연기해놓고는 아파트 평수를 줄여나가야 하거나, 살던 집을 급매물로 헐하게 내놓기 위해 뛰어다녀야 한다는 것을 나는 너무도 잘 알고 있었던 사람이었다.

그들의 슬퍼할 권리는 그렇게 유보된다. 그리고 불행에 금전적인 어려움이 겹치게 되면 그때부터 불행은 기하급수적으로 증가 확대된다. 암보다 더 무서운, 그 끝이 안 보이는 치료비 걱정은 암환자나 그 가족들에게서 순도 높게 슬퍼할 권리를 빼앗는다. 슬픔을 성찰하면서 그 깊은 바닥까지 내려갔다가, 몸을 추슬러 일어설 권리를 영원히 박탈한다. 슬픔이 인생의 거름이 될 정도로 삭을 기회를 주지 않는다.

불과 10개월 전에는 나도 그런 땅에서 살고 있었던 사람. 그러니 돈걱정 없이 휘의 곁만 지키면서 마음껏 슬퍼만 할 수 있다는 그것이 권리로 느껴지지 않았겠는가.

아, 길게 쓰면서 거듭 생각해도 돈이란 정말 징하고도 무섭다.

창휘 이야기 : 선물

이어 붙인 색종이에 뭔가를 둘둘 말아서
불쑥 내밀고, 무안해진 창휘, 쌩하니 도망칩니다.
색종이는 도르르 말려 풀로 꽁꽁 붙여져 있습니다.
하도 단단히 붙어 있어서 한참을 공들여
떼어내고 돌돌 되풀어보니 거기
노란 연필 한 자루.
그리고 색종이 바닥에 꽃그림.
그 아래 한 줄.
Love is forever

방금 연필깎이로 잘 벼린
끝이 뾰족한 노란 연필을 들고 망설입니다.
뭐라고 쓸까?
가장 지순한 한마디를 쓰고 싶은데.
창휘가 써놓은 그 아래 한마디 씁니다.
사랑해.

둘째 휘는 형의 서너 배에 해당하는 장난을 치지만
이렇게 시시때때로 엄마를 감동시킵니다.
엄마가 연필을 좋아한다는 걸 알고, 제 필통에서
어느 날 불쑥, 큰맘 먹고 연필 선물을 할 줄 아는 놈입니다.

미래를 알려주지 마

　뒤돌아보면서 추억에 잠기기에는 별로 감미롭지 않은 시간대가 척하니 놓여진 이후부터 옛날 일을 생각하는 시간이 줄었다. 아니 더 정확하게 말하면 의도적으로 팍팍 줄여나갔다는 말이 맞을 것이다.
　그러나 어제는 아이 병상 곁에서 메모 형식으로 적은 글들이며 그 메모를 바탕으로 다시 정리해둔 일기며, 뇌종양에 대해 공부해나가면서 정리해놓은 글들을 다시 읽어보았다. 몇 시에 어떤 약을 먹었고, 몸무게가 얼마였고 등등이 적혀 있는 메모들.
　그 메모들만 보면 난 냉철한 이성의 소유자 같다. 철의 심장을 가진 엄마 같기도. 그러나 난 안다. 그것들을 적어나가는 사이, 검사를 받으러 휘가 잠깐 내 곁을 떠나 격리된 곳으로 들어가면, 화장실에서 줄줄 새는 항아리처럼 울고 있었음을.

슬퍼할 권리를 되찾은 사람답게 나는 시시때때로 울어댔다. 휘 때문에 어떻게 하면 토끼눈이 덜 되게 울어야 하는지 그 방법을 터득해야 했을 정도로.

눈을 비비지 않고, 줄줄 흐르게 놔둔 뒤 세수를 하거나, 아예 세면기에 물을 받아놓고 얼굴을 그 안에 파묻고 울기 등등 나름대로의 방법을 개발해나갔을 정도였다.

그러나 만약 그때, 내가 앞으로 닥칠 일들을 알았더라면 어땠을까. 그 견딜 수 없는 상황이 사실은 그냥 하나의 가벼운 전주곡 같은 아픔이라는 것을 알았더라면. 울지 않았다? 슬기롭게 대처할 준비를 했다? 아니었을 것 같다. 막말로 미치고 환장했을 것 같다. 그러나 나는 아직 어떤 일들이 닥쳐올 줄 모르고 있었고, 그래서 당장 그때 내 발등에 떨어진 불길의 뜨거움만 견뎌내면 되었었다. 그렇게 발등에 떨어진 불길의 뜨거움을 견뎌내는 사이 내성이 생기고, 견뎌낼 수 있을 때쯤 또 한 고비가 오고, 그걸 넘을 힘이 생길 때쯤 또 한 고비가 오는 게 더 나을 것 같다.

그래서 누가 미래를 알려주겠다고 한다면, 난 단호히 거부하겠다. 천기누설, 하지 마.

신경외과 의사들이 수술 준비를 위해 검사를 하는 사이, 안과의사의 정밀체크가 이어졌다. 종양에 눌려 양쪽 시야를 이미 많이 잃은 상태라고 했다. 신경외과 의사는 수술로 종양의 액체를 빼내 크기를 줄여도 손상된 시야는 회복되지 않을 것이라고, 시신경이 이미 죽어버렸다고, 시야를 잃어가고 있다고 못을 박았다. 게다가 수술 후 잘못하면 완전 실명도 할 수 있다고 했다.

아마 이 글을 읽어나가는 분들 중에 좀 이상하다 생각할 분도 있을 것이다. 아이가 그 지경인데 몰랐단 말인가. 그러나 양쪽 시야를 잃어가는 과정은 아주 미세하게 진행되어왔고, 어른이 아닌 어린아이들은 그 미세한 변화를 눈치채지 못한다고 한다.

"너 눈이 잘 안 보이지 않았어?"

"자주 부딪치기는 했지만 다 잘 보였어."

시력이 떨어지는 게 아니라 시야가 좁혀져가는 것이어서, 게다가 당시는 양쪽 눈이 조금씩 좁혀져가는 중이어서(참고로 지금 휘는 한쪽 눈은 완전 실명, 나머지 한쪽 눈의 4분의 1 시야로 세상을 본다) 금세금세 그 상황에 익숙진 휘는 눈이 이상하다고는 생각지도 못했다는 것이다.

아이의 성격 또한 한몫을 했다. 감기약을 먹으면서도 그 무서운 두통을 겪어내면서도 휘는 평소처럼 조용하고 의젓했다. 그런 고요함과 따뜻함 때문에 휘의 별명은 '어린예수'이기도 했다. 새벽에 두통이 너무 심해서 엄마를 깨워야 할 때조차 나를 흔들거나 크게 부르지 않았다. "엄마, 엄마?" 속삭였다.

전문의를 만나야겠다고 생각한 날 새벽에도 그랬다.

"엄마."

"응."

그런 아이에 맞춰 다행히 잠귀가 발달된 나. 한번에 듣고 벌떡 일어나 앉았다.

"온몸이 찰떡 같애. 침대에 꾹 달라붙는 거 같아."

그런 아이의 성격에 캐나다의 의료시스템도 한몫을 거들었다. 모든 면은 아무리 얇게 잘라도 결국 양면이 생긴다는 시를 읽은 적이 있다. 밝은 쪽과 어두운 쪽. 환자들이 돈걱정 없이 치료를 받을 수 있는 캐나다 의료체계는 슬퍼할 권리도 주었지만, 하루하루가 급한 아이의 병명을 알기까지 시간을 너무 끌었다(그래서 수술을 앞두고 기계들이 동원되어서 휘를 검사하기 시작하자, 심지어는 그렇게나 반가울 수가 없었다).

MRI를 포함 어떤 최신식 값비싼 기계를 이용한 검사도 다 의료보험비에 포함되어 있는 탓에 과잉진료를 했다간 살림이 거덜날 수도 있는 의료체계. 그래서 이와 같은 인색하기 짝이 없는 구두쇠 진료 문제가 발생하기도 한다.

홈닥터가 전문의에게, 전문의가 종합병원에 그럴 만하다고 인정하고 검사를 의뢰해야 가동되는 시스템. 돈 낼 테니 내시경 좀 해주, CT촬영 좀 해주, 요구할 수 없는 체제. 물론 급하면 곧바로 응급실로 가면 된다. 응급실 문은 언제나 24시간 응급 환자들을 위해 열려 있으니까.

그러나 덜 응급한 상태로, 새치기하듯 응급실을 찾으면 기본적으로 서너 시간 이상을 기다려야 한다. 응급으로 오는 환자, 홈닥터나 전문의가 보낸 환자들에게 순서가 하염없이 밀린다. 그렇게 서너 시간 이상 응급실 대기실에서 기다리다 보면 캐나다 의료시스템은 세상에서 제일 고약한 것으로 느껴지기 쉽다.

더구나 국경 너머 미국과 비교했을 때 의사들끼리 정보를 공유하고 실수를 감시하는 시스템은 더 정교하면서도 급료는 낮다. 결국 실력 있는 의사들은 쉽게 미국으로 발탁되어간다. 휘를 담당한 내분비과 의사 한 명은 미국과 영국에서 학위를 딴 실력파다. 한 심포지엄에서 그를 소개하면서 간호사가 그랬다. 왜 그가 아직 여기 밴쿠버에 머물고 있는지 모르겠다고.

그의 대답은 간단하다. 돈보다 밴쿠버를 사랑한단다. 돈은 덜 벌지만, 소박하고 여유있는 생활을. 캐나다 밴쿠버는 그런 곳이다. 시설이 낡고, 반들반들 윤이 나도록 묵은 기계를 이용해 진료를 하는 곳. 미국과 캐나다는 이웃이면서도 서로를 은근히 무시한다. 미국인은 캐나다인들을 촌사람이라고, 캐다나인은 미국인들을 속물이라고. 그런데 밴쿠버는 촌사람들이 사는 땅 캐나다에서도 한가한 시골 관광지 같은 곳이다. 바로 그래서 좋고, 그래서 속 터지기도 한다.

그러니 돈 없는 대중도 때론 답답한데, 돈 있는 사람들은 얼마나 속이 터지겠는가. 그래서 그들은 고급 사립병원을 지을 수 있도록 허락해달라고 요구하고 있다. 아마도 곧 지어지지 않을까? 부자들은 바로 그 맛에 부자가 되려고들 하니까.

게다가 일부 부유층은 돈의 위력이 통하지 않는(글쎄, '덜 통하는'이라고 써야 하나 '통하지 않는'이라고 써야 하나 잠시 망설여지기는 한다. 돈의 위력이 통하지 않는 세계가 어디 있기는 할까 싶어서) 캐나다에서 줄서서 기다리면서까지 치료받지 않는다. 엎드리면 코 닿을 거리에 돈만 있으면 최고의 대접을 받아가면서 최신식의 기계로 최상의 치료를 받을 수 있는 천국, 미국이 있으니까.

그렇지만 어쨌든 환자가 되면 일단 안심해도 된다. 밤 늦도록 검사하고 준비해 신속하게 대처를 해준다.

실명해도 책임 안 진다는 것에서부터 온갖가지 협박(?)이 다 적혀 있는, 극단적으로 수술 중 죽을 수도 있다는 대목까지 명시된—나중에 보니 맹장수술할 때도 그런 협박을 했었다—그들이 내민 서류에 사인하고 수술실로 아이를 들여보내놓고 소리없이 줄줄 울고 있는 나를 보더니 신경외과 팀 중에 〈매트릭스〉 좋아한다는 쾌활한 의사가 그랬다.

"세 시간 짜리 간단한 수술이다. 그리고 이건 끝이 아니다. 휘는 긴 마라톤을 해야 하는데, 이 수술은 딱 한 발짝을 떼는 것일 뿐이다."

그 이후 벌어지는 일들을 겪으면서 난 늘 그의 말을 떠올렸다. 정말 그 수술은 딱 한 발짝을 떼는 정도의 가벼운 것이었으니.

그 당시 당장 몇 달 뒤, 혹은 1년 뒤 벌어질 일을 알지 못한 것은 차라리 축복이었다. 그렇다면 지금은? 비관적인 이유 때문만은 아니지만 지금도 내 생각은 같다. 내게 미래를, 내일을 알려주지 마. 그저 나는 오늘 내가 감당할 것과 오늘 내가 해야 할 것만을 집중해서 하겠어.

'나'는 '너'를 모른다

2001년 1월 28일. 휘를 수술실로 들여보내놓고, 우리 부부는 커피와 머핀을 사서 병원 라운지 푹신한 의자에 앉아 있었다. 물론 둘 다 무엇인가를 먹을 기분은 아니었을 것이다. 다만 전날 저녁부터 금식에 들어간 휘 곁에서 함께 굶은 서로의 허한 속을 헤아려주느라 함께 먹어주고 있었을 것이다.

스펀지 같은 머핀을 커피와 함께 우물우물 겨우 넘기고 있을 때 내 눈 앞에 갓난아이를 중심으로 둘러앉은 한 가족이 보였다. 그곳은 아동 여성 병원이었고, 두 종합병원 사이는 통해 있었다. 낳자마자 병원 신세를 져야 하는 아이들이 실려오면, 여성병원에 입원중인 엄마가 아이를 보러 휠체어를 타고 올 수 있도록.

막 태어난 생명과 그를 둘러싼 부부, 할머니. 멍하니 그들을 쳐다보고 있는데 나와 눈이 마주친 할머니가 눈인사를 한다. 그때부터

밴쿠버의 여성·아동병원 팻말

였을 것이다. 그들의 눈에 비쳐졌을 내 모습을 헤아려보는데 문득 이런 생각들이 들었었다. '아 저들은 모르겠지. 지금 그 앞에서 커피에 머핀을 먹고 마시는 이 동양부부가 속으로는 새파랗게 질려서 웅크리고 있는 영혼들인 줄을. 그리고 나도 당연히 모르겠지. 저 환한 할머니 마음속에 어떤 상처자국들이 있는지를. 혹은 저 가족에게 어떤 고통이 있는지를.'

힘들 때, 그러나 아이들과 남편에게 힘들어하는 내 모습을 보여주기 싫을 때, 뭔가를 사러 슈퍼에 간다는 핑계를 대고 나와 집 앞 커다란 쇼핑몰의 나무 벤치에 자주 멍하니 앉아 있곤 했다. 그럴 때도 어김없이 그런 생각이 들곤 했다.

저 사람들에게는 그저 내가 쉬고 있는 것으로 보이겠지. 내 눈에 저 사람들이 다 행복하고 무사해보이듯이. 그러나 내가 고통에 짓눌려 소리만 지르지 못할 뿐, 속으로 끙끙 앓고 있듯, 지금 내 눈에 모두 무사하고 평안해보이는 이 사람들 중에도 분명 누군가는 지금 울음을 참거나 지독한 슬픔, 비탄을 견뎌내고 있는지도 몰라. 사람들은 결국 그렇게 다들 제몫의 상처와 고통을 안고, 그러나 제대로 내색하지도 못하고, 누군가에게 잘 헤아려지지도 못한 채로 묵묵히 살아가는 것이겠지.

그러나 또 한편으론, 내가 지금 한국에 있었다면 이렇게 스펀지 같은 빵을 뜯어 먹고 있어야 하진 않을 거야. 누군가가 분명 그냥 훌훌 들이켜도 허기가 채워질, 허기보다 더한 냉기를 풀어줄 죽을 쒀들고 곁에 있어주었을 거야, 싶었다. "어서 먹어. 부모가 힘을 내야지" 이런 소리들을 간절하게 되뇌어주면서.

이민 10개월째. 누군가를 사귈 틈도 없이 교대해가면서 학교만 다녔던 터라 그때는 정말 곁에 아무도 없었다. 만약 한국에 있었다면 이렇게 철저하게 외롭진 않았을 거라는 생각이 절로 들었다. 그러나 한편으로는 이런 생각도 들었다. 그렇다고 해서 내가 감당할 몫이 크게 줄었을까?

한국의 병원에서 쉽게 볼 수 있는 풍경이 여기에는 없다. 우르르 몰려와 위문하고 돌아가면서, 준비한 봉투를 애써 자연스럽게 내밀고 또 손 부끄러워하면서 받는 풍경. 재난을 이겨나가는 한국만의 정겨운 품앗이 풍경.

글쎄, 그 한번으로, 한번의 수술과 퇴원으로 그 재난이 끝날 경우, 그런 품앗이는 필요하고도 아름다운 것이다. 그러나 대부분의 경우 가족 중의 누군가가 암환자, 혹은 난치병 환자가 되면 바로 그 순간부터 치료비와 약값과 되풀이되는 입원과 퇴원 등으로 당장 밑 빠진 독에 돈을 물처럼 쏟아넣어야 하는 신세가 된다. 일가친지와 지인들의 품앗이로 감당할 수 있을 정도라면 행복한 셈이다.

더러는 그 기구한 사연들이 신문에 실리고 방송을 타고, 몰라서 못(안) 돕지 않고서는 쉽게 눈을 돌리지 못하는 우리네 심성은 또 거기에 돈을 보탠다. 그러나 그렇게 신문이나 방송에 날 정도로 기구하지도 못하면서, 그러나 한 뭉텅이씩의 돈을 밑빠진 독에 부어 나가기 벅찬 수많은 보통 사람들은 그럼 어떻게 해야 하는가.

휠체어에 실려 수술실 앞에 도착한 휘는 내려서 내 손을 한번 더 꼭 쥐었다. 안아주자 가만히 좀 안겨 있다가 휘는 간호사가 내민 손을 잡고 수술실로 들어갔었다. 모퉁이를 돌면서는 무서움에 질려서 새하얘진 얼굴로 부모 쪽을 보면서 조금 인상을 찡그렸다. 나중에 휘의 말에 의하면 막 모퉁이 돌아서 수술실이 보이자마자 울기 시작했다고 한다. 그러나 적어도 그 첫수술 때만은 휘는 울지 않고 우리 곁을 떠났고, 나중에 중환자실에서 만났을 때도 이미 깨어나 있었다. 간호사가 누구냐고 물었을 때도 엄마, 아빠라고 작지만 또렷하게 말했고 그 틈에 동생을 찾기도 했다. '창휘는 왜 안 왔어?' 라고.

지금 생각하면, 아예 수술실까지 함께 들어가야 했던 마지막 수술이나, 못 깨어난 채 하염없이, 하염없이 잠만 자는 아이 곁에서 불안해해야 했던 그 이후에 비하면 그때는 그나마 봄날이었다.

그러나 그 봄날에, 나는 외로웠다. 사람들이 지독하게 그리웠다. 그래서 오히려 지인들에게 선뜻 연락을 할 수가 없었다. 한번 힘들다고 하소연을 늘어놓으면 감정이 봇물 터지듯 흘러넘쳐 수습할 길 없이 무너져내릴 것만 같았다.

그렇지만 수술 이후 모든 과정을 살펴보면, 그건 정말 행복한 외로움이었다. 한고비 한고비가 수월하지 않은 2년 몇 개월 동안,

우리 가족의 힘겨운 투병행진을 도와주고 격려해준 것은 시스템이었다. 벼랑이 보이면 그때그때 시스템이 다리를 놓아 건너가게 해주었고, 미리 닥칠 일들을 예고해주면서 준비를 시키기도 하고, 장비와 도구들을 지원하면서 흐르는 피눈물을 닦아주었다.

친구에게서 어제 편지가 왔다. '네가 그러고 있는 줄도 모르고 답장이 없다고 투정을 했구나 미안하구나.'

그러나 그저 정겨운, 익숙한 지인들과 나눌 수 있는 한바탕의 속풀이들이 없었을 뿐, 나는 괜찮았다. 시시콜콜 내가 이 이야기를 털어놓고 있는 건, 털어놓으려고 작정한 건, 너무 힘들었다를 주장하기 위해서가 아니다. 힘든 고비마다 어떻게 정교한 시스템의 도움을 받아왔는지, 그리고 그때마다 얼마나 황송하고 미안했는지(시스템에 황송했고, 같은 처지의 조국의 누군가를 생각할 때 미안했다)를 밝혀나가고 싶어서다.

국가, 정부 관계기관—나의 경우 병원—등에서 한번도 정교한 사랑을 받아보지 못한 나는 수술 이후, 본격적으로 치료과정에 들어설 때 수시로 황송해하기 시작한다. 사랑을 받아보지 못해서, 늘 내가 이런 사랑을 받을 만하기나 한가 생각하느라 더 사랑해달라는 주장은커녕 그저 어리둥절할 뿐이었다.

이건 참 슬픈 이야기다. 내 아이는 세상의 하나뿐인 귀한 사람이고, 그러니 그 아이를 위해서 나는 당당해져야 한다는 자각이 있기 전까지 그저 난 정교한 시스템 앞에서 좀 비굴했었다. 참으로 슬픈 자화상이 아닐 수 없다.

수술 전날 병실에 딸린 욕실에서 간호사가 내 아이를 공들여 목욕시켜줄 때도 그랬다. 커다란 수건부터 작은 손수건까지를 일습으로 준비해와 앞으로 며칠 목욕할 수 없으니 오늘 목욕을 시키자고 했을 때, 나는 당연히 보호자인 내가 시켜야 하는 줄 알았다. 그러나 간호사는 엄마인 내게, 가끔 샤워기를 잡고 있어달라거나 비누를 집어달라는 부탁을 할 뿐, 능숙하게 척척 휘를 씻겨주었다. 그 당연한 것도 황송해서 어쩔 줄 몰랐으니, 정말 나는 사랑에 굶주려 인간의 권리라는 것을 제대로 자각하지 못했었던 것 같다.

아마도 제대로 사랑을 받아본 적이 없어서, 더욱 그악스럽게 나를 방어하기에 급급했는지도 모르겠다. 그리고 바로 그 때문에 타인도 흡족히 사랑할 수 없었는지도. 마치 부모의 사랑과 관심을 제대로 받아보지 못한 아이가 일찍부터 단단한 껍질로 제 여린 속살을 보호하는 법부터 익혀버리는 것처럼.

휘의 발병 초기, 여러 배려들 앞에서의 쭈뼛거림은 휘가 장하게 병과 싸워나가는 모습들을 보면서, 삶의 고귀함을 자각하면서야 겨우 조금씩 사라져갔다.

휘의 첫 연상의 연인

젊은 날 바쁘게 일하던 때, 집에서 꼬박 밤을 새워 자료를 정리해 새벽부터 급하게 일터로 나가야 해서 택시를 잡아탔을 때였다.

"에이, 첫손님인데. 첫손님으로 안경 낀 여자 태우면 하루종일 재수 없는데."

순간, 도대체 내가 몇 세기에 살고 있나 싶었다. 안경 낀 사람이 귀하던 시절, 안경이란 공부 열심히 하는 사람이나 끼던 물건으로 여기던 시절에 공부 많이 한 여자는 피곤해, 라는 '전설'은 여전히 살아 있었다.

머릿속에 혹은 종이 위에 가지런히 정리한 자료와 그날 해치울 중요한 일들을 보호하기 위해 침묵이라는 의사소통 방법을 택했다.

"그런데 혹 ○○○가 고향은 아니겠죠?"

어쩌면 그 사람은 그 신새벽에 안경을 낀 여자가 후줄근한 옷차림을 하고—말하자면 건방지게 꽃단장도 안하고—당시 무슨 일론가 입방아에 오르던 곳을 가자고 하니, 더구나 어려보이고 물렁해 보이니 심심한데 농이나 하자고 해본 이야기였는지도 모른다.

그런데 어쩌랴. 난 그가 말한 재수없는 조건을 마지막까지 다 갖춘 여자였으니, 역시 또 침묵이라는 의사소통 방법을 택할 수밖에.

그런 선입견의 횡포가 무서워 나는 한눈에, 혹은 한번의 만남이나 이전 경험들에 의해서 누군가를 평가하는 일을 비교적 경계하려고 생각하면서 산다.

그럼에도 불구하고 응급실에서부터 입원, 수술, 회복기간 동안 시간대에 따라 수시로 바뀌는 간호사들을 대하면서, 내겐 자연스럽게 어떤 평가기준이라는 게 생겨버렸었다.

수술하기 전에는 두통 때문에, 수술 후에는 통증 때문에 휘는 계속 진통제를 먹어야 했는데, 그 약을 가져다 먹이는 방법 하나만 보면, 그 간호사가 어떤 마음가짐으로 일을 하는지를 알 수 있게 되더라는 것이다.

우선 묻지도 않고 알약을 혹은 물약을 맘대로 선택해서 가져다주는 이가 있다. 음, 내가 좀더 꼼꼼하게 근무를 서야겠군 생각한다. 그러고는 금세, 휘는 씹어 삼켜야 하는 그 약을 싫어하니 물약으로 바꿔달라고 요구하는 것으로 경계근무가 시작된다.

"자, 알약과 물약이 있는데 어떤 걸 갖다줄까?" 여기까지만 물어봐주면 맘좋은 나는 경계경보를 해제한다.

"물약이라고? 물약에도 두 가지 맛이 있는데, 체리맛? 포도맛?" 여기까지 물어봐주면 97점, 참 잘했어요다.

그런데 그렇게 해서 주사기에 물약을 가져온 뒤 '자, 입 벌려, 쭉' 대개는 그렇게 한번에 해결하는데, 간혹은 만점에 도전하는 간호사들도 있다.

"자, 하나 둘 셋, 센다." 준비를 시키고, 딱 절반만을 짜넣고는 휘가 꼴딱 마실 수 있게 잠깐 쉬어주고, 그러고는 또 나머지 약을 짜 먹여주는 사람. 마음속으로 기립박수를 쳐주고 싶다. 당신의 일하는 모습은 정말 아름답습니다라고. 그런 사람이 근무하는 시간이라면 나는 농땡이를 한없이 부려도 될 것 같은 기분이 들곤 했다.

아이들이라고 사람 보는 눈이 없겠는가. 휘는 그런 간호사 중의 한 명을 참 좋아했다. 좋아하지 않으면 오히려 이상한 일이니 당연한 일이지만.

수술한 곳이 아직 생살인 채로 붉은 데다가 철심을 숭덩숭덩 박아놓고, 이상한 옷까지 입고 누워 있는 형의 면회를 온 창휘. 낯설어서인지 창휘는 내 곁에만 꼭 붙어 있었다. 자기 말이라면 다 들어주고, 약간만 떼를 쓰면 아끼는 것도 다 주어버리는, 그래서 형이라기보다는 만만한 친구로 여기며 좋아하는 그 형 곁에 가지 못했었다.

그런 창휘를 병원 가기 좋아하는 아이로 변신시킨 것도 휘의 '천사'였다. 그녀는 약 먹인 주사기를 시무룩해 있는 창휘에게 건네주었고, 좋아라 하면서 받아드는 모습을 보더니 잠깐만 하고 나가서는 왕주사기부터 아주 작은 주사기까지(바늘이 꽂혀 있지 않은) 몇 개쯤을 가져와 흡족하게 한 무더기 안겨주었다.

창휘는 신나서 금세 세면대 앞에서 주사기를 들고 물장난을 치는 사이에 곧 이전의 1학년 어린아이로 되돌아가 있었다. 사실 이 아이에게도 간호가 필요한 때였다. 갑자기 엄마와 형이 집에서 사라지고, 자신을 데리러 혹은 만나러 온 부모가 변해 있고, 친구 집에서 오랜 시간을 보내야 했으니. 그러나 내게는 그 아이에게 눈길을 보낼 시간도 여유도 부족했으니. 나중에 그 아이가 갑자기 한밤중에 흥건히 바지를 적시기도 하고, 쉽게 토하거나 갑자기 화를 참지 못해 물건을 내던지거나 할 때서야 알았다. 그날 내 곁에 힘없이 앉아 있던 둘째에게도 간호사가 필요했음을. 그리고 그 천사는 의도했든 안했든, 비품을 훔쳐내가면서(?) 이미 그 아이조차도 함께 보살펴주었음을.

그러나 그 '천사'는 무섭기도 했다. 수술 후 휘는 계속 귀가 멍멍하다고 말했었다. 수술한 쪽이 스칠까봐 고개를 반대편으로 꺾은 불편한 자세로 누워서, 귀가 멍멍해서 소리가 이상하게 들린다고 했다. 휘의 그 '천사'에게 귀가 멍멍하다를 설명하느라 꽤 힘이 들었던 기억이 지금도 생생하다.

음…… 그러니까 말이지, 높은 산에 갔을 때나 비행기를 탔을 때, 그럴 때 어쩌고저쩌고. 지금보다 더 짧은 영어로(지금도 짧습니다만) 귀가 멍멍하다를 설명하느라 손짓발짓까지 모두 동원해서 한참을 설명하자, 그제서야 "아하, 귀에 압력을 느낀다고?" 했다. 알고 보면 쉬운데.

천사인 그녀답게 아무리 꼼꼼하게 살펴도 귀에는 이상이 없었는데 귀의 압력감은 여전했었다. 그러다가였을 것이다. 수술실서부터 입고 있던 옷을 '천사'답게 고슬고슬한 새옷으로 갈아입히고 있을 때였다. 이제 막 갈아입혀놓은 새옷으로 왈칵, 붉은 물들이 한 움큼 흘러내렸다. 피인가? 순간적으로 놀랐지만 색이 달랐다. 수술하기 전 바른 소독약들이 귀로 흘러들어가 고여 있다가 몸을 세우니까 고스란히 쏟아져나온 것이었다. 그제서야 휘를 괴롭히던 귀가 멍멍한 느낌도 사라졌다.

천사는 다른 옷을 갈아입힐까, 잠시 망설이다가—그녀는 이미 각각 약간씩 크기가 다른 환자복을 두 벌 가지고 왔었다—그냥 어깨께가 흠씬 젖은 그 옷을 입혀두고, 대신 그 부분에 마른 수건을 대주었다. 휘가 힘들어할까봐서인가보다 했다. 속으로는 갈아입혀버리는 게 더 낫겠는데 싶었지만 나도 그냥 넘어갔다.

의사들의 회진시간, 휘의 상태를 살피러 온 의사에게 천사는 이미 그때는 말라 있는 옷 부분을 가리키면서 깐깐하게 설명해나갔다. "휘가 오후 내내 귀 때문에 불편해했다. 그런데 보니, 귀에서 소독약이 이만큼이나 흘러나왔다. 다음부터는 그런 점을 좀 신경써줘야겠다." 그녀가 내게 말하는 영어의 속도와 의사에게 말하는 영어의 속도가 달라 제대로 못 알아먹었지만 그녀는 대충 그렇게 말하고 있었다. 의사에게 주의를 주어야겠다고 생각해서 그 옷을 계속 입혀두었던 것이다. "오케이 오케이." 〈매트릭스〉를 좋아한다는 의사도 흔쾌히 시인했다. 뭐? 니가 지금 나를 가르치려 들어? 하는 식의 느낌 없이 정말 깨끗하게 "아, 그랬었구나, 그런 점도 신경써야겠다. 휘, 너 많이 불편했니" 하는 그 의사 모습도 보기 좋았지만, 그때 그 천사의 일처리 모습은 정말 산뜻하게 매서웠다. 그때도 난 새삼 또 느꼈다. 제대로 자기 일을 해내는 사람이 얼마나 빛나는 존재인지를.

"저 간호사는 천사 같아." 휘가 문득 그렇게 말했을 정도. 그런데 엄마인 나는 주책맞게도 휘의 그 말을 불쑥 전해버렸다.

"우리 휘가 너, 천사 같대." 그런데 말해놓고 휘의 표정을 보는 순간, 잘못했구나 싶었다. 휘는 좀 무안해하고 있었다. 그 첫 연상의 연인 앞에서.

사랑하는 마음은 말이나 어떤 의도보다 더 먼저 흘러넘쳐 표시를 내는데 그래서 구태여 그렇게 가르쳐주지 않아도 저절로 전달되는 것인데. 휘는 아마 그러고 싶었을 것인데, 왈칵 내가 털어놓아 재미없게 만들어버린 셈이었다.

그때부터 지금까지의 투병 기간 동안, 휘는 용감하고 현명했고, 그래서 언제나 조용한 나의 스승이기도 했다. 감정적이고 주책맞기조차 한 이 엄마의.

그 천사를 시작으로 우리는 2년이 흐른 오늘까지 제법 많은 천사들을 만나게 된다. 어쩌면 그런 만남들 때문에, 왜 내게 이런 일이 벌어져야 해? 억지를 피우거나 떼를 부리지 않고 좀더 순하게 상황을 받아들일 수 있지 않았나 싶다.

물론 휘가 많이 아프고, 그것 때문에 결국 장애아가 된 이후, 사람들의 이런저런 생각없이 던진 말들 때문에 상처도 쉽게 많이 받았지만, 그런 기억들은 마음속 더 어두운 골방에 묻히거나, 가치도 없다고 털어버리려 노력했고 실제로 잊혀져갔다. 반면에 순도 높은 위로와 사랑은 마음 한가운데 보기 좋게 전시되어 있다. 일부러 그러려고 맘먹지 않아도, 언제든 고개만 돌리면 되는 그런 마음의 중

심에 자리를 잡는다. 그래서 나는 휘가 아픈 이후에 더 사랑을, 사람을 믿게 되었다.

바위를 깬 물방울들

거듭된 입원, 수술, 퇴원, 항암치료, 방사선 치료. 그 기간 동안에도 둘째아이는 등교를 하고 남편은 일을 해야 했으므로, 당연히 그 긴 시간을 나와 휘는 서로의 그림자처럼 함께해왔다. 그래서 다른 건 몰라도, 가슴속에 담겨진 말이 나오는 데 한참 시간이 걸리는 휘, 그나마 말수도 적은 휘와 참 많은 이야기들을 나눌 수 있었다.

하루는 내가 물었다. "넌 어느 순간이 제일 행복해?"

다른 엉뚱하고 골치아픈 질문들을 던지면, 일테면 '넌 인생이 무엇이라고 생각하느냐' '어떻게 해야 잘사는 거지?' 이런 것들을 혼자만 생각하기 피곤해서 불쑥 던지면 휘의 반응은 좀 재미있다.

생각하는 '척' 동참하는 '척' 늘 골똘히 생각하다가 쓱 피해 가거나, 잊을 수 없는 답을 던져준다.

"뭔지 나도 몰라. 그런 이상한 건 엄마 혼자 생각해." 피해 가는

자원봉사자들이 환자들을 위해 만든 털양말

대답은 한결같다. 그리고 잊을 수 없는 대답. "그냥 살면 되지 뭐." 그냥 살면 되지, 뭘 잘살기까지나 하려고 머리 아프게 생각하고 그러냐는 우문에 현답.

그런데 행복한 순간이 언제냐는 질문에는 물음표가 채 사라지기도 전에 대답이 날아왔다. "병원에 가지 않고 이렇게 집에 있을 때." 병원에 가는 걸 좋아하는 사람이, 더군다나 아이들이 어디 있을까마는, 휘는 병원에 들어서는 순간부터 나오는 순간까지 거의 침묵 시위를 했다. 내가 아무리 엉뚱하게 알아듣고, 엉터리로 설명하면서 쩔쩔매도 입 한번 떼지 않고 가만히 있었다. 소아정신과 의사가 와서 가벼운 테스트를 해야 할 정도로(그때는 괜찮다고 했다. 그러다가 지난해 대수술 후로는 우울증 치료를 꽤 오랜 기간 함께 받아야 했다).

"나는 너의 웃음을 보고 싶어." 만나는 의사들마다 그렇게 말했을 정도로 휘는 슬픈 동상처럼 딱 굳어 있곤 했다(지금은 맨날 웃고 다닙니다). 그런데 그런 휘도 입원하면 즐기는 두 가지가 있었다.

우선 자신이 다음날 먹을 음식들 선택하기. 하루 세 끼 준비 가능한 음식들이 디저트, 음료수, 주요리, 전채로 구분되어 적혀 있는 종이가 매일매일 배달되어오고, 환자는 그들 중에 하나씩을 고르게 되어 있다. 병원의 하루 중에서 휘가 가장 열심히 하는 것이 바로 그 음식 선택이었다.

음, 씨리얼을 먹을까 삶은 달걀을 먹을까 스크램블 에그를 먹을까. 볶음밥, 햄버거. 물론 밥이지. 디저트 고르기가 늘 젤 어려워. 초콜릿 케이크도 먹고 싶고, 젤리도 먹고 싶고, 오렌지 세 쪽까지 다 먹고 싶은데. 그냥 디저트만 먹었으면 좋겠는데.

그렇게 공들여서 골라놓고는 다음날 자신의 선택이 과연 탁월했는지 실패했는지, 품평하고 음미하는 일을 참 좋아했다. 적어도 그때만은 어느 호텔에서 룸서비스를 받는 기분이 되나보다.

그 다음은 도서관을 겸한 놀이방에서 시간 보내기. 놀이방은 커다란 화면에 갖가지 비디오, 피아노, 플레이스테이션까지 갖추어진, 암병동 아이들에게만 허용된 밝고 제법 넓은 곳이다. 실제로 입원해 있는 동안 항암치료로 머리가 다 빠진, 마른 여자아이가 아빠와 즐겁게 피아노를 치러 오곤 했었다(우리 병실 유리창 너머로 그곳이 바로 보였었다).

그리고 모든 입원한 아이들과 친구, 형제들까지 모두 어울려 놀 수 있는 또다른 놀이방이 있다. 그곳은 도서관도 겸하고 있었다. 휘는 주로 거기서 많은 시간을 보내곤 했다. 물론 첫날은 그런 곳이 있는 줄도 몰랐는데 우리 방을 찾아준 자원봉사자 아주머니들을 통해 알게 되었다.

도서관으로 직접 책을 빌리러 가기 힘든 아이들을 위해 하루에 두 번, 밀수레에 이런저런 책들을 다양하게 골라 싣고 자원봉사자들이 병실을 찾아다니기도 했다.

그 아주머니들에게 물어서 도서관을, 그리고 도서관 옆에 가족정보 센터가 있음을 나는 알게 되었다. 그곳은 작은 사무실만한, 도서관이라고 하기엔 넓지 않은 곳이지만, 필요한 자료들이 일반 도서관보다 더 체계적으로 잘 갖추어져 있었다. 그때부터 나는 그곳에서 뇌종양에 대한 책들, 비디오 자료들, 팸플릿들을 빌려다 읽기 시작했다.

그곳은 보호자들에게 정말 유용한 공간이었다. 벌써 나만 해도 휘의 병에 관한 대부분의 궁금증을 그곳에서 해결했다. 방사선 치료를 받아야 했을 때는 그곳에서 미리 〈방사선 치료 해치우기〉라는 제목의 비디오를 빌려다 함께 보았었다. '자, 이제부터 네가, 그리고 너와 함께 내가 해치워야 할 일이 바로 저런 것들이란다. 저런 기계가 있을 것이란다.' 제작된 지 조금 오래된 비디오를 함께 보면서 휘랑 나는 심지어 농담을 주고받고 있기도 했다. 비디오에 출연해 아이들에게 설명해주는 리포터가 바로 휘를 담당하는 복지사였던 것이다. 아직 젊고 늘씬한. 앗, 저런 시절도 있었구나. 서로 킬킬거려가면서, 좀 비감해지려던 그때를 웃으면서 넘길 수 있었다.

그런 것들이 일반인에게는 그리 편리하게 다가오지 않을지도 모른다. 그러나 병원에서의 하루가 얼마나 긴지 잘 아는 환자와 가족들은 이해할 수 있지 싶다. 하다못해 다음날 먹을 것을 고르면서 한 시간쯤을 비교적 지루하지 않게 때울 수 있는 것이 얼마나 고마운 일인지.

게다가 정보. 초기에는 정보가 목마르다. 그런데 그런 책들을 사러 멀리 서점까지 가지 않아도 된다는 것, 병원의 병실 옆에 그런 자료실이 있고, 거주자인 것만 확인하면 3주일까지 공짜로 빌려주고, 퇴원한 후라도 언제든 이용 가능하다는 것, 참 세심한 배려로 느껴졌다. 게다가 엘리베이터 같은 곳에는 늘 새로 비치된 도서목록이 붙어 있곤 했다. 그래서 뇌종양에 관한 책이라면 나는 지난해 출판된 책까지도 읽을 수 있었다. 한국보다 두세 배 비싼 책값을 생각한다면, 우리 형편으론 그곳이 아니었으면 불가능한 일이었을 것이다.

그리고 마지막으로 나는 털실로 뜬 양말 이야길 하고 싶다. 딱딱한 바위처럼 굳어서 쉽게 의심하고, 냉소와 자기방어에도 능한 바위 같은 내 마음을 살금살금 부스러뜨려준, 털실 양말 한 켤레.

함께 병실을 쓰고 있던 아이 발에 전에는 보지 못한 털양말이 신겨져 있었다. 신발은 신고 벗기에 불편하고, 슬리퍼는 미끄러지기 쉽고, 그렇다고 면양말 바람으로 바닥을 딛게 하자니 너무 발이 시릴 것 같아서 고민하고 있을 때였다. 저런 털양말이 어디서 났나 욕심이 생겼었다.

나중에 휘도 한 켤레 얻어 신은 그 털양말은 바로 자원봉사자들의 '작품'이었다. 이제는 터무니없이 작아져서 신지 못하지만 퇴원할 때 챙겨온 그 양말은 지금도 내 책상 위에 잘 모셔져 있다.

지난해, 수술과 방사선치료로 이어지던 힘든 시기에 나는 휘에게 새로 나타난 증세 때문에 재미도 없는(당연한 말이지만), 진짜로 읽기 싫은 어려운 책들을 읽어나가면서 자료들을 정리하고 있었다.

책을 읽고, 노트북에 뭔가를 적어나가면서도 이따금 한숨이 나오던 적막한 밤들.

기운이 떨어질 때마다, 스탠드 아래 놓아둔 그 털양말을 바라보곤 했다. 하도 오래 가까이에 있어서 이젠 어떻게 그 양말이 내게로 왔는지, 가상의 이야기까지 꾸며질 정도였다.

아이들 뒤치다꺼리에서 어느 정도 벗어난 아주머니의 한나절. 햇빛이 좋은 날 혹은 매일 비가 오는 어느 날, 아주머니 한 분이 뜨개질거리가 든 바구니를 들고 소파에 앉는다. 뜨개질 바구니에는 크고 작은 동글동글한 털실들이 담겨 있는데, 그날 그분은 짙은 푸른색 실을 집어든다. 발가락 끝에서 시작해서 발목에서 끝나는 통짜의 양말. 발등까지 푸른색으로 떠나가다 검은색 실을 뒤적뒤적 찾아낸다. 좀 심심한 듯 보여서 그때부터는 검은색 세 칸 푸른색 세 칸씩 무늬를 넣어가면서 뜬다. 푸른색과 검은색의 조화가 스스로도 맘에 들어서 손길이 더 빨라진다.

특히 발목 부분은 내가 제일 좋아하는 부분이다. 푸른색 실 한 겹과 아주 연한 핑크색실 한 겹을 함께 섞어서, 자칫 어두웠을 뻔한 털양말은 밝고도 우아하게 마무리지어졌다. 그 부분 때문에 털양말은 멋진 리본으로 장식되어 내게로 온 귀한 선물 같아보이기도 한다.

큰수술을 받은 아이들이 병실에서 신을, 그래서 되도록 급히 많이 만들어내야 할 것을 그 누군가는 그리도 배색을 살펴가면서 무늬도 넣어가면서 '작품'으로 완성시켰다.

자신의 한가한 시간과 손맵시와 색을 조화시키는 미적 감각까지를 자원해서 내어놓은 그분, 어쩌면 값싼 옷도 참 멋지게 입어내실

분 같기도 하다. 그런 분의 섬세하고 순한 기운이 묻어나오는 그 털양말을 보고 있으면 언제나 기분이 참 좋아진다. 세상엔 멋진 사람들이 참 많구나. 한밤중에 그 털양말을 오래 물끄러미 바라보거나 만지작거리고 나서 잠자리에 들면, 피곤한 하루가 참 산뜻하게 마무리되는 경험을 하곤 했다.

바로 그런 작은 것들, 바위를 깨부수는 아주 작은 물방울들 같은 것에 의지해서, 힘들어도 덜 비틀거리고 덜 눈물 지으면서 나는 지금 여기까지 와 있다. 그리고 그런 것들에 의지해, 이런 글들도 써 나가고 있다.

제 무덤 파고 눕기

두 휘를 데리고 집 근처의 커다란 쇼핑몰 중앙통로를 걷고 있을 때였다. 즐거운 쇼핑이나 한가로운 시간 때우기를 위해서가 아니라 그곳 건너편 버스 정류장을 찾아가는 길이었다. 이미 그때는 시야를 많이 잃어서 그런 번화한 장소에 가면 휘는 움켜잡은 내 손에 힘을 꼭 주곤 한다. 그것을 신호로 나는 긴장한 휘를 조심스럽게 안내한다. 그런데 그날은 밖에 비가 와서 유난히 통로가 번잡했다. 게다가 둘째는 눈에 보이는 모든 것에 참견을 하려 들었다. 내가 그런 둘째에게 잠깐 정신이 팔려 있는 중에, 휘가 마주오던 할머니와 제법 세게 부딪쳐버렸다.

휘는 당연히 엄마를 믿고 안심하고 걷고 있었고, 그 할머니 역시 당연히 모든 사람들이 길을 터주고 양보해주는 데 익숙하여 마음놓고 걷고 계셨을 것이다.

그런데 휘청 넘어지려는 휘를 먼저 부축해주고 사과를 하려는 그 짧은 순간, 할머니가 나와 휘를 향해 짚고 있던 지팡이까지 탕탕 쳐가면서 화를 내시는 것이었다.

조심을 해야지, 도대체 뭘 보고 다니느냐, 이런 소리들. 워낙 화를 내며 빠르게 말해서 더 알아듣기도 힘든 말들. 할머니는 사과를 할 틈도 주지 않고 쏘아붙여대고, 황당해하던 내가 그분 얼굴을 쳐다보았다가 휘를 쳐다보았다가 하는 그 사이란 아마도 어쩌면 채 1분이나 2분 정도, 어쩌면 그보다 더 짧은 한순간이었을 것이다.

그렇게 서로 제각각 다른 감정들로 마주보고 서 있다가 그냥 내가 먼저 발길을 뗀다. 사과를 하겠다는 마음이 싸악 사라져버려서였다. 휘의 손을 가만히 채근해서 가로막고 있는 할머니를 피해 계속 우리 갈 길을 갔다.

"심술쟁이야. 심술쟁이 할머니." 무안을 당한 휘는 가만있는데 둘째가 투덜거렸다. "그래 심술쟁이다." 나도 맞장구를 쳐주었다. 그러다가 나는 번뜩 제정신을 차린다. 화가 나서, 서운하고 속이 상해서 온 얼굴을 일그러뜨려가면서 화를 내는 그 할머니의 모습이 너무도 낯익었다. 너무도 낯익다는 느낌 때문에 뒤를 돌아다봤을 것이다.

조그마한 할머니는 굽은 등을 보인 채 지팡이를 짚고 인파 속에 외롭게 섞여서 저만치 가고 계셨다.

그날 내가 본 것은 바로 나 자신이었다. 세상의 모든 것에 분노하고 있다가, 기회만 있으면 활화산처럼 분출되는 그런 내 모습. 시야를 잃었다고는 해도 그 당시는 표면적으로는 지극히 정상인 아이로 보이던 휘, 그런 멀쩡해보이는 아이가 버릇없이 어른에게 부딪쳤는데, 사과 한마디 없이 제 아들부터 챙기는 제멋대로인 저 엄마의 꼴이라니. 할머니의 분노에 불이 지펴지는 순서가 눈에 저절로 그려졌다.

며칠 전 신간 안내에서, 의사였다가 암환자가 되어 세상을 떠난 이의 일기가 출판되었다는 소개글을 읽었다. '모월 모일. 외출. 영정사진 촬영.' 한 줄짜리 일기가 인용되어 있었다. 다른 사람들도 그 한 줄에 마음 숙연해졌겠지만, 내 경우, 그 한 줄을 읽는데, 마음이 아득해졌다.

때때로 나도 그런 한 줄짜리 일기를 쓸 때가 있었다. 한 줄을 써놓고는 더 쓸 말이 없어서, 아니, 쓸 말이 너무나 많아서 더 쓸 수 없었던 날들.

1월 30일 첫 수술 후 휘가 퇴원을 하던 날도 그랬다. '퇴원. 통원치료 날짜, 1차 항암치료 스케줄 받음.' 일기는 딱 그렇게 끝나 있다.

아마도 그것이 분노의 시작을 알리는 신호였을 것이다. 그 이후, 항암치료 시작되기 전까지 아무런 언급이 없다. 그러나 나는 선명히 기억한다. 그 시절과 그 이후 오래 이어진 분노의 계절, 내가 어떤 상태였는지를.

가장 먼저 나타난 증세는 사람들과의 만남을 기피하는 것이었다. 아니 더 솔직하게 말하면 사람들이 싫었다. 그래서 혹시 저쪽에서 아는 이웃이라도 걸어오면, 그런데 내가 먼저 발견했다 싶으면 먼저 피해야 할 정도로.

　손가락에 혹은 몸 어딘가에 상처가 나면 우리는 그 부분을 붕대로 감거나 부딪치지 않으려고 조심을 하게 된다. 그 당시 내가 사람들을 피해다니는 것은 어쩌면 상처난 짐승의 보호본능 같은 것이었을 것이다. 입원, 수술, 간병할 때는 뭔가를 깊이 생각할 겨를이 없어서 몰랐는데, 퇴원하니 달랐다. 그곳은 정상인들의 세상, 무사한 일상을 이어나가는 이들의 세상이었다.

　다른 집들은 말짱한데, 어느 순간에 우리집 터만 폭삭 내려앉아 있는 것을 수시때때로 발견하게 된다. 학교가 바로 코앞이어서 아침이면 아이들이 종종걸음으로 학교 가는 모습을 봐야 했고, 체육시간이나 쉬는 시간에 아이들이 축구를 하는 모습을, 학교를 못 간 휘와 함께 지켜보아야 했다.

　변함없는, 그래서 예측가능하고 견고한 일상이라는 것이 허물어져버린 상태에서 보는 다른 이들의 모든 일상들이 질투거리, 선망의 대상이 되던 시절이었다. 그 시절의 나는 사람을 슬슬 피해 다니면서 제 좁은 굴 속으로, 더 깊은 굴 속으로, 제 무덤을 파고 들어가 혼자 가슴을 저몄다. 그런데 그건 차라리 괜찮았다. 좀더 지나니 독한 말들이 내 안에서 튀어나와, 말한 나도 영문도 모르는 채 독한 말을 들어야 하는 사람도 놀라는 시기가 온다.

　물론 개중에는 지금 들어도 서운할 이야기들도 있다. 수술비, 입원비가 의료보험에 다 포함되어 있다고 하니, 누군가가 대번에 그랬다. 그러니 이 나라가 이렇게 세금이 엄청난 것이라고, 14퍼센트를 세금에서 떼어가도 경제가 이 모양인 게 다 이유가 있다고. 그러다가 아마 내 표정을 보았던 모양이다. 사실 이미 내 마음속에는 불길이 확 솟아 있었다. 그분은 얼른 말을 돌렸다. "병원에 한 번도 안 가면서 그 비싼 의료비 꼬박꼬박 내려면 아까웠는데, 이젠 그러지 말아야겠네."

휘에게 보조교사가 배정되었다는 소식을 듣고 한 엄마가 그랬다. "영어는 빨리 늘겠네요."

글쎄 한두 군데가 아니라 온몸이 다 상처인 사람, 그 상처를 보호할 피부도 없이 몸 전체가 다 상처인 사람으로서 그런 무심하고 거친 말 한마디에 부딪칠 때면 피가 뚝뚝 듣는 기분이었다.

그러나 생각해보면 나 역시 말의 비수를 참 많이 날렸던 시절이었고, 지금도 뒤돌아섬과 동시에 혹은 입 밖에 내면서 벌써 후회할 말들을 종종 하곤 한다. 인간이기에 그럴 수밖에 없지 않느냐고 말하기에도 좀 무색한 어처구니없는 말실수들(혹 모르겠다. 이 글 속에도 무심히 들어간 가시들이 몇 개쯤 섞여 있을지).

그 정도 이야기는 늘 하고 지내던 이웃, 예전엔 시시콜콜 함께 수다를 떨곤 했던 이웃에게 어느 날의 나는 비수를 날리고 있다. 아이가 입이 짧아서 밥을 안 먹는다는, 그냥 예전부터 해왔던 말에 나는 쾅쾅 대못을 내리쳤다.

"나도 그런 걱정이나 좀 해보고 싶네요. 그런 걱정을 해본 지가 하도 오래되어서."

'내가 도울 수 있는 것, 필요한 것 있으면 말해' 편지를 보내온 친구에게 긴 설교의 답장을 보내기도 했다. '내가 제일 싫은 말이 그 말이야. 그런 말 들으면 필요한 것이 있어서 말하고 싶어도 말하

기 싫어지거든.'

　도대체 그들은 그냥 그 시절 내 곁에 있다는 것만으로 내 독설을, 때로는 농담으로 정교하게 가려진 독설들을 들어넘겨야 했을 것이다(죄송합니다).

　그 시절의 나는 양날의 날선 칼을 손에 쥐고, 피가 흘러도 더 세게 힘을 주어 잡으면서 고통을 받았던 것 같다. 위로 방법이 서투른 사람들의 무심한 행동이나 말이 서슬 퍼런 한쪽 날이라면, 그 모든 것에 필요 이상 과민하게 반응하는 것은 내 스스로 만든 시퍼런 날이었다. 그냥 손에서 놔버리면 되는데. 아니, 내가 세운 날을 누그러뜨려 안전한 쪽을 잡고 있기라도 하면 상처가 안 났을 텐데, 이러지도 저러지도 못하고 피를 흘리고 있지는 않았는지.

　그 할머니의 뒷모습을 바라보면서 충격받은 이후에도 바빠서 여전히 사람을 사귀거나 차를 마시며 오가는 일을 잘 못한다. 그러나 간혹 그런 기회를 갖게 되면 웃으면서 나는 말한다. "저 정상 아니에요. 정상 같아보이는데 아닐 때도 많아요." 그 말은 내가 혹 고통을 무기삼아 휘둘러대더라도 봐달라는 내 식의 표현인 셈이다.

　그랬다. 증세가 좀 심해지니 고통을 무기삼아서 남을 무시하는 지경에도 이르렀었다(지금도 가끔 그런 경향을 띱니다. 그럴 땐 봐주세요들). '고통을 겪다 보니 난 세상의 이치를 알겠어. 당신들에게는 그런 사소한 일상의 행복이 그렇게나 중요한 것이겠지.' 이런 식의 이상한 잘난 척, 고통으로 유세하기.

　그렇게 깊이, 더 깊이 제 무덤을 파고 들어가 스스로를 소외시키던 시절에 그 할머니를 만난 것이었다. 저만치 지팡이를 짚고 걸어나가는 할머니의 굽은 등을 한참 쳐다보면서 나는 스스로에게 말했다. '저 모습이 바로 너야. 화를 내면서 제 두꺼운 껍질 속에 조그맣게 파묻혀 있는.'

그래서 가던 길을 멈추고 뒤돌아선 나를 이상하게 쳐다보는 휘에게 말했다. "저 할머니는 심술쟁이가 아냐. 휘가 눈이 얼마나 나쁜지를 몰라서 그랬을 뿐이야. 알았다면 그렇게 화를 내시지는 않았을 거야."

휘는 무슨 말인지 알아듣겠다는 듯, 고개를 끄덕였다. 그러나 아직도 화가 안 풀렸을 그 할머니를 뒤쫓아가서 미안하다고, 그러나 이 아이도 시야가 좁아서 할머니가 안 보여서 부딪친 것일 뿐이라고 말해줄 수는 없지 않은가. 그냥, 할머니는 그렇게 화를 낸 채 그 길을 가고, 나는 내 길을 가고.

그럴 때 보면 각자의 인생이란 얼마나 외로운가. 들숨 날숨에 의지해서 살아가는 그 연약함과 견고하다고 믿는 일상 뒤의 허방들과 각자가 섬인 고립감 같은 것을 생각하자니 눈물이 핑 돌 것만 같았다. 그날 그 북적이는 쇼핑몰 한가운데서.

그 이후로는 스스로도 견디기 힘든 분노들이 자주 슬픔과 연민으로 희석되고는 했다.

조직의 단맛

　사람들에 대한 믿음이 얇어져갈 때 찾아서 읽곤 하는 단편소설집이 있다. 시간이 많지 않은 날은 그 중에 딱 한 편만 골라 읽는다. '사사롭지만 도움이 되는 일small, good thing.'
　부족함 없는 중산층 부부가 어느 날 사고로 아이를 잃는다. 생일날 당한 교통사고로 인해. 엄마는 생일케이크를 주문해놓았다는 사실을 며칠이 지나도록 까맣게 잊고 있다(당연히). 제과점 주인은 그것도 모르고 전화를 걸어댄다. 처음엔 어서 찾아가라는 뜻에서. 나중엔 화가 나서 음산하게. 이미 죽은 그 아이 이름을 부르면서 그 아일 잊었느냐고. 죽은 아이를 부검실에 두고 온 부부는 길길이 뛴다. 총이 있다면 이 자식을 죽여버리겠어. 그러고는 아내가 곧 그가 누구일지를 기억해낸다.
　부부는 자정이 넘은 시간 차를 몰고 그 제과점으로 간다. 그러고

매년 여름 익사사고가 발생하는 린계곡(왼쪽)과 그곳에서 익사한 아빠와 딸을 기린 벤치

는 고함을 지른다. 우리 아이는 죽었다고. 아이가 죽어가는데 우리는 멍하니 보고만 있어야 했다고.

이 소설 중에 가장 빼어난 결말 부분이 이어진다. 제과점 주인은 앞치마를 벗어던지고(그날 작업 끝) 그 부부에게 의자를 권한다. 자신을 죽여버리고 싶다는 부부에게 사과를 하고 빵과 커피를 권한다. 당신들 뭘 좀 먹는 게 좋을 것 같다면서. 제과점 주인은 자신은 먹을 수 없는 꽃 같은 것 대신 빵을 굽는 것을 좋아한다고 말한다. 빵 굽는 냄새는 꽃향기보다 좋다고.

그는 막 오븐에서 꺼낸 계피빵을 꺼내놓는다. 부부는 그 좁고 지저분한 곳에서 빵을 먹고, 제과점 주인이 아무에게도 털어놓지 않았던 자신의 외로움에 대해 이야기하는 걸 듣는다. 그렇게 마주앉아 세 사람은 신새벽이 밝아올 때까지 쉬지 않고 이야기를 나눈다.

'이윽고 창문에 희미한 햇살이 비치기 시작했지만, 그들은 떠날 생각을 하지 않고 있었다.' 이 단편소설은 이렇게 끝나고 있다.

자신의 사정을, 자신의 고통이나 아픔을 털어놓는다는 것에 대해 오랫동안 나는 심한 저항감을 가져왔다. 개인적인 성격 탓이 가장 컸던 것 같다(그런데 이렇게 공개적으로 털어놓다니. 성격도 세월이 가면 변하는 것 같습니다). 그런데 이곳에서 살아보니, 이들은 개인적인 고통조차도 나눌 수 있는 재산으로 여기는 것 같다.

휘가 아프기 전 즐겨 찾던 린 계곡에 가면 가을에 즐겨 찾았던 설악산 생각이 나곤 했다. 계곡은 깊은 데다가 위험한 웅덩이들이 많아서 해마다 여름이면 사고가 난다. 그래서 계곡 입구에 왜 수영을 잘하는 사람이라도 죽을 수가 있는지, 친절하게도 그림으로 설명해놓고 있다. 한번 휩쓸리면 물살이 친친 감아버리는 곳, 계속 짓눌러서 운신을 할 수 없게 만들어버리는 곳이라고.

지난 여름에도 몇몇의 청소년들이 목숨을 잃은 그 계곡 한쪽에 앞뒤로 나란히 두 개의 벤치가 놓여 있었다. 여기 벤치들은 개인이 기증했을 경우 기증자가 새겨져 있는데, 그 짧은 글귀들을 읽는 게 참 재밌다. 돌아가신 엄마에게, 기념일을 맞은 부모님께, 사랑하는 나의 개에게. 심지어 우리 집앞 공원에도 그런 벤치가 하나 있다. 밴쿠버의 자연과 온갖 생물들을 사랑한 부모님의 기념일을 축하하는.

그런 벤치 같아보여서 우선 꼬마벤치에 가보았다. 다섯 살 때 아이가 여기서 아빠 품에 안겨 그림을 그렸다고? 흠, 그림을 그린 장소를 다 기념하는군. 그러면서 앞 벤치에 가보았다. 사랑하는 형이 딸을 구하려다 함께 목숨을 잃은 곳이란다. 그래서 다시 꼬마 벤치로. 그림을 그린 것drawing이 아니라 아빠 품에 안겨서 그 계곡물에 익사drowing를 했던 것.

그날은 거기 앉아 한참을 쉬었다. 그 벤치는 워낙 호젓한 곳에 자리하고 있지만 많은 사람들이 쉬어갔는지 반들반들했다. 계곡 입구의 어떤 무시무시한 그림 설명보다도 그 두 벤치가 더 많은 인명을 구해냈으리라 싶었다. 그 벤치의 글귀를 보고는 아무리 땡볕이라도 어린아이를 데리고 그 물가 위험한 곳으로는 가고 싶어지지 않을 것 같았다. 조카와 형의 죽음을 지켜본 한 개인의 뼈아픈 후회, 고통이 값지게 나눠지고 있었다.

항암치료를 앞두고, 나는 좀더 쉽게 쓰여진 책을 읽기 시작했다. 어린이들의 뇌종양에 대해 집중적으로 설명된, 뇌종양재단에서 만들어 환자 가족에게 배포한 핸드북.

책을 읽다가 가끔 앞표지에 실린 어린 꼬마를 보곤 했다. '서양인형' 하면 얼른 떠오를, 눈이 파란 금발의 여자아이, 머리띠까지 곱다랗게 하고, 특별한 날에 찍은 사진인지 레이스 달린 고급 원피스까지 입고 있는 여자아이. 그 아이를 뇌종양으로 잃은 부모가 아이를 담당한 이들과 함께 설립한 것이 캐나다 뇌종양재단이다. 돈이 있어도 아이를 살리지 못한 부모가 자신의 재산을 연구비로 헌납하고, 같은 병에 걸린 아이들을 후원하기 시작했다.

두 아이를 학교에 보내보면, 정말 다양한 재단들이 있음을 알 수 있다. 아이들에게 재단의 일들을 알리고 티켓을 팔게 하고 여러 행사들을 통해 기금을 모금한다.

학교에서 아이들이 가져온 그런 재단의 역사를 기록한 인쇄물들을 찬찬히 살펴보면, 대부분 유형이 비슷하다. 오래 전 누군가 그 병으로 아이를 잃고, 재단을 설립해 그 병을 알리고 그 병에 걸린 환자들을 돕는.

휘에게 점자책들을 선물한 재단도 마찬가지다. 시각장애자였던

뇌종양재단에서 만든 핸드북 표지 사진

아이를 교통사고로 잃은 부모가 그 보상금 모두를 시각장애자들을 위해 헌납하면서 점자책을 널리 공급하는 출판사가 설립되었다고 한다.

고통을 가슴에 묻고 죽은 자식을 가슴에 묻고 그저 침묵하는 대신 그들은, 그 경험을 나누고 지지자들을 끌어들여서 자신이 걸은 그 길을 힘들게 걸어갈 사람들을 돕는다. 험난한 곳에 그렇게 누군가 앞서간 자들이 길을 내어놓는다. 그래서 여전히 가파르긴 하지만, 덜 헤매면서 앞 자취를 보고 따라가면 되게끔 길을 닦아놓는다. 캐나다의 의료시스템만으로는 도저히 감당할 수 없는 부분들, 그 값비싼 항암치료제나 지속되는 연구들을 후원하면서. 그들의 그런 활동을 보면서 마음을 닫아버리지 않는 자세가 중요함을, 당장 나부터도 조금씩 배워나가기 시작했다.

소설 속의 아이를 잃은 부모가 그 제과점을 찾아가지 않았다면, 저주만 하거나 신고를 하는 것으로 그쳤다면, 혹은 무시했다면 제과점 주인과 부부는 여전히 서로 고통과 외로움 속에 갇힌 섬이었을 것이다. 그러나 부부는 따지러 그곳에 갔고, 그 좁은 공간에서 밤에는 빵을 굽고 낮에는 그걸 파는 것으로 생애 대부분을 보낸, 가족도 자식도 없는 한 남자를 만나 그의 이야기를 들으면서 위로를 받는다. 섬과 섬 사이에 다리 하나가 생긴다.

  같은 경험을 한 사람들이 모여서 조직을 만들고 조직원을 끌어들이고 그러면서 세상에는 이런 일들이 있으니 힘을 보태라고 목청을 높이는 그런 이기주의, 그런 집단이기주의란 오히려 권장해야 할 만한 것이라고 나는 생각한다. 그런 사조직들이 베푸는 조직의 단맛을 나는 너무도 달콤하게 즐겨왔고 즐기고 있고 즐길 것이기 때문이다.

그때, 그곳에 있었다

　이곳 신문에 스탠리 파크에서 공격당해 한때 뇌사상태이던 한국 유학생의 상태가 한결 좋아졌다는 소식이 실려 있다. 그리고 그녀를 처음 발견해 신속 적절하게 조치하였고 앰뷸런스가 올 때까지 지켜준 이의 인터뷰도 함께 실려 있다. 우리식의 '용감한 시민상'도 받고 언론의 조명을 받는 것이 쑥스러운지 그는 그저 자신은 '그때, 그곳에 있었을 뿐'이라고 말하고 있다.
　그때, 그곳에 자신이 있어서, 도움이 필요한 이가 곁에 있어서 도왔을 뿐인 경우, 그런데 주변에서들 참 잘했다고 이야기해줄 때의 머쓱함이 느껴져서 신문에 실린 그의 얼굴을 한번 더 쳐다보았다. 우리나라 고구마처럼 생긴, 순박한 얼굴이다.
　아마 도움을 준 사람들은, 특히나 그 순간 아무런 의도없이 그저 도왔을 뿐인 사람들의 심정은 다 그와 비슷할 것 같다. 그러나 그런

광대 분장을 한 암병동의 자원봉사자

이의 손길에 의지해 어려운 시기를 건넌 사람들의 심정은 다르다. 그런 순간들은 행복하게 '각인'된다.

　2월 8일. 올해도 작년에도 나는 이날 휘에게 작은 선물을 하나씩 사주었다. 2001년 2월 8일 밤, 휘는 자정 가까운 시간에야 겨우 침대에 누울 수 있었다. 게다가 그 이후 한 시간마다 간호사가 와서 깨우고 혈압을 재고, 작고 빛이 강한 플래시로 눈을 점검해댔다. 거의 잠 안 재우기 고문을 하는 수준이다. 그 힘든 때에, 휘에게 해줄 말이 없었다. 그래서 말해주었다, 엄마가 다 기억하고 있겠다고. 네가 얼마나 힘들게, 그렇지만 의연하게 겪어냈는지를 다 기억하고 있다가 1년 후 오늘, 상을 주겠다고. 그래서 작년의 2월 8일에도, 올해 2월 8일에도, 나는 휘에게 조그만 선물들을 건네주었다. 휘는 자랑스럽고 흐뭇하게 그것들을 받았고.

　그날 우리는 항암치료 준비를 위해 병원을 찾았었다. 그리고 CT 스캔을 했고, 신경외과팀 대신 종양학 의사가 주된 담당자가 되었다. 닥터 휴켄은 먼저 어떤 식으로 항암치료가 실시될 것인지를 설명해주었다. 거기까지는 모든 것이 순조로웠다. 그러다 전체 몸 상태를 점검하던 휴켄이 휘의 왼쪽 시력이 거의 실명수준에 이른 것을 발견했다.

휴켄은 곧 스타인벅과 맥컬리 두 담당 외과의사에게 연락했고, 바쁜 그들이 한달음에 암병동으로 달려왔다. 그때가 오후 3시 30분. 그러고는 긴 회의 끝에 재수술을 하기로 결정, 나는 6시 반에 재수술 동의서에 서명을 했고 다음날의 대수술을 위해 재입원을 했다.

당장에 휘는 휠체어에 앉혀졌다. 다음날을 위해 힘을 아끼기 위해서. 비록 기운은 없지만 제 힘으로 걸어왔던 휘는 다시 창백하게 굳어 휠체어에 앉아 있고, 뒤에서 휘를 미는 내 눈에서는 간간이 눈물이 배어나온다. 배어나오는 눈물을 쓱쓱 닦아내다 보니 아마 토끼눈이 되어 있었을 것이다.

그만큼 힘든 순간이었다. 재수술 동의서에 서명을 하면서 휘와 나는 수술 후 있을지도 모를 모든 후유증에 대한 설명을 막 듣고 나오는 중이었다. 우선 두 눈 다 실명할 수 있다는 것, 반신마비가 올 수 있다는 것, 뇌하수체가 손상되어 성장을 멈출 수도 있다는 것.

아이의 알 권리를 위해서라지만 어느 순간은 휘의 귀를 내 두 손으로 막아주고 싶을 정도였다. 그리고 마지막 순간 사인을 받아야 한다면서 휘를 잠깐 내보내고서는 수술 도중 수혈로 인해 에이즈에 감염될 수도 있다는 것과 그 아이를 다시 못 볼 수도 있다는 것을 마지막으로 통고해주었다. 그 무시무시한 모든 조건을 감수하겠다는 용지에 또 서명을 해주고 나오던 길이었다.

그날 엘리베이터를 기다리면서 휠체어에 앉아서 동상처럼 굳어 있던 휘. 그것은 휘만의 통곡하는 방법, 그만의 슬픔을 견디어내는 방법이었다. 표정을 지우고 입을 꾹 다물고 눈물 한 방울 흘리지 않고 울기.

그때 암병동의 병실을 돌며 입원해 있는 아이들에게 마술이며 마임을 보여주곤 하는 광대가 가방을 들고 막 퇴근하려고 우리 곁으로 왔다. 얼굴에는 아직 하얀 분장이 남아 있었지만, 광대복장 위에 점퍼를 걸치고 있어서 그날의 자원 봉사일정을 모두 마치고 퇴근을 하는 것처럼 보였다.

그는 굳어 있는 휘를, 토끼눈이 되어 있는 나를 번갈아 보았다. 하얀 광대 분장 뒤의 그의 눈매나 표정은 보이지 않았다. 그저 눈에 먼저 들어오는 건 과장해서 크게 그린 여전히 웃고 있는 그 입술뿐.

그는 기다리던 엘리베이터를 보내고, 휘와 내 앞에 섰다. 그러고는 그 큰 키를 반으로 접어 굽혀서는 휘의 운동화 코를 과장되게 쿡쿡 눌렀다. 그런데 그가 휘의 운동화 코끝을 쿡쿡 눌러댈 때마다 뽕 뽕 방귀 뀌는 소리가 났다(얼른 보니 한 손을 호주머니에 넣어 무엇인가를 누르고 있었다). 그냥 그 간단한 트릭, 마치 운동화가 방귀를 뀌어대는 것처럼 꾸미는 간단한 장난에 휘가 웃었다. 휘가 피식 하고 웃는 순간, 아하~ 그가 휘를 향해 어깨를 으쓱이며 함께 웃었다.

마침 그 순간 도착한 엘리베이터에 올라타면서 그는 휘에게 엄지손가락을 번쩍 들어올려주었다. 기운내 친구, 너는 최고야, 친구. 그 순간은 아주 짧았다. 짧았지만 황홀했다. 그는 휘에게서 사라져버렸던 웃음을 마술처럼 되찾아주었다. 휘 혼자만을 위한, 단 한 명의 관객을 위한 공연으로.

그날 안과 정밀검사를 위해 긴 복도를 지나가면서 나와 휘는 '방귀형제' 이야기를 했고, 그러면서 가끔씩 웃고 있었다. 두 휘가 두 살, 다섯 살 무렵부터 내가 지어서 해주던 이야기 중의 최고의 히트작은 방귀형제였다.

두 휘가 바로 방귀형제. 모든 어려운 순간에 두 휘는 적에게 엉덩이를 갖다대고 괴력의 방귀를 발사, 어린 휘는 발사할 때 너무 힘을 줘서 뿌웅 뿌지직, 똥까지 발사하는 바람에 적들을 더욱 난처하게 하고……. 그때쯤 두 휘는 온 방바닥을 데굴데굴 구르면서 웃곤 했다.

아이를 키워본 분들은 이해할 수 있을 것이다. 그 또래 아이들이 얼마나 '방귀' '똥' 같은 단어들을 좋아하는지.

복도에서 우리는 그 시절 이야기를 하고 있었다. "우리가 누구냐?" "방귀 형제다." 두 형제의 이런 구호들을 휘는 생생하게 기억하고 있었다.

그랬다. 그 시절 자원봉사자 광대는 그냥 엘리베이터 앞에 있었다. 그리고 휠체어에 앉아 창백하게 굳어 있는, 그래서 표정이 아이라기보다는 지친 노인처럼 보이는 아이와 토끼눈을 한 엄마를 보았다. 그리고 예정에도 없는 즉흥공연을 했다. 그는 곧 그 자리를 떠났지만 그가 건네준 꽃다발 같은 순간은 이리도 오래 남는다. 세상의 모든 광대들에게서 나는 그날의 그를 보기도 한다.

세상엔 완벽한 시스템은 없다라고 나는 감히 말하고 싶다. 이곳에서 내가 한 사람의 스태프로 나를 훈련시키는 건 담당의사들이 여럿이다 보니 자칫하면 서로 중요한 검사나 점검을 미룰 수 있다는 점 때문이다. 게다가 내가 못 알아들으면 설명도 대충 해줄 것 같아서이다. 원래 대단하거나 강한 사람은 없다. 환경이 사람을 그렇게 변화시킬 뿐.

휘의 한쪽 눈 실명이 앞당겨진 것에는 그런 시스템의 단점도 한몫을 했다고 나는 조심스럽게 이야기하고 싶다. 안과전문의가 너무 늦게 투입되었다. 이곳 시스템의 어두운 면이다. 그럴 때, 엄마가 미리 알아서 요구를 했었어야 했다는 자책감이 이후에도 오래 나를 괴롭혔다.

그런 시스템들 사이의 허점들, 혹은 시스템으로는 메울 수 없는 작은 틈들을 메우는 건 사람들이었다. 벽돌로 담을 쌓아나갈 때 그 틈새를 시멘트가 이어주듯, 정교한 자원봉사자들과 단체들이 지원되었고 시스템에 대한 감동보다는 늘 예기치 않은 곳에서 마주친 그런 것들에 대한 감동이 더 컸다.

11시 넘어서까지 안과 정밀검사가 실시되었던 그날, 휘의 표현처럼 지금까지 살아온 날 중에서 가장 슬픈 날이라는 그날에도 그때, 그곳, 우리 곁에는 누군가가 있어주었다. 그건 참으로 중요한 일이다. 곁에 있어준 사람에게가 아니라 곁에 있어줌을 당한 사람, 사랑이라는 꽃다발을 한 묶음 받아든 사람에게는.

창휘 이야기 : 어젯밤에 두 휘가 열렬하게 좋아하는 이모에게 전화가 왔었습니다. 수다를 떨고 있는데 둘째 창휘가 전화기에 대고 방귀 발사(으, 방귀형제 아니랄까봐).

그래놓고는 이모 나 거기로 방귀 보냈어 외쳤습니다.

이모가 그래 냄새 지독하게 난다고 맞장구를 쳐주었습니다.

그런데 전화를 끊고 나더니, 창휘가 골똘히 무언가를 생각하다가 묻습니다. 근데, 정말 방귀도 전화선을 타고 한국까지 날아가? 목소리처럼?

그럴 때 당황하지 않고 넘어갈 수 있는 미꾸라지 전법만 아는 엄마.

"글쎄, 넌 어떨 것 같은데?"

그래놓고 나면 진지하게 들어주는 일만 남습니다.

음, 주절주절주절, 어쩌고 저쩌고. "방귀는 못 날아갈 것 같아. 이모가 거짓말한 거야."

"왜?"

"방귀는 공기 속에 너무 넓게 퍼져버려서 좁은 전화선에 다 집어넣을 수가 없거든."

안개 속을 걷다

날이 어두워지면 안개는 샛강 위에
한 겹씩 그의 빠른 옷을 벗어놓는다. 순식간에 공기는
희고 딱딱한 액체로 가득 찬다. 그 속으로
식물들, 공장들이 빨려들어가고
서너 걸음 앞선 한 사내의 반쪽이 안개에 잘린다.
—기형도 시 「안개」 중에서

    선택의 연속인 삶을 살아오면서, 조금 기특하다고 자화자찬하던 순간들이 몇 있었다(과거형으로 표현하고 있음을 주목해 주시길). 그 선택이 지금의 나를 있게 했다. 떠올려보면 자못 엄숙하고 비장해지는 고독, 결단의 순간들.
    오로지 취업률 하나 때문에 '그런 공부 따위는 하고 싶지도 않아' 속으로 강하게 저항하면서 서 있던 줄에서 슬그머니 빠져나와, 대입원서를 북북 찢어버리고 집에 돌아와 다시 공부를 시작하던 순간도 아마 제법 상위권인 그런 순간들 중의 하나였을 것이다. 그러나 지금은 좀 생각이 달라졌다.

정답이 주어져 있는 시험을 통과한 것에 큰 의미를 두지 않게 되었다. 실수를 하지 않았다는 점은 가상하나 기특하다고까지 후하게 점수를 주지는 않는다. 어떤 것이 옳은 선택인지 정답이 있는 경우, 자신을 속이지만 않는다면 사람들은 차선이 아닌 최선을 선택할 수 있다고 생각한다.

문제는 어떤 길을 선택해야 옳은지, 선택하는 순간에도 알 수 없고, 그 이후에도 평가할 수 없는, 그렇지만 어느 한 길은 꼭 선택해 앞으로 나아가야 할 때 그 안개 지점을 통과해야 하는 순간이다. 게다가 이쪽을 선택하느냐, 저쪽을 선택하느냐에 따라 각각의 문제점만 선명한 길, 그에 따른 보상은 '알 수 없음'인 경우의 선택.

'고독한 결단' 같은 말은 입학원서를 찢어버린 순간에 사용하는 말이 아니라는 걸 나는 씁쓸하게 인정해야 했다.

다음날인 2월 9일. 새벽 5시에 간호사가 그날 첫 일정을 일러주었다. 한 시간 후에 CT스캔을 다시 한번 더 할 예정이라고 했다.

여전히 수술을 대비해 휘는 금식중이다. 누워 있는데도 시트 위로 몸의 부피감이 느껴지지 않아, 속으로 손을 넣어 아이 몸을 쓸어 보고는 했었다.

하루 만에 다시 한번 더 CT스캔. 검사실에 가보니 이미 신경외과 닥터가 나와 있고, 촬영을 계속 지켜보고 있었다. 그리고 어젯밤과는 다른 안과의사의 정밀검사. 그후 간호사가 와서 수술은 아마 취소될 것이라고 말해주었다.

그렇게 지독한 안개의 시기가 시작되었다. 두 명의 각각 다른 안과전문의의 정밀검사와 이틀에 걸쳐 두 번 찍은 CT스캔 결과를 바탕으로 종양학 담당인 닥터 휴켄과 신경외과의 스타인벽은 선택을 해야 했다. 그리고 보호자에게는 그 선택을 받아들이느냐, 거부하느냐의 마지막 선택이 남아 있다(미국으로, 혹은 지인들이 있는 한국으로 가서 치료를 받겠다는 식의 이해할 만한 대안이 없을 경우는 거부할 수도 없다. 이미 휘는 우리의 아이이면서 치료받을 권리를 가진 치료대상자로서 의료스태프들의 책임 아래 있기도 했다).

스타인벽은 어제부터 줄곧 모든 위험을 무릅쓰고서라도 종양을 잘라낼 수 있는 만큼 잘라낸 후 치료를 병행하자고 했다. 그러나 휴켄은 어차피 전체를 모두 도려낼 수 없는 수술이니 그보다는 먼저 항암치료를 실시해보자는 의견이었다. 다행히 뇌종양 재단에서 발행한 핸드북에서 휘의 종양 부분은 외울 만큼 읽어두어서 나는 그들의 고민을 이해할 수 있었다.

휘가 가진 종양의 경우, 다 도려낼 수 있는 경우는 수술만으로 모든 것이 해결되지만, 부분적으로만 도려낼 경우 항암치료, 방사선 치료, 그리고 재수술 등이 뒤따른다고 되어 있었다. 그리고 성장속도가 무척 느린 종양이지만 수술로 건드려놓은 경우, 성장속도가 빨라지는 특징도 갖고 있다고 쓰여 있었다(누가 종양 아니라고 할까봐).

스타인벽과 휴켄의 문제해결 방법은 이후로도 당연히, 늘 조금씩 달랐다. 휴켄은 아주 천천히, 휘 머릿속의 종양이 눈치채지 못하게 살금살금 치료해나가길 원했고(종양학이라는 전공답게) 스타인벽은 이후, 휘가 힘들 때마다 수술 이야기를 꺼냈다(신경외과라는 전공답게).

그날의 수술이 취소된 데는 두 안과의사의 의견이 결정적이었다. 부랴부랴 수술을 한다 해도 시신경이 회복되거나 거의 실명한 한쪽 눈에 어떤 변화가 올 것 같지는 않다고 했다. 게다가 아직도 시신경은 계속 압력을 받아 부어 있다고 했다. 수술할 경우, 완전 실명 위험이 너무 컸다.

좋은 소식 하나, 나쁜 소식 하나. 휘는 실명한 한쪽 눈에 대한 소식보다는 수술 취소 소식에 환호했다. 그 이후도 늘 그랬다. 나쁜 소식이 몇 개쯤이더라도 좋은 소식 하나면 그것에 기대어 휘는 그 안개의 시기를 견뎌내었다. 늘 나쁜 소식에 더 휘둘려 깜깜해지곤 하던 나조차 그런 휘의 모습에 기대어 그 시기를 이겨냈었다.

그리고 며칠 뒤로 예정되어 있던 항암치료가 그날 1시부터 전격적으로 실시되었다. 첫 수술 때 삽입해 두었던 레자브와로 종양 속에 고인 액체를 뽑아낼 수 있을 만큼 뽑아낸 뒤에 약을 투입했다.

항암치료의 효과는 확률 50퍼센트. 브리오마이신 항암치료 결과에 대한 닥터 휴켄의 연구논문을 보니 8명 중 4명은 눈에 띄게 종양이 줄어들어갔고, 다른 4명은 결국 수술, 방사선 치료 등 장기치료를 실시했다고 되어 있다.

확률 50퍼센트. 그건 그나마 좀 선명한 수치였다. 휘의 종양에 대해 설명하면서 휴켄이 그랬다. 생존률은 95~5퍼센트 사이고, 같은 종류의 양성 혹은 악성 종양이라고 해도 그들의 성격은 모두 다 다르다고. 그에 비하면 확률 50퍼센트는 비교적 선명하게 느껴졌다.

투병의 나날을 요약해보자면 항암치료의 시작 이후 오늘날까지, 지독한 안개 지역을 통과하기였다. 누가 정말 옳은지는 모르지만 그때그때 최선의 길을 선택해야 했고, 그런 휘의 뒤를 '무서운 호랑이'는 계속 쫓아오면서 떡 하나 주면 안 잡아먹지 하고 위협해댔다. 눈 하나를 내어주었어도 포기하지 않은 무서운 종양.

1차 항암치료를 받고 집으로 귀가한 시간은 오후 4시. 전보다 시야가 더 좁아진 휘를 위해 그날과 그 다음날 이틀에 걸쳐 대청소를 실시했다. 부딪치기 쉬운 물건들을 치워 통로들을 좀 넓혔다.

짙은 안개지역을 통과하기 위해서는 본능적으로 그렇게 깨어 있어야만 할 것 같았다.

희망은 본능이다

 2월 9일 이후, 이제 휘는 일주일에 세 번씩 아홉 차례의 1차 항암 치료를 받기 위해, 그리고 그 사이사이 항암치료 후유증으로 응급실을 찾기 위해 밴쿠버의 비시아동병원을 거의 매일 드나들기 시작한다.
 나는 여유가 없기도 했고 편안함에 익숙해지는 데는 시간도 별로 걸리지 않아, 어린이들만의 전문병원이 있다는 것을 당연하게 받아들였다. 그러다 휘를 데리고 방사선 치료를 받기 위해, 어른들과 함께 이용하는 캔서에이전시를 다니면서 뭔가 이상하다고 느꼈다. 물론 모든 편의시설들이 노령층 암환자들도 쉽게 이용할 수 있게 설계되어 있었지만, 그곳을 드나들 때마다 허전하고 마음이 밝지 못했다. 그냥 회색의 벽, 대기실의 보통 의자들, 탁자들, 하얀 가운을 입은 의료진들.

비시아동병원 입구(왼쪽)와 그 벽을 장식하고 있는 타일 작품

그제서야 나는 '어린이들을 위한 전문병원'에서 치료를 받아온 것의 의미를 깨닫는다.

들어가는 입구에 샤갈의 그림을 연상시키는 밝은 타일 작품들이 있고, 눈길 닿는 곳곳마다 아이들의 그림이나 재미있는 설치작품들이 놓여 있는 곳. 복도와 대기실 곳곳에 놓여 있는 아이들용 작은 탁자와 의자, 그 한켠의 장난감 상자와 어린이용 책들. 의사와 간호사들을 봐도 평상복은 기본이고, 좀더 익살스러운 스태프들은 내리닫이 진바지에 이상한 무늬의 넥타이를 매고 있거나, 곰돌이 혹은 스마일 무늬가 잔뜩 찍힌, 어린이 놀이극 무대 의상 같은 옷들을 태연히 입고 오고 가는 곳, 그곳이 바로 밴쿠버 아동병원의 일상적인 풍경이다.

아이들이 특별히 좋아하는 날인 크리스마스나 할로윈데이 때는 온 병원 전체의 장식이 그에 맞춰 바뀌고, 병원 가득 산타나 마녀, 드라큘라들이 오고간다.

그렇게 시선 닿는 곳곳을 아이들이 좋아하는 것으로 온통 채워놓았어도 휘는 병원을 싫어했다. 병원 가지 않는 날이 가장 행복한 날

일 정도로.

  두번째 항암치료를 받으러 간 우리에게, 이젠 암환자 가족을 위한 핸드북과 목걸이 하나가 주어졌다. 목걸이에는 비시아동병원 로고, 그리고 휘의 영어 이름을 조합한 하얗고 작은 알파벳 구슬이 꿰어져 있었다. 처음엔 그냥 기념품 목걸이라고 생각했다. 그즈음 우리는 혈액검사를 하거나 CT스캔, 혹은 MRI 촬영을 마치고 나서 받는 작은 선물들에 익숙해져 있었다. 귀찮고 힘든 일을 마친 후 누군가 나타나 알록달록하고 자잘한 물건들이 가득 든 선물상자를 내밀면 그 중에 하나를 고르곤 했다. 휘는 구슬을 고를 때도 있었고 연필 한 자루, 스티커 같은 것을 고르기도 했다.

  그런데 이번에 받은 목걸이는 그런 기념품이 아니었다. 이제부터 항암치료를 받은 후, 항암치료를 받은 숫자만큼 그에 해당하는 구슬을 받아 꿰어나가야 했다. 그 아이를 아는 부모나 지인이 없는 상태에서의 비상사태시 다른 사람은 몰라도 밴쿠버 의료진들끼리는 이 아이가 지금 항암치료를, 혹은 방사선 치료를 받고 있거나 받았음을 그 목걸이로 알 수 있다고 했다. 휘는 그 목걸이에 대한 설명을 들은 이후, 잠들 때나 집안 외에는 꼭 착용하고 다니는 습관을 들였다.

  앞으로 만들어나가야 할 목걸이를 받고 나서 그날 암병동을 살펴보니 아이들 중 한 명은 제법 긴 그 목걸이를 두 겹 염주처럼 주렁주렁 채워 매고 있었다. 그런데도 그 아이는 그곳 놀이방에서 제일 부산스럽게 놀고 있었다. 신나게 웃고 떠들어서 모자로 가린 민둥머리 밑의 창백한 뺨이 발그레 물들어 있었을 정도.

항암치료중인 환자를 위한 핸드북과 목걸이

그 두 줄의 목걸이를 채워나갔을 세월을 헤아려보느라 마음이 뻐근해지는데, 그 아이가 건너편 탁자로 손을 뻗어 무언가를 집으려 날렵하게 움직였다. 그래서 보니 한쪽 발이 짧았다. 무릎 바로 위쪽에서 잘린 다리에 자기의 성한 발목인지 의족인지 잘 모르겠는 그런 발목이 매달려 있었는데, 이상하게도 발꿈치가 앞으로 발가락들이 뒤로 가게 이어 붙여져 있었다.

잠시 후 나는 그 아이가 부산스럽게 움직이는 걸 보면서, 왜 거꾸로 발목을 붙여놓았는지 저절로 이해가 되었다. 아이는 짧아서 균형을 잃은 발에 거꾸로 매달린 발목, 그 다섯 발가락을 바닥에 갖다댐으로써 균형을 잡고 있었다. 뒤로 매달린 발가락들이 삼각대처럼 아이의 짧은 발목을 그나마 안전하게 지탱해주고 있었던 것이다.

어린이전문 병원의 암병동을 오가면서 나는 느꼈다. 희망은 본능이라는 것을.

중간을 뚝 끊어내고 이상하게 거꾸로 이어붙인 짧은 다리를 한 아이가 몇 초마다 한 번씩 웃음을 터뜨리고, 3일 전까지 하키를 즐기던 아이가 하반신이 마비되어서도 여전히 컴퓨터 하키 게임을 즐기는 것도 보았다. 휘의 경우만 해도, 한쪽 눈을 실명한 뒤로도 성한 쪽 눈 잘 보이는 곳에 책을 갖다대고 지루한 대기시간 중에는 틈틈이 또다른 세계 속으로 평화롭게 잠겨들곤 했다.

어른들 병동에서는 보기 힘든 그 빛나는 풍경들 앞에, 어른인 나는 흐리고 우울한 얼굴을 하고 앉아 있을 수가 없었다. 아이들도 슬픔을 느끼고 아파하지만, 그렇다고 그것이 절망으로 이어지지는 않는다는 것을 나는 배워나갔다. 그리고 무엇엔가 미리 절망하지 않는 상태에서 발휘되는 놀라운 힘과 기적들을 목격하기도 했다.

아이들의 면역력이 특별히 높기 때문에 소아암 치료율이 높은 것이라고 누군가가 말한다면 나는 조용히 몇 마디 덧붙이고 싶다. 아이들은 암을 두려워하지 않는다고, 그래서 미처 닥치지도 않은 최악의 상황을 상상하며 공포에 떨거나 미리 절망하지 않더라고. 그런 아이들의 본능적이고 화사한 희망 앞에 난치병이나 종양세포들이 조금쯤은 더 쉽게 굴복하는 것도 같더라고.

한국에서 15대 국회에 이어 16대 국회에서도 아동난치성 질환 지원에 대한 법률안이 통과하지 못했다는 신문기사를 읽었다. 이유는 연간 400억원이라는 비용과 타 연령층 환자와의 형평성 문제 때문이라고 한다.

비용? 형평성? 첨단장비 면에서는 상대적으로 빈곤한 이곳 병원 시설들을 떠올리면서 나는 착잡해졌다. 아직 어린이전문병원도 없는데, 그런 법률안조차도 연기되고 있다는 게 가슴이 아팠다.

CNN 뉴스채널에서 보았다. 처참하게 다친 이라크 아이를 앞에

두고 미국기자가 말했다. "왜 하필, 그 공습 때, 너는 그곳에 있었니"라고. 그런 터무니없는 말을 들었을 때처럼 나는 몹시도 가슴이 아팠다.

수업료 100달러

　나를 붙잡고 옛날 이야기를 하고 싶은 어머니가 즐겨 펼쳐놓으시는, 바래서 흑백도 아닌, 갈색 사진 같은 가족사의 한 장면 중에 예전엔 별로 듣고 싶지 않았던 이야기가 있다.
　할머니에게 맡겨놓은 어린 나를 보러 왔더니, 홍진(홍역)을 해서 온몸에 열꽃이 빈틈 없이 돋아 있는데, 그래서 목욕조차 안 시켜서 땟국물조차 조르르 흐르는데, 바짝 마른 아이가 퀭한 눈만 번뜩이며 앓고 있더라는. 그 길로 아이를 들쳐업고 시골병원에 가서 주사 한 대를 맞혀놓으니 비척비척 살아나더라는 이야기.
　다른 옛이야기들도 그리 살뜰하게 들어주고 맞장구쳐주는 편이 아니지만 유난히 그 이야기는 듣기 싫었다. 그런데도 그 이야길 하시면 딱 한 장면쯤은 기억이 난다. 엄마 등에 업혀서도 황홀히 바라보았던 병원장집, 그 이국적이던 예쁜 양옥집. 아마 그날 엄마는 꼬깃꼬깃 마련해와 생활비로 놓고 가려던 돈을 헐어서, 주사 한 대로 금세 아이를 되살려놓은 값을 치르셨을 것이다. 아이를 낳아 키워 보니, 아픈 아이 곁을 지키다 보니 왜 어머니가 하필이면 다른 좋은 기억들 다 놔두고 그 땟국물 흐르던, 깡마른 온몸에 열꽃이 피어 누워 있던 어린 나를 그리 자주 떠올리셨는지 조금쯤은 이해할 수 있을 것도 같다.

세번째 항암치료 후, 두렵게 예상하고 있던 부작용이 나타나기 시작했다. 휘의 경우는 항암치료 때도, 방사선 치료 때도 먼저 귀와 온몸의 감각기관으로 부작용이 왔다. 그리 흔하지 않은 경우라고 했다.

소음에 민감해지면서 귀에서 끊임없이 바람소리가 난다고 했고, 살짝만 스쳐도 몸에 통증을 느꼈다. 텔레비전을 보는 동생에게 소리를 줄여달라고 짜증을 부렸고, 과자를 먹느라 봉지를 부시럭거리는 소리를 내자 버럭 화를 내면서 귀를 막기도 했다. 한번도 먼저 큰 소리를 낸 적 없는 정다운 형에게 사사건건 트집을 잡히자 견딜 수 없어진 개구쟁이 창휘가 줄줄 눈물바람을 했을 정도. 그런데 그것은 부작용이 몰려오고 있다는 신호였을 뿐이다. 곧 메슥거림과 구토가 찾아왔다. 뇌종양 항암치료의 부작용은 그나마 다른 뼈나 내부를 다스리는 항암치료보다 적은 편인데도 휘는 몹시 힘들어했다.

닥터 휴켄이 그 견디기 힘든 부작용을 막아주는 약의 처방전을 써주었다. 항암치료제는 더 비싸지만, 치료에 필수적인 약이었기 때문에 제공이 되었다. 그 약은 부작용을 방지하는 보조제이기에 가족 부담인데도 휴켄은 그것을 내게 건네주지 않고 간호사에게 주었다.

나는 휘를 진료실에 놔두고 눈짓을 하는 간호사를 뒤따라나갔다. 복도에서 나를 기다리고 있던 간호사가 처방전을 건네주면서 말했다. "이 약은 무지무지 비싼 약이다. 그러니 만약 약을 살 형편이 안 된다면 담당 복지사를 찾아가봐라. 그럼 담당 복지사가 해결해줄 것이다." 간호사와 휴켄은 아이 앞에서 부모가 그런 말을 듣는 것을 원하지 않았던 것이다.

간호사가 말한 담당 복지사는 말하자면 병원에서 겪는 모든 어려운 일들을 가족 편에서 해결하는 해결사였다.

휘가 암병동에 소속된 후, 이미 우리에게는 담당 복지사가 정해져 있었고, 두어 번의 면담시간을 가졌었다. 우리의 당시 환경, 능력, 그리고 그저 나 혼자만의 짐작이지만 앞으로 부모가 모든 병원 일정에 맞춰 아이를 잘 보살필 수 있는지까지도 점검하는 것 같았다.

여기서는 종교적인 이유를 들거나 병원스태프들이 수용, 납득하기 어려운 방법의 치료를 위해 부모가 암환자인 아이의 치료를 거부할 수 없다. 아이들에게는 치료를 받을 수 있는 권리가 있고, 심지어 부모라고 해도 그 권리를 침해할 수는 없다는 것이다.

부모가 부모 노릇을 제대로 하는지 감시하는 체계의 신속함은 나도 씁쓸하게 체험한 적이 있다. 응급실, 퇴원, 재응급실, 입원, 수술 등으로 이어지던 경황없는 시절, 약 일주일쯤 둘째를 거의 돌보지 못했었다. 며칠째 입던 옷을 계속 입었던 모양이고, 어쩌다 있는 숙제, 도서관에서 빌린 책을 챙겨 보내는 것 등등 둘째에게 주어져야 할 모든 관심이 딱 끊어졌던 며칠. 그런데 알고 보니 아이 알림장에 담임 선생님이 두 번씩, 그것도 빨간 볼펜으로 선명하게 메모를 남겨놓고 있었다.

오전, 아이를 데려오는 시간이나 점심시간 전, 그것도 안되면 방과 후에 꼭 자신을 만나달라는 메모였다. 모든 소소한 문제들은 다 일과 이전에 해결하려 드는 이들의 방식에 비춰봤을 때, 심지어 방과 후라도 좋으니 나를 만나달라는 건, 자신이 얼마나 긴급하게 보호자를 만나고 싶어하는지를 노골적으로 표시하는 것이나 마찬가지였다.

그래서 우선 급한 대로 이웃에게 둘째의 담임선생님께 사정을 말해달라고 했다. 그러자 사과의 편지, 위로의 편지가 전해져왔고, 그 후 둘째는 그 선생님의 특별보호를 받게 되었다. 안심할 만한 이웃에게 둘째가 잘 인계되는지를 눈여겨보아주었고, 자신이 도울 수 있는 다른 방법이 있으면 알려달라, 퇴근하는 방향이 같으니까 둘째를 병원까지 데려다 줄 수도 있다고 미리 말해주었다.

간호사가 무지무지하게 비싸다고 한 약은 열 알에 100달러쯤 한다. 쌀알만한 약 한 알 값이 각각 10달러니 우리네 기준에서도 무지 비싼 것이지만, 몇 센트를 아끼려고 보온컵을 들고 다니면서 커피를 사 마시는(물론 너무 멀쩡한 종이컵을 이용하는 것에 대한 거부감을 가진 사람들의 환경지키기 방법이기도 하지만) 이들의 사고방식으로는 정말 엄청난 액수가 아닐 수 없었다.

그러나 우리는 해결사인 복지사를 찾아가지 않고, 그 첫 100달러를 기꺼이 지출했다. 홈닥터를 찾아가던 때부터 수술, 입원, 항암치료까지 한 달 반 정도의 병원생활 중에 휘의 병 때문에 지출한 첫비용이라고 생각하면, 우리에게는 그리 무지무지하게 비싸지만은 않게 느껴졌기 때문이다.

암을 앓는 가족들을 위한 핸드북에 보면, 가족들에게 가장 먼저 하는 충고가 죄책감에 시달리지 말라는 것이다. 암이란 예언할 수 없고 발견하기도 쉽지 않는 것이기 때문에, 발견하기 전 실수들, 무관심을 후회하며 시간과 에너지를 낭비하지 말라는 이야기다.

그런데 때때로 나는, 도대체 엄마가 되어서 제 아이가 시야를 잃어가는 것도 몰랐다고, 심지어는 6세부터 서서히 그 종양이 자라고 있었다고 하는데 감쪽같이 모르고 있었다고, 그러고도 마음속으로는 이쯤이면 꽤 괜찮은 엄마라는 자부심씩이나 가지고 있었다고 나를 몰아댔다. 자책감이 너무 심할 때는 벽 같은 곳이 보일 때마다 머리를 쿵쿵 짓이기고 싶은 그런 자해 충동에 휩쓸리곤 했다. 휘를 돌보는 일이 주어지지 않았다면 나를 함부로 굴리면서 학대하느라 세월을 보냈을 것이다.

그런 것을 헤아려보면 치료비가 없어서 아파하는 자식에게 아무것도 못해주고 보고만 있어야 하는 지옥은 또 어떨 것인지, 그 지옥불은 얼마나 뜨겁고 지독할 것인지.

"사람들은 나쁜 텔레비전을 모방한다." 내가 좋아하는 영화에 나오는 한 대사다. 주인공이 불치의 병에 걸려 죽어가고 그의 곁에는 지순한 연인이 있다. 드라마 속의 불치병과 가족들의 슬픔은 아름다운 포장지에 싸여 사람들에게 선물된다.

그러나 다시 말하건대, 그리고 앞으로도 지치지 않고 되풀이할 예정인데, 불치병에 걸린 사람이나 그 가족들보다 더한 지옥을 겪는 사람들이 우리의 의료시스템의 그늘 속에는 엄연히 존재한다. 수술만 받으면 고칠 수 있는데, 약만 먹으면 나을 수 있는데 돈이 없어서 도중에 치료를 포기해야만 하는 사람들이.

100달러짜리 그 무지무지 비싼 약은 구토가 시작될 때, 바로 혀 밑에 녹여 먹으면 놀라운 효과를 발휘했다. 금세 휘는 말도 하고 웃기도 했다. 100달러가 아깝지 않았다.

그러나 그것보다는, 돈이 없는 부모라도 아이에게 그런 내색 하지 않고 그 약을 구해 먹일 수 있고, 그래야 하는 것이 더 자연스러운 것임을 배운 것에 의미를 두고 싶다. 자연스럽다는 것, 인간의 권리에 대해 다시 배우는 기분이 들었다. 그래서 그 100달러는 이전에 내가 당연하다고 받아들였던 것들, 돈이 없으면 포기해야 한다고 받아들였던 것들 중의 어떤 것들은 사실 일종의 타협이었거나 무관심일 뿐이었다는 것을 배우면서 치른, 아깝지 않은 수업료이기도 했다.

나는 특별대접이 싫었다

밴쿠버 아동병원과 우리 집 사이에 커다란 유료정원이 하나 있다. 반듀센 정원. 밴쿠버 전체가 공원 같은 곳이지만, 아이가 아프기 전에는 아예 1년 회원권을 끊어서 자주 그 정원을 찾곤 했다. 똑같은 공간이지만 갈 때마다 아주 미세하게 조금씩 바뀌어가는 모습, 계절에 따라 달라지는 색채와 분위기를 관찰하는 것이 즐거웠다.

어느 날은 '한국라일락'이라는 명찰을 달고서 연보라색 꽃을 가득 피운 나무를 발견하고 좋아했다. 집에 와서 책을 찾아보니, 과연 수수꽃다리라 하는 우리 이름을 가진 자생종 라일락이었다. 얼마나 반갑던지, 꼭 그 나무가 내 나무, 나를 위해 거기서 기다리고 서 있던 나무 같다고 마음속으로 허풍을 떨었던 기억도 난다.

그런데 이제 나는 항암치료를 받아야 하는 아이를 데리고 그 정원 앞을 그냥 지나쳐 병원을 다니기 시작한다. 차창 너머로 보면 담장께로 고개를 내민 나뭇가지들이 통통하게 살쪄가는 것이 느껴졌고, 수선화들이 일제히 피었다가 지기도 했다. 그 봄날 아이와 함께 암병동이 아니라, 하도 자주 다녀서 샛길조차 다 헤아릴 수 있는 정원길을 산책할 수 있었으면 좋겠다는 생각을 하곤 했다.

그렇지만 그 간단한 바람 하나 이루지 못하고 병원과 집과 검사실만을 오가는 나날이 계속된다. 아동병원에는 시신경 정밀 촬영 기계가 없어서, 더 먼 곳, 일반 종합병원 곁의 검사실로 찾아가곤 해야 했다. 그런 기계들은 그것을 이용할 환자들이 더 많은 병원 쪽에 갖추어져 있기 때문이었다.

그런 정해진 검사 외에도 그때 나는 걸핏하면 휘를 데리고 응급실을 찾는 안 좋은 버릇까지 생겼다(응급실 이용이 의료보험에 포함되어 있다는 것 때문만은 아니었습니다). 휘에게 두통이 오면, 또 종양에 액체가 고였나, 그 무거워진 종양이 몇 가닥밖에 남아 있지 않은 시신경을 압박하고 있지는 않나 하는 두려움이 곧바로 찾아왔고 그러면 참지 못하고 응급실로 내달리게 되었다.

문턱이 없는 응급실이라 대기실 앞은 늘 북적거린다. 특히나 홈닥터의 오피스가 문을 닫는 밤중이면 더욱이 그렇다. 응급실 병동을 배정받지 못한 채 몇 시간씩 기다리기도 하고, 체온을 재는 일이며 간단한 처치들이 심지어 대기실에서 이루어지곤 했다. 그래서 감기라고 생각되는 경우, 그냥 대기실에서 모든 걸 해결하고 그날 밤을 넘길 약을 받아서 집에 돌아가기도 한다.

그렇지만 휘의 경우, 입구의 접수 창구에 이름을 대고 병명만 대거나 지금 항암치료를 받고 있다고만 말하면, 그 자리에서 간단히 서류를 작성하고, 누구인지를 알리는 팔찌를 만들어 채운 뒤 곧바로 병실로 안내되었다. 이미 서류를 작성하기 전, 워키토키로 여기 이런 아이가 와 있다고 안쪽과 연락이 되어 있어서, 그런 경우를 위해 비워둔 병실이 휘에게 배정되는 것이다.

바로 그런 순간에 열이 나 칭얼거리는 아이를 데리고 와 서너 시간 기다리던 사람들 중 누군가는 그 새치기 현장 앞을 거칠게 왔다 갔다하는 무언의 시위를 벌이기도 하였고, 도저히 못 참겠다는 듯이 직접 항의를 하기도 했다. "나, 지금 세 시간째 기다리고 있는 거다. 알고는 있어?"

그런 일에 이력이 난 간호사는 아주 사무적인 어조로 대답한다. "나, 다 알고 있어." 그저 그뿐이다. 이민자들이 많은 곳이라, 항의하는 이들 중에는 인도인, 중국인들도 많았는데, 간호사의 그런 쌀쌀맞은 답변이 어쩌면 차별로, 무시로 비쳐졌을지도 모른다는 생각이 얼핏 들 정도였다.

"이 아이는 암환자다. 게다가 지금 항암치료중이다." 한마디 설명만 해주면 그들의 오해가 풀리겠지만, 환자의 병명에 대해 나나 당사자인 휘 앞에서 누군가에게 그렇게 설명하는 것을 보지 못했다. 우리가 들어간 뒤에는 어땠을지 몰라도. 그건 지켜져야 할 환자의, 휘의 개인적인 사항이기 때문이다.

지금이야 몸에서도 표시가 나지만 그때야 겉으로 봐서는 너무 멀쩡했으니, 그런 실랑이는 늘 있었다. 그런데 그렇게 거칠게 항의하던, 심지어 새치기하는 우리에게까지 곱지 않은 눈매를 던졌던 그들은 짐작이나 했을까? 내가 얼마나 그들의 위치를 부러워했는지.

그런 특별대접이 얼마나 싫고 무서웠는지를.

두고두고 이 나라 불편해서 못살겠다고 불평하는 이웃이 있었다. 그의 곁에서 함께 약간 모멸적인 경험을 했기 때문에, 뭐라 할말이 없었다. 아이가 과로로 열이 나고, 온 잇몸이 들떠서 밥도 제대로 먹을 수 없는데, 하필 휴일이어서 응급실을 찾았다. 다른 영어는 몰라도 병원용 영어에는 익숙하다는 이유로(사실 묻는 것이 거의 정해져 있습니다) 도우러 갔다가 4시간쯤을 허비했다. 그런데 그렇게 오래 기다려 병실에 들어가 의사를 만났더니, 간단히 살핀 뒤 그가 싸늘히 말했다. "너 응급실이 어떤 곳인지 알고나 있니?"

과연 너나 아이 엄마가 봤을 때, 이 상황이 응급이라고 생각했느냐는 싸늘한 돌려치기였다. 그런 꼴을 당했으니 '밥을 못 먹는 것이 안타까워 영양제 링거 한 병만 맞혀주고 싶었던' 그 엄마로서는 억장이 막혔을 수밖에.

내 돈 가지고도 어디 가서 영양제 주사 한번 맘대로 못 맞는 나라라니. 그렇게 병원도 부족해서 응급실에서 환자 대접도 제대로 한 번 못 받는데 비싼 의료보험비는 꼬박꼬박 내야 하다니. 그런 불평 끝에 늘 결론은 이렇게 내려지곤 했다. '돈 있으면 한국만큼 살기 좋은 곳이 없다.'

그러나 응급한 순서대로 처치를 하는 이들 시스템에서 늘 특별대접을 받았던 사람인 나는 워키토키로 서로 연락을 주고받는 순간부터 기가 죽곤 했다. 집에서부터 마음 졸이고 왔는데, 몇 분도 허비하지 않고 곧바로 병실로 직행, 담당의사들이 찾아오고, 심지어는 휴일에도 담당자가 소환되어 CT스캔 기계 워밍업을 하고 그런 다음 뇌촬영을 해야 하고 급하면 응급실에서 바로 종양에서 액체를 빼내야 하던 그 시절, 그래서 난 대기실에서 서너 시간째 기다리고 앉았는 사람들이 늘 부러웠던 것이다.

물론 열이 나서 잠도 못 자고 칭얼거리는 아이를 안고 있는 부모의 타는 심정과 휘를 데리고 특별대접을 받으면서 입실하는 나의 심정을 물리적으로 잴 수는 없을 것이다. 속이 타들어가기는 마찬가지일 테니까.

그렇지만, 그래도, 나는 항의하는 사람들을 뒤로 하고 병실로 향할 때면 캐나다라는 나라의 의료시설이 정말 낙후되었고, 치료받기 기다리다가 중병되기 알맞는 곳이라고 투덜거리는 사람이고 싶었다.

요즘은 일가친지나 친구 중의 한 명 정도는 외국에서 살고 있는 것이 보통인 세상이다. 혹 그들 중에 캐나다에서 살고 있는 친지나 친구가 여기 형편없다고, 선진국인 줄 알았는데 한국보다 더 살기 불편하다고 투정한다면, 안심하시라. 그들은 평범하게 잘살고 있구나 생각하라고 말하고 싶다. 험한 꼴 당하지 않고, 가족 중에 누군가 크게 아프지 않고 무사하게 살고 있구나 하고 생각하면 크게 틀리지 않다고.

실직을 했거나 당장 먹을거리가 없는 빈민자가 되었거나 큰 사고로 혹은 병으로 병원신세를 져야 하거나 장애인이 되었을 때, 이럴 때에나 비로소 긴급하게 작동되는 정교한 시스템을 경험할 수 있는데 그런 경험 없이 큰목소리로 비난만 할 수 있다면, 그 삶은 아직 무사하고도 평안한 것일 테니까.

그런 특별대접을 받아가면서 1차의 항암치료를 마치고, 어느 정도 시간을 두고 그 결과를 기다리는 중에 휘는 안과의사의 처방에 따라 보안경을 맞췄다. 떨어뜨려도 어지간한 충격에도 깨어지지 않는, 그런 최고급 특별렌즈였다. 남은 시야의 시력은 꽤 좋은 편이어서 도수는 넣을 필요가 없었다. 일상생활로 돌아갈 첫 준비라고 했다. 휘가 학교에 다니고 싶다면 언제든지 다시 등교할 수 있게 하기 위한 첫 준비였다. 누군가가 던진 연필이나 물건에 맞아 그 남은 시신경이 상처받는 일이 없게끔 막아주는, 그런 보안경이었다. 특수 보완렌즈는 지원을 받았고, 그 안경점에서 그 중 튼튼한 안경테 값은 우리가 치렀다.

치료중에도 그렇게 미처 우리는 생각지 않고 있었던, 휘의 다른 일정들이 짜여지고 준비되고 있었다. 그때는 늘 우리보다 한 발 앞서 어떤 조치들이 취해지는 것에 감동하고는 했다. 그러면서 정작 부모인 우리는 그런 것까지를 헤아리지 못했구나 좀 민망스럽기도 했었다.

그런 배려들을 이제는 제법 담담하게 받아들이곤 한다. 그런 상황의 부모가 슈퍼맨처럼 닥쳐올 모든 것들을 예상하고 대처한다는 것은 불가능하기 때문이다. 아이가 암환자라고 판명을 받은 그 순간의 충격과 그 이후의 급류들, 그리고 끝없이 이어지는 짙은 안개지역, 이런 것들을 헤쳐나가는 것만으로도 부모는 지친다. 게다가 한번도 치러본 적 없는 전쟁이니 어느 순간에 어떤 무기가 필요한지조차도 모른다. 그러니 이미 이전의 그와 같은 상황의 아이에게 어떤 일들이 벌어졌는지를 알고 있는 스태프들, 복지사들이 미리미리 알려줄 수밖에 없고 그래야만 하지 않겠는가?

그래서 이제 휘는 보안경을 맞추는 것으로, 치료와 병행해서 일상생활로의 복귀를 위한 준비가 함께 실시되는 시기로 접어들었다. 아니, 더 정확히 말하자면 곧 그렇게 될 것이라 믿고 싶었다.

고통 앞에 부끄러운 관념

나는 기다리리, 추운 길목에서
오랜 침묵과 외로움 끝에
한 슬픔이 다른 슬픔에게 손을 주고
한 그리움이 다른 그리움의
그윽한 눈을 바라볼 때.
—정희성 시 「한 그리움이 다른 그리움에게」 중에서

그해 2월과 3월의 내 일기에는 소소한 느낌들은 거의 생략되어 있다. 몇 시에 타이레놀 두 알, 몇 시에 구토, 또 약, 두통. 짤막짤막하게 그날 먹인 약들과 증세들만 쓰여진 일기들이 끝없이 이어지고 있었다.
그런 한편으로는 안경을 맞추고, 학교에 휘의 상태를 알리는 의사의 소견서를 제출하면서 1차 아홉 번의 항암치료 효과에 희망을 걸었다. 가족을 위한 핸드북에 쓰여 있었다. 희망은 전염된다고. 나는 닥터 휴켄의 논문에 자료로 실린, 항암치료 후 줄어든 종양의 사진 등을 보여주면서, 힘들어하는 휘에게 바로 그런 전쟁이 벌어지고 있기 때문에 네 몸이 지금 힘든 것이라고 일러주곤 했다.

그러나 그 즈음의 휘에게 또다른 새로운 증세가 나타났다. 집에 단둘이 있을 때면, 잠깐 무엇인가를 찾으러 옆방에 가 있어도 놀라서 크게 엄마를 불러댔다. 특히 메슥거림이 시작되거나 구토 이후에 뒤가 무섭다고 앞으로 안지 말고 등쪽으로 안아달라고 부탁했다. 어둠도 무서워해서 잠들기 전까지는 불을 끌 수도 없었는데, 불빛 아래 누워서도 쉽게 잠들지 못했다. 일부러 골라 빌린, 동물들이나 곤충들에 관한 동화책들을 어떤 날은 열 권도 넘게 읽어줘도 뒤척거리며 잠을 못 이뤘다.

그렇게 어렵게 잠든 후에도 사나운 꿈을 꾸는지 눈을 꼭 감은 채로 이를 악물고 끙끙 울어대던 휘를 보다 못해 그건 꿈이야, 꿈일 뿐이야 하고 흔들어 깨우곤 했던 시절. 어쩌면 휘는 예감하고 있었을까.

1차 항암치료는 아무런 효과가 없는 것으로 밝혀졌다. 그리고 심지어 종양은 계속 더 자라는 중이었고, 시야는 예전보다 약간 더 좁혀졌다고 했다.

2차 항암치료에 들어가는 것보다 더 급한 것은 재수술을 해서 머릿속에 설치한 레자브와를 이미 실명한 눈 쪽, 그러니까 완전히 손상된 시신경 쪽으로 재배치하고 크기도 약간 줄여서 남은 시신경을 최대한 보호하는 것이라고 했다.

　의사는 마치 이미 달아놓은 단추 하나를 좀 옮겨 다는 것만큼이나 예사롭게 이야기했다. 그 수술은 첫번째 수술보다도 더 간단한, 한 시간 반쯤이면 끝날 수술이라고. 그러나 휘는 곁에서 보기 힘들 정도로 낙담했다.

　결국 3월이 오기 전, 첫번째 수술을 한 지 채 한 달도 되기 전에 아직도 붉은 기가 남은 수술 자리를 고스란히 다시 열고 재수술을 받게 된다.

　그날 휘는 소리내어서 처음으로 아이답게 울어댄다. 휠체어 거부. 아빠 등에 업혀 수술실로 향하면서 흑흑댔고, 마취담당의가 수술대기실로 들어와 이런저런 질문을 할 때는 아예 컥컥 목놓아 울었다. 또 간호사가 데리러 오자 엄마 아빠 품에 교대로 매달리면서 고개를 저어댔다. 내 품으로 파고들어 내 목을 껴안는 가느다랗지만 완강하던 그 팔목의 저항. 참지 못하고 결국 함께 울 수밖에 없었다. 도대체 아픈 아이 앞에서 엄마가 눈물을 보이면 안된다는 전설은 누가 만들어서 유포시켰는지. 안간힘을 쓰며 참고 있던 눈물보가 결국 툭 터졌다.

　간호사와 의사가 교대로 달래면서 이건 정말 간단한 수술이라고, 지금부터 한 시간 늦어도 한 시간 30분 뒤에는 다시 엄마, 아빠 곁으로 돌아와 있을 거라고 말해주자 겨우, 그 틈에도 아빠 손목의 시계를 한번 더 들여다보고 휘는 수술실로 들어갔다. 바라보기 힘든 순간이었다.

　첫 수술을 마친 후, 수술실이 얼마나 싸늘하고 무서운가를 그렇게나 열심히 설명해주던 휘. 기계들이 잔뜩 있고, 그 한가운데 시트도 안 씌운 침대가 있고, 또 그 위에는 조명 불빛들이 얼마나 무섭게 밝혀져 있는지, 그런 그곳 풍경이 얼마나 살벌한지를 몇 번이고 설명해주더니 채 한 달도 되지 않아 결국 그곳으로 다시 들어가야 하다니, 그런데 따라가줄 수도 없다니.

결혼 전, 일터의 지독한 흡연자였던 선배가 하루 만에 담배를 끊었다. 큰 아이와 터울이 좀 많이 지는 둘째를 보았는데 그 둘째가 어쩌다 수술을 받게 된 후의 일이다. 위험한 수술이 아니어서 그 선배도 우리도 크게 걱정하지 않았었다. 그런데 그 아이가 수술실로 실려가는 걸 직접 본 후, 그 선배는 담배를 끊었다.

막상 수술실로 아이를 들여보내놓고 나니까, 신자도 아닌데 막 기도를 하고 있더라고. 그런데 자기가 생각해도 하나님께 좀 미안하더란다. 한번도 안 찾다가 갑자기 도와달라고 기도를 하는 게. 그래서 저도 뭔가를 하겠습니다. 제 가족들이나 하나님이 보시기에 좋은 어떤 것을. 그러면서 지키기 좀 어려운 것 중의 하나를 고르다 보니 담배 끊기였다. 아이를 제 곁에 무사히 돌려보내주시면, 그 순간부터 담배를 딱 끊겠습니다는 약속을 했고, 그래서 그 선배는 그때부터(아마도 지금까지) 담배를 피우지 않았다.

대기실에서 휘를 기다리는데 문득 그 선배 생각이 났다. 그래서 나도 기도를 했고 약속을 했다(내용은 비밀입니다). 그 한 시간 반 동안 울지 않기 위해 입술을 하도 깨물어서 나중에 보니 아랫입술이 부풀어올라 있을 정도였다.

회복실에 휘가 나와 있다고 해서 가봤더니 첫 수술 때보다 절개

한 쪽 눈 부위가 더 부풀어오른 모습으로 휘는 잠들어 있었다. 간호사가 엄마 왔네, 하면서 깨우자 눈을 뜨고는 기운이 없는 중에도 한바탕 비쭉비쭉 울더니 또다시 깊은 잠. 첫번째 수술에 비해 깨어나기까지 시간도 많이 걸렸고 마취제 부작용도 컸다. 심한 복통, 두통, 그리고 또 구토.

그 시기에 아픈 아이 곁에서 책을 읽고 또 읽어주며 작은 토론을 벌인 기억이 난다. '막대기나 돌멩이는 내 뼈를 부러뜨릴 수 있지만, 말들은 나에게 상처를 주지 못해'라는 구절 때문에(나중에 보니 말로 상처를 받은 후, 스스로를 위로하는 상황에서 즐겨 쓰이는 영어권의 관념적인 표현이었다). 책을 읽어주다 말고 어? 그러니까 말보다 돌멩이나 막대기가 더 무섭다고? 너는 어떻게 생각해? 내가 물었다. 그 물음의 배경에, 막대기나 돌멩이보다 더 무서운 말, 더 상처를 주는 말들이 얼마나 많은데라는 내 느낌을 노골적으로 깔고서.

잠깐 생각하던 휘는 간단하게 대답했다. "그 말이 맞지. 막대기나 돌멩이에 맞으면 아프지만, 말에 맞으면 속이 상할 뿐이지 아프지는 않잖아. 놀리거나 욕을 해도 내가 이해해버리거나 무시해버리면 속이 상할 필요도 없을 테고. 주사를 맞을래, 누구에게 놀림을 당할래 하면 난 그냥 놀림을 당하겠어."

그때 그 순간, 나는 내 관념이 부끄러웠다. 정말로 한번도 제대로 고통을 당해보지 못한 자의 엄살과도 같은 관념, 혹은 감상, 왜곡된 자존심 같은 것들이 너무도 한심하고 부끄러웠다.

그러면서 생각한다(대신 겪을 수는 없으니 생각할 수밖에 없으므로). 도대체 아픈데, 어딘가가 현실적으로 너무 아픈데 병원을 가지 못하고, 혹은 약을 먹지 못하고 누워 있어야 하는 기분은 어떨까를.

병원에 입원해 있으면 나는 딱 한 가지가 불만스러웠다. 머리가 좀 아프다고 하네요. 복통이 좀 있어요. 나는 휘의 상태를 알리기 위해 전하는 것인데, 금세 진통제가 투여된다. 어린아이들의 아픔을 오래 방치하지 말자는 것. 그래서 말하지 말걸 그랬나 싶을 정도로 즉시 약을 먹인다.

지금까지도 두통은 휘를 괴롭히는 가장 주된 증상인데, 바로 그렇기 때문에 오히려 나는 내성이 덜 생길 정도에서 진통제를 주려고 노력하는 편이다. 강도 3까지의 두통은 지압이나 산책, 음악으로 다스려보다가 강도 4가 넘어서면 약을 먹이려고 한다(휘와 저 사이의 신호입니다). 어제만 해도 그래서 오전 한 차례만 약을 먹고 오후는 약 없이 만성두통을 넘겼다.

그런데 그 강도 3의 두통과 강도 4의 두통 사이를 견디는 일이, 그냥 약을 줘버릴까, 아니 그래도 좀 참아보자고 견디는 일이 언제나 참 힘들다. 병원에서처럼 즉시 약을 줘서 두통을 없애주면 덜 힘들어도 될 텐데 하는 유혹을 끊임없이 받는다. 욕이나 놀림보다도 더 힘든 것이 육체적인 아픔이라는 걸 휘는 이미 알아버렸다고 생각하면 더욱 그렇다. 그런데 그런 조절의 의미가 아니라 없어서, 너무 비싸서 그런 약을 살 수도 없다면? 약이 없어서 방치를 해야 한다면? 게다가 자식이 그렇게 아파하는데, 뉘어만 놓고 있어야 한다면?

마이크를 들고 사람들에게 물어보고 싶은 심정이다. 당신은 귀하고 비싼 약이나 첨단장비를 이용한 검사비 등이 거의 개인부담인

지금의 의료시스템이 당연하다고 생각하십니까?

　재수술 이후의 반가운 소식은 좁혀져가던 시야가 약간 회복되었다는 것이다. 또 한 차례의 CT스캔. 그러나 종양은 여전히 자라고 있었다. 2차 항암치료 일정이 잡힌다. 문득 이전과 지금 상태를 비교하기 위해 책상 위에 놓여져 있는 지금까지 찍은 휘의 CT스캔 필름함을 보았다. 그 사이 벌써 책 한 권쯤의 분량이다. CT스캔 한 번 찍는 데 한국에서는 30만원이라던데, 도대체 몇 장이야, 앞으로는 또 얼마나 찍어대야 하는 것이야.

　언제부턴가 그랬다. 나는 같은 처지로 앓고 있는 한국의('조국의'라고 쓰려니 너무 비장해져서 표현을 이렇게 바꾸기로 했습니다). 어떤 아이나 그 부모를 늘 생각하고 의식하고 있었다.

　그리고 그 시절에 한 슬픔이 다른 슬픔에 손을 내밀 때, 하나의 꿈을 엮을 수 있다는 시를 자주 음미해보고는 했었다.

웃어서 미안해요

 두번째 수술과 3월 말로 잡힌 두번째 항암치료 계획 사이, 폭풍의 눈 같은 평화가 주어졌다. 그후부터 지금까지 그렇게 치료와 치료 사이, 혹은 검사와 검사 사이, 휘 말대로 병원을 가지 않아도 된다는 것만으로 평화롭고 행복한 시간들이 주어지곤 했다. 그럴 때마다 우리는 맛있는 것을 아껴먹는 사람들마냥, 신나게 그 시간들을 즐겼다. 집 앞 공원을 산책하고 새들을 관찰하고 풀꽃에다 마음대로 이름을 붙여주면서.
 한 영화 제목처럼 그렇게 삶은 이어진다. 그런 순간들 없이 끝없는 긴장만 이어진다면 어떻게 견뎌낼 수 있었겠는가. 더 간절하게 즐긴 것도 아니고, 휘를 위하는 마음에서 그런 순간들을 인위적으로 만들어 즐긴 것도 아니지만 예전보다는 더 반갑고 살뜰하게 잘 놀기.

청각장애아를 위한 그림동화책 『제이미의 호랑이』 표지와 본문

수수께끼나 엉터리 퀴즈 만들기를 하면서 공원을 돌다 보면 그 시절에도 우리는 늘 웃고 있었다. 특히 내가 제일 많이 웃었다. 난 콩깍지가 씐 바보 엄마라서, 두 휘가 만들어내는 엉터리 수수께끼, 엉터리 퀴즈가 그렇게 재미있을 수가 없었다(다른 사람에게 말해주면 가끔, 근데 그게 그렇게 재미있어요? 하는 반응을 보이기도 합니다).

바로 그럴 때, 이웃이 산책 나왔다가 우리를 보면, 낄낄거리는 나를 보면 안심하고 다가와서 인사를 하곤 했다.

"아, 좋은 소식이 있나 봐요. 수술했다고 들었는데, 그, 그, 실명한 쪽 눈이 좀 좋아졌나요?"

그런 신나는 소식이 없고서야 저렇게 웃고 있을 수는 없다고 자신있게 추리하면서 함께 기뻐할 준비를 하곤 했다. 그럴 때 오히려 더 안 좋은 소식들을 담담하게 전해야 하는 나는 왠지 미안해지곤 했다. '괜히 제가 너무 웃는 바람에, 걱정스런 근황만 잔뜩 전해듣게 되셨죠? 미안합니다.' 금세 근심으로 흐려지는 이웃을 보면 그렇게 사과라도 해야 될 것 같았다.

그리고 그런 순간들이 쌓여가면서, 고통을 겪는 사람과 바라보는 사람 사이에는 늘 조금씩 작은 틈이 있음을 느끼기 시작한다. 심지어는 투병 당사자인 휘와 그 곁을 지키는 나 사이에도 그 틈은 있었다.

'한쪽 눈 전부를 잃었다고? 세상에 이렇게 기막힐 수가.' 내가 이렇게 생각하고 있을 때 이미 다른 쪽 눈에다 책을 갖다 대고 읽는, 저만의 자세를 찾아낸 휘가 의기양양하게 말한다.

"이만큼만 보여도 책은 읽을 수 있어."

안개지역을 통과해나가면서, 지금은 4개월에 한 번인 눈 검사를 일주일에 한 번씩 받아가면서, 그럴 때마다 완전실명의 공포에 짓눌리면서도 틈만 나면 우리는 웃을 수 있었다.

모든 걸 가진 사람들이 오히려 '죽지 못해 산다'고 쉽게 푸념할 때, 무언가를 잃어본 사람, 잃은 사람은 '그나마 다행'이라고 생각하면서 상황을 추스르려고 애쓴다. 그것도 거의 본능이라고 생각한다.

그리고 바로 그런 절박한 순간, 붙잡을 수 있는 지푸라기의 있고 없음에 따라 희망과 절망이 엇갈린다고 나는 생각한다. 어떤 의지에 의해서가 아니라 순전히 운이 좋아서 나는 붙잡을 지푸라기 정도가 아니라 튼튼한 구명로프들이 많이 늘어뜨려진 곳에 있었다.

조그마한 시골 도시인 밴쿠버에는 중앙도서관을 비롯해 22개의 도서관이 각 동네마다 있다. 그리고 그 도서관에서 구할 수 없는 책은 컴퓨터로 목록을 찾아 중앙도서관에, 혹은 딴 도서관에 주문해서 받아볼 수 있다.

　그 중 집 앞에 있는 오크리지 도서관에서 그 즈음 내가 가장 자주 뒤져본 서가는 학부모를 위한 곳. 아이들의 난처한 질문을 해결할 수 있는 책들, 혹은 지금 아이에게 벌어진 상황을 이해시킬 수 있는 여러 상황들에 대한 책들이 한곳에 진열되어 있는 곳이다.

　이혼을 앞둔 부모가 아이에게 자신들의 상황을 이해시키기 위해 읽어줄 만한 책. 부모 혹은 할머니나 할아버지, 심지어는 애완견, 고양이를 잃은 아이들에게 각각 그 상황에 맞춰, 만나면 결국 한 번은 이별하게 되어 있는 삶의 이치를 아이 눈높이로 설명해놓은 책들.

　휘가 실명의 위기에 처하지 않았을 때도 나는 사실 가끔 그 서가의 책들을 빌려다 읽어주곤 했다.

　결혼할 생각이 없는 왕자에게 여왕인 어머니가 말한다. 나도 쉬어야겠다, 결혼을 해라. 그러고는 공주들과의 맞선들. 왕자는 그 누구에게도 관심이 없다. 그러다 한 공주를 따라온 다른 나라 왕자를 만난다. 결국 왕자와 왕자가 결혼을 해서 여왕은 비로소 휴식을 가질 수 있게 되었다. '왕과 왕'이라는 제목의, 아이들에게 동성애라는 묵직한 주제를 이해시키는 책을 읽으면서 두 휘와 낄낄거릴 수 있었다.

　영어를 잘 못하는 부모를 둔 아이들을 위한 책, 물론 얼른 빌려다 함께 읽었다. 어른들은 아무리 노력해도 발음이 이상하다, 게다가 학교에 다닐 시간도 별로 없다 등등 구구절절 부모 입장에서 설명해주고는, 그런 부모를 부끄러워해서는 안된다로 끝나는 책. 굳이 내가 따로 설명할 필요가 없었다.

그곳에서 『제이미의 호랑이』라는 책을 발견했다. 병으로 어느 날 청각을 잃은 아이의 이야기. 청각장애자를 위한 재단의 후원을 받아 만들어진 책이었다.

보통 소년이던 제이미가 어느 날 청각을 잃게 되고, 마음속에 호랑이 한 마리가 살게 되는데, 그 호랑이는 식구들이 자기를 놔두고 수군거릴 때, 친구들이 따돌리며 수군거릴 때마다 더 크게 자라고, 더 크게 울부짖는다. 그러다가 수화를 배우고 진동을 느끼는 특별한 보조기구를 착용하게 되고 가장 친한 친구가 수화를 배워 말을 걸어줄 때 그 호랑이는 다시 점점 작아져서 나중에는 품에 안을 수 있는 작은 장난감 호랑이만해진다는 내용.

책을 함께 읽고, 우아한 엄마 버전으로 조심하면서 휘에게 물었다. 눈이 안 보이는 게 더 불편할까, 소리가 안 들리는 게 더 불편할까. 휘의 대꾸는 상처받지 않았으면 하는 마음에서 조심조심 물어본 엄마가 무색할 정도의 것.

"음, 엄마는 그리 예쁘지는 않으니까 안 보인다고 해서 크게 속상하지는 않을 거고(일급비밀이 폭로되는 순간). 그런데 가끔 잔소리도 하지만 가끔은 재밌는 수다도 떠는데 그걸 못 듣는다면 그건 좀 심심하겠지? 음악이나 새소리도 못 듣게 될 것이고. 그냥 눈이 안 보이는 게 더 낫겠어."

아마 휘가 귀가 안 들리는 쪽이었다면, 그때는 또 대답이 달랐을 것이다. 나는 그렇게 생각한다. 세상을 못 보는 것보다는 귀가 안 들리는 게 더 낫겠어. 무슨 이유라도 들어서 그렇게 생각하려 할 것이다. 무엇을 잃거나 고통을 겪는 이들의 특징이라고 나는 생각한다. 잃은 것 대신 남은 것을 헤아리기. 숭고한 자존심이다.

『제이미의 호랑이』는 비교적 얇은 보통의 그림동화책이었다. 그러나 생각해보자. 청각장애를 갖고 태어났거나 후천적으로 청각장애자가 되는 아이들을 지원하는 단체가 있고, 그들의 지원이 그저 물질적인 후원에서 그치지 않는다. 이제 막 그런 힘든 상태를 어리둥절해하면서 받아들여야 하는 가족과 아이의 정서적인 면까지를 다독일 수 있는 출판 계획을 세우고 유명작가와 화가에게(특히나 휘와 나는 그 화가의 그림책을 모조리 찾아읽던 팬이었습니다) 의뢰해 책이 만들어지고, 그래서 그 책이 도서관 부모를 위한 서가에 꽂히고 누군가 비슷한 상태의 아이와 엄마가 그 책을 읽게 된다는 바로 그런 섬세한 연결고리들을 한번만 생각해보자.

자선의 가장 아름다운 형태라고 나는 느꼈다. 분명 그 이익을 맛보는데, 고마워해야 할 사람들은 커튼 뒤편에 있고, 그래서 너무 황송해하지 않고 산뜻하게 감사하면서 그 열매를 포식하기만 하면 되는.

항암치료제를 지원받지만, 내가 묻기 전에는 아무도 그 약들이 어디로부터 왔는지 알려주지 않았던 것도 마찬가지다. 그래서 그것마저 의료보험으로 해결되는 줄 믿고 있었을 만큼, 시스템상으로 조용히 이루어져 감사해야 할 대상조차 모르고 넘어갈 뻔했었다.

도움을 받는 입장에서 이런 글을 쓰기는 좀 뻔뻔하지만, 나는 쓴다. 고마워해야 할 실체가 모호할 때의 장점에 대해서.

캔서 에이전시의 기금모집 광고는 늘 신문 한켠에 실려 있다. 그

것을 본 사람들 중의 누군가가 성금을 보낸다. 그 성금으로 항암제들이 지원된다. 결국 나는 누군가에게 감사해야 할지를 모르는 대신(캔서 에이전시라는 단체에 감사를 할 수는 없잖아요?) 그곳에 성금을 보냈을지도 모를 다수의 사람들, 마주치는 사람들 모두에게 감사할 수 있다. 그런 인간에 대한 신뢰감은 결국 또 내가 즐기는 보너스다.

책의 본문만을 읽고 휘랑 낄낄대면서 청각, 혹은 시각장애의 득실을 따지다가 뒤표지에 저자가 쓴 글을 발견했을 때, 그래서 그 책이 단체의 기금을 받아 쓰여진 글이고, 내용을 위해서는 또 어떤어떤 전문가들의 도움을 받았는지 밝혀놓은 대목을 읽었을 때 나는 모난 마음 한켠이 따뜻하게 허물어지는 경험을 했었다. 특히 청각장애를 가진 이와 정상인 친구 사이의 우정을 위해 그 책이 쓰여졌다는 대목에서. 말하자면 그 책은 겪는 이와 바라보는 이 사이의 틈, 좁지만 깊은 틈을 메우는 징검다리였던 것이다.

그해 가을 중앙도서관에서의 재고도서할인판매 행사 때, 나는 두 번이나 빌려서 읽었던 『제이미의 호랑이』를 발견했다. 심지어 한 권에 1달러. 순간 나는 독수리처럼 날렵하게 수많은 책더미 속에서 그 책을 집어들었다. 그러고는 또 세상에 제일 귀한 보물을 찾은 사람마냥 흐뭇하게 웃었다.

아파서 미안해요

내 뜰에는 꽃들이 잠들어 있네.
글라디올러스와 장미와 흰 백합.
그리고 깊은 슬픔에 잠긴 내 영혼.
난 꽃들에게 내 아픔을 숨기고 싶네.
인생의 괴로움을 알리고 싶지 않아.
내 슬픔을 알게 되면 꽃들은 울 테니까.
내 슬픔을 꽃들에게 알리고 싶지 않아.
내 눈물을 보면 꽃들은 죽어버릴 테니까.
—영화 〈부에나비스타 소셜클럽〉 중에서 오마라와 이브라힘 이중창

아직 미혼일 때의 일이다. 집으로 가는 고속버스 안, 책 한 권을 들고 거기 빠져 있을 때, 옆자리 아주머니가 유난스럽게 몸을 뒤척

거리셨다. 그러다가 나중에는 더이상 견딜 수 없다는 듯, 앙다문 입술 사이로 마치 물통에 물이 차서 저절로 흘러넘치는 듯한 신음이 나지막이 새어나왔다. 어디 편찮으신 거냐고 묻지 않을 수 없었다.

"어? 어 저기 이가 아파서. 이 아파봤어, 학생?"

난 치통을 앓아본 적이 없다. 그래서 도대체 얼마나 아픈지 잘 헤아려지지 않았다. 다만 그 말 끝에 부시럭부시럭 호주머니를 뒤져 아주머니가 꺼내놓은, 좀 엽기적인 비상대책용 물건 쪼가리 몇 개를 바라보면서 얼마나 아팠으면 하고 충격을 받았던 기억은 선명하다.

그때 아주머니가 꺼내서 겸연쩍어하면서 아프다는 이빨 쪽에다 지그시 끼워 무셨던 것은 누군가 이미 피운, 니코틴 흔적이 누렇게 배어 있는 담배 필터였다.

내 얼굴에 놀랍다는 표정이 노골적으로 드러나 있었던지, 지독하게 아파서 약도 잘 안 들을 땐 그 방법밖에 없다고 변명하면서 아주머니는 좀 무안해하셨다. 아픈 데 없이 멀쩡한, 다만 책 읽는 데 좀 방해를 받았을 뿐인 내게.

3월 22일부터 휘의 2차 항암치료가 시작되었고, 4월 5일 아침 나절에 두 차례 구토를 하는 등 부작용도 곧 뒤따랐다. 4월 5일 일기에 보면 아침 8시 30분경부터 20분 간격으로 두 차례 토했고, 약을 먹은 뒤에도 11시경부터 토하지는 않았지만 메슥거리는 증세가 계속되었다고 쓰여 있다. 그리고 얼굴이 놀랄 만큼 창백해졌다고도.

휘는 2차 항암치료를 더 견디기 힘들어했다. 두번째 수술을 더 무서워했던 것처럼. 무엇이 다가올지 알고 겪는 게 더 수월한 경우도 있지만, 겪어내야 할 것들이 무엇인지를 이미 알고 있다는 것 자체가 이미 고통의 시작인 경우도 많다. 특히 아픔, 두려움, 공포 같은 것들인 경우. 그런데 바로 그런 시절에 바보 엄마인 나는 무지해서 휘를 한번 크게 울린다.

휘의 경우 항암치료는 이틀 걸러 한번씩 레자브와가 설치된 곳에 직접 바늘을 꽂아 고인 액을 뽑아낸 다음, 그곳으로 약을 주입하는 수순으로 진행되고는 했다. 레자브와가 설치된 그 부분에 곧바로 바늘을 찔러넣어야 하기 때문에, 치료할 때마다 딱 그 부분만 동그랗게 구멍이 뚫린 푸른 천으로 머리와 얼굴쪽을 가려야만 했다. 나중에 영화 〈크라잉 게임〉을 함께 보았는데(앗, 저는 미성년자 관람불가 영화도 가끔 함께 봅니다. 엄마에게 그쯤의 권리는 있는 거 아닐까요?) 휘는 그 천으로 얼굴을 가릴 때의 악몽을 아직도 기억하고 있었다.

그렇게 얼굴을 가려놓은 상태로 위에서는 딸깍거리는 소리들이 나고, 바늘과 약품을 확인한 간호사가 환자 이름, 약품명, 오늘 투여할 양을 읽으면 의사가 그걸 확인하고 보호자에게 확인시키는 작업을 꼼꼼하게 한다. 그러고는 실시. 물론 '지금 소독약을 먼저 바를 거야. 준비되었지. 자, 그럼 하나, 둘, 셋, 한 다음에 찌른다' 의사와 간호사가 교대로 중계방송을 해주기는 한다. 그렇지만 1차 항암치료 때 휘는 바늘로 찌르기 직전부터 천 아래에서 미동조차도 안하고 뚝뚝 눈물을 떨구곤 했다. 천 아래 가려져 있으니, 건너편에 있는 간호사와 의사들은 휘가 울고 있는지조차 몰라서, 그냥, 엄마인 나 혼자서만 보고 닦아주곤 했던 흥건한 그 눈물들.

2차 항암치료 때는 그 눈물이 사라졌다. 대신 말도 사라졌다. 조심스럽게 액을 뽑아내는 틈틈이, 바늘로 약을 아주 천천히 주입하는 틈틈이, 좋아하는 과목은? 요즘 읽고 있는 책은? 좋아하는 음식은? 스태프들이 아무리 물어도, 묵묵부답이다. 결국은 고스란히 내가 대답해주어야 했다.
 하루는 스태프들이 바뀌었고, 그래서 질문이 좀더 집요해졌다. 이전 스태프들은 내가 중간에서 대답을 하면, 눈을 찡긋거리면서 에이, 오늘도 대답하기 싫은가보네요? 이런 신호를 보내고는 중간에 포기하곤 했었다. 그런데 새로운 스태프는 내가 대답을 하면, "어, 그러니? 나도 그 책 읽었는데 말야" 하면서 진심으로 대답을 원했다. 그러나 여전히 휘의 입은 완강하게 다물어져 있었고 그 가운데서 내가 좀 불편했었다.
 그렇다. 그 모든 일은 순전히 나의 불편함 때문에 벌어졌다.
 치료받고 돌아와 휘에게 말했다. '그렇게나 대답을 기다리는데 왜 아무말 하지 않느냐고. 나도 이젠 대신 대답해주는 거 싫다고. 못하는 영어로 왜 내가 너의 대답까지 해주어야 하느냐고.' 처음에는 대답 좀 해볼래? 가볍게 이야기하려 했는데, 말을 시작하다 보니 짜증, 역정이 묻어났다. 묵묵히 듣고 있던 휘가 어느 순간, 왈칵 눈물을 터뜨리면서 항의를 했다.
 "누가 대신 대답해달라 그랬어? 묻다가 대답 없으면 안 묻겠지. 아픈 거 참고 있는 것도 힘든데, 왜 내가 대답까지 해줘야 해. 엄마는 알지도 못하면서."
 이 바보 엄마는 알지도 못하면서, 휘가 천으로 얼굴을 가리는 걸 얼마나 싫어하는지 알지도 못하면서, 바늘로 찌를 때 온몸이 잠깐 감전되는 것처럼 찌르르 하는 그 느낌이 얼마나 싫은지 알지도 못하면서, 또 바늘로 액을 뽑아내는 그 마지막쯤, 공기만 쭉쭉 빨릴 때 그쪽 눈이 느끼는 압력이 얼마나 싫은지, 약물을 주입할 때 그 느낌이 얼마나 소름끼치는지 알지도 못하면서 공손하게 대답이나 잘하라고 부탁하고 있었던 것이다.

휘가 눈물을 참아가면서 흘려가면서 항의할 때, 나는 미안해서 정말로 미안해서 미안하다는 말조차 할 수가 없었다. 그냥 안아주는 수밖에는. 아무것도 모르면서 제대로 이해하려고도 하지 않을 때, 아픈 사람은, 답답한 사람은, 도움이 필요한 사람은 기가 막힐 것이다.

'그렇게나 싫었다면 말을 하지. 말을 하지 그랬어.' 그날 나는 휘에게 그렇게 말할 수 없었다. 그런 말을 구구하게 하는 일이 절대 쉽지 않다는 걸 나는 너무도 잘 알고 있었기 때문에.

질병이나, 육체의 불편을 가진 이들의 특징 중의 하나가 어지간해서는 속내를 털어놓지 않는다는 것 아닐까 생각한다. 어디어디가 불편한지를 시시콜콜 털어놓다 보면 점점 더 구차한 기분이 들기 때문에. 어디 그뿐인가. 심지어 그들의 태도 중에는 '이 정상인들 위주의 세상에 비정상인 제가 좀 불편을 끼쳐드려서 미안합니다'라는 식의 누가 누굴 배려하는지 좀 기가 막히는 마음까지 읽혀질 때가 있다.

그렇게 구차하게 털어놓지 않아도 그런 불편들이 해결되어나가면 좋은데, 말 안해주면 못 알아들을 때, 말해줘도 쉬이 고쳐지지 않을 때 분노가 쌓이지 않을 수 없을 것이다.

　개인병원에도 어지간한 검사기구들이 설치되어 있는 요즘이지만 돈 없는 사람에게는 차라리 그런 것들이 없는 것보다도 더 잔인한 환경에서 언제까지 '가난한' 환자들은 가족들에게 아파서 미안해해야 하는 것일까.

　내 한 몸이 이렇게 아파서 집도 팔고 적금도 깨고, 그런데도 쉽게 안 나아서 병원 한 번 갈 때마다 몇십만원이 기본이라니. 아파서 미안하구나. 가족을 위해선 차라리 죽고 싶구나.

　몇 년 넘게 질병으로 고통을 당하는 이들이 한편으로는 이런 생각까지 해야 하는 의료시스템. 그리고 그런 시스템에 대한 무관심. 가난은 나라도 구제 못한다는 말 속에 숨은 엄청난 자기합리화의 폭력이 무서웠다. 시위의 자세를 다듬기 위해서 다시 한번 외치자면, 불치의 병보다 더 고통스러운 건, 치료받을 수 있는데도 돈이 없어서 방치되고 있는 질병이고 그런 채로 그늘에 방치된 환자이고, 그 환자의 가족들이다.

　도대체 언제까지 누가 누구에게 미안해하면서 쉬쉬하면서 그늘에 숨어 지내야 하는지, 그 황당한 입장의 뒤바꿈을 한번 생각해봤으면 싶다.

당신들의 천국

밴쿠버 커뮤니티 컬리지 학생이던 시절, 모하메드라는 방글라데시에서 온 청년이 늘 내 곁에 앉았었다. 말은 제법 유창한데, 간단한 스펠링조차도 쓰지 못하고 늘 쩔쩔매는 친구였다. 그래서 내 노트를 건너다 보려고, 또 시험 때는 내 답을 훔쳐보려고 내 옆자리를 고수했다(미모 때문이 아니었습니다). 그러면서 우리는 친해졌었다.

하루는 모하메드가 그 큰 눈을 두리두리 굴리면서 물었다. "너, 이상하지 않니? 난 닭고기를 참 좋아해서 슈퍼에서 늘 닭고기를 사 먹는데 그럴 때마다 궁금해. 그 닭들은 도대체 다 어디서 온 거지? 너, 살아 있는 닭 본 적 있어? 병아리들이 얼마나 예쁜지 아니? 방글라데시에서는 그런 닭들을 많이 봤는데 여기서는 볼 수가 없어. 그런데 닭고기들은 그렇게나 많다니."

스무 살도 넘은 청년이 진지하게 물어와, 웃음을 참으며 나는 또 진지하게 대답해주었던 기억이 난다. 닭공장 같은 농장이 있다고. 거기에서 집단으로 키워져서 공급된다고. 대답하면서 문득 집단, 대량, 획일 같은 현대를 상징하는 이미지가 새삼 끔찍하게 느껴졌던 기억이 난다.

아무리 그래도 그렇지. 닭고기는 그렇게 넘치는데 그 어여쁜 병아리 한 마리 볼 수가 없다니. 모하메드는 여전히 이해하기 어렵다는 표정이었다.

두 달 반 동안 수술과 항암치료 등으로 집과 병원만을 오가던 휘에게 닥터 스타인벅은 학교로 돌아갈 준비를 하라고, 준비들은 되어가느냐고 물었다. 준비? 이런 아이를 벌써 학교로 보낼 준비? 난 강하게 고개를 저었다. 이런 상태로 아직은 학교에 보낼 수 없었다.

아직 기운도 없고, 한쪽 눈의 완전 실명으로 벽이며 모서리 등에 툭툭 부딪치기 일쑤인 아이를 학교에 보내라고? 너무 어이가 없어서 처음엔 그의 말을 무시했었다. 그런데 2차 항암치료가 끝나자 또 물어왔다. 학교는 가끔 나가고 있느냐고. 아니라고, 아직 학교를 다닐 정도로 기운을 차린 것 같지 않다고 말했다. 그러자 스타인벅은 휘에게 직접 물었다. 학교에 가고 싶지 않느냐고. 불필요한 질문들을 아예 안하는 사람이라, 휘는 스타인벅의 물음에는 대답을 잘 하는 편이다. 그날 휘는 약을 먹고 기분이 괜찮아지면 학교에 가고 싶다고, 갈 수 있을 것 같다고 대답했다.

스타인벅이 또 물었다. 그런데 학교 가는 준비가 되어가느냐고. 준비? 어떤 준비를 말하는지 이해가 되지 않아서 멀뚱하니 그를 쳐다만 보았다.

그리고 그날 나는 두번째로 스타인벅이 끓는 기름처럼 아주 고요히 화를 내는 모습을 지켜봐야 했다. 이전, 두번째 수술을 끝낸 며칠 뒤, 휘의 수술자국에 철심이 박혀 있는 상태로 그를 만나러 갔을 때, 왜 아직도 저걸 제거해주지 않았느냐고 내게 묻다가 그는 곧바로 암병동으로 전화를 걸었었다.

휘의 스테이플이 왜 아직도 남아 있느냐고. 암병동에서 전화를 받은 이가 아마도 입원병동으로 전화를 해보라고 대답했던 모양이다. 스타인벅은 전화를 그리로 돌려달라고 했다. 전화를 받은 간호사는 자신은 잘 모르는 일이라고, 그런 일이라면 사내 메일을 이용해 담당자에게 말하라고 대답한 모양이었다.

난 타이프를 못하는 사람이다. 그리고 그곳에서 퇴원을 했는데 왜 날짜를 일러주지 않았느냐. 전화를 받는 사람이 누구냐고 물었다. 그러고는 또다시 암병동. 휘가 그곳을 얼마나 자주 다니는데, 왜 아무도 주목해주지 않았느냐고 말하는 그의 목소리는 나직했지만, 곁에서 지켜보는 내게까지 그 고요한 분노가 전해졌었다.

그날도 마찬가지였다. 암병동으로 전화를 걸어서 항암치료 담당자들, 휘의 담당 간호사를 찾아 그는 차례로 같은 질문을 했다. 휘가 이제 곧 학교를 다녀야 하는데 그 준비가 되었느냐고. 물론 그는 상황을 이미 알고 있었다. 미처 아무도 거기에는 신경을 쓰지 못했다는 사실을. 그럼에도 담당자 모두에게 되물었다. 아주 고요하지만 그래서 더욱 날카롭게 느껴지는 문제 지적방법 같았다.

그렇게 해서 나조차도 아주 먼 훗날, 적어도 반 년 혹은 1년 후에나 가능하리라 생각했던 학교복귀 준비가 시작되었다. 병원의 담당자들이 휘의 상태를 정확히 알리고, 교육청에서는 그에 맞게 휘를 받아들일 준비를 하는 것으로.

물론 나는 아직 품에서 휘를 내려놓을 준비가 되어 있지 않았다. 학교? 공부? 그런 것 필요없다는 기분이기도 했다. 학교에 대한 그들과 나의 생각의 차이 때문이었음을 이제는 안다. 나에게 학교는 공부하는 곳이었지만 그들에게 학교는 아이들만의 또다른 세계였다. 그들은 그 세계에서 소외되어서 병원과 집만을 오고가게 하는 건 아이들에겐 견디기 힘든 스트레스라고 했다. 되도록 입원 기간을 짧게 하고 그때그때 필요한 처치를 받을 때에만 병원을 찾게 하는 이유도 되도록이면 아이들에게 정상적인 생활을 누리게 하자는 것이라고 했다. 그 정상적인 생활 중의 가장 대표적인 것이 바로 학교로 돌아가는 일이었다.

그리고 학교에 휘를 다시 보내기 시작한 첫날 나는 스타인벅이 말한 그 준비라는 것이 무엇인지 알 수 있었다. 언제라도 휘가 학교엘 가면 바로 그 옆에서 휘를 도와주는, 지금까지 놓친 수업 중에서 수학처럼 배워온 과정이 필요한 과목을 보충시켜주기도 하는 보조교사가 배정되어 있었다.

나라도 가서 휘의 옆자리에 앉아 지켜줘야 하는 게 아닐까, 그런데 휘가 창피하지는 않을까, 나 혼자서 걱정만 하고 있었던 일들이 학교에서는 이미 다 해결되어 있었다. 반친구들에게 휘의 상태를 알리는 일부터 자리 재배치, 그리고 보조교사까지.

휘는 병원에 가지 않아도 되는 날, 약을 먹어서 상태가 좋은 날에는 한두 시간씩 아무때나 학교에 다닐 수 있게 되었다. 그러나 안심이 안됐던 나는 어느 날 쉬는 시간, 잠깐 학교에 가서 휘를 들여다 보았다. 스무 명 정도 학생이 앉아 있는 휘의 교실에 선생님이 세 분이다. 담임 선생님, 휘의 보조교사, 그리고 곧 휘에게 정기적으로 점자를 가르칠 선생님. 세 분의 선생님 중 두 분이 휘를 위해 거기 계셨다. 그 모습을 숨어서 보고 집으로 돌아오는 길에 나는 좀 울었었다. 그날 이후로도 여러 번, 나는 학교에서 집으로 돌아오는 길에 홀로 눈물을 쓱쓱 닦아내고는 했었다. 분노와 외로움에서 터져나오는 독하고 진한 눈물이 아니라, 울고 나면 마음이 맑아지는, 마음이 한번씩 닦이는 청소용 눈물을.

병원에서 휘의 뇌종양을 고쳐나가는 사이, 학교와 교육청에서는 휘의 변화에 맞춰 예전의 그 교실과 환경을 조금씩 고쳐나가고 있었다. 그런 변화들은 매번 나를 감동시켰다.

밴쿠버에는 집단수용 개념의 특수학교가 없다. 거의 대부분이 보통 학교에서 정상인 아이와 도움이 필요한 아이들이 함께 공부한다. 난폭하지 않으면 정신과 치료를 받는 아이까지.

그래서 휠체어를 타고 등교하는 아이, 혼자서 중얼거리고 다니는 자폐아, 아무데서나 고함을 지르는 정신지체아, 휘처럼 시각손상자가 보통인 아이들과 한 반에서 수업받는다. 대신, 그들 곁에는 보조교사들이 있다. 휘의 경우 시각만 손상되었을 때에는 수업시간에만 보조교사의 도움을 받다가 몸 한편에도 불편이 오자 전담 보조교사로 바뀌었다. 이처럼 상황에 맞춰 보조교사가 아이들 곁을 지키기 때문에 그런 아이들과 보통인 아이들 사이에는 아무런 문제가 없다.

유치원과 초등학교부터 이렇게 함께 섞여서 공부하기 때문에 오히려 아이들은 자신과 다른 아이들에 대해 관대하다. 아니 관대하다기보다는 다름, 같음에 대한 개념조차 없는 듯 보인다. 자폐아인 친구가 혼자서 웅얼거리며 돌아다녀도, 저 아이는 원래 저런 아이야 하는 정도다. 오히려 학부모들이 더 노골적으로 호기심 가득한 눈초리로 그 아일 쳐다보고는 한다.

휘만 해도 그렇다. 절뚝이면서 계단을 오르내려도 아이들은 그저 제 일에 바쁘다. 시선의 폭력은 대부분 그런 휘를 처음 보는 어른들에게서 온다. 인종차별주의자 같은 발언일지 몰라도 한번도 그렇게 자연스럽게 섞여서 지내본 적 없는, '다른 아이'들은 그들끼리 한데 모아 지내게 해야 한다고 생각하는 나라에서 온 이민자들이 주로 그렇게 민망할 정도로 빤히 쳐다보고는 한다.

휘가 아프고 난 뒤, 집안일 때문에 잠깐 한국에 들렀을 때 나는 궁금했었다. 밴쿠버 같은 좁은 동네에서도 예사롭게 부딪치는 휠체어 탄 사람들, 시각장애자들, 정상이 아닌 사람들을 서울이라는 대도시에서는 거의 볼 수가 없었다. 학교 가는 아이들, 학원 가는 아이들, 버스 안의 승객들이 모두 다 반듯반듯한 보통의 사람들이었다. 휠체어 이용 승객이나 보조보행기를 이용한 노인을 태우기 위해 버스가 지체되는 일도 없었다.

그들은 모두 어디에 있는가. 이 풍요한 거리에서 그들은 다들 어디에 있는 것일까. 별 소용에도 닿지 않는, 집 치장에 거슬리기만 하는 물건들을 베란다 수납장이나 지하실 한쪽에 치워놓듯이 그렇게 치워둔 것일까. 분명 번듯하게 잘 차려입은 정상인들 사이를 걸어가는데도 나는 슬픔의 뻘밭을 질질 기어가는 것마냥 슬펐다. 슬프고도 힘들었다.

가까운 분 중에 다운증후군인 둘째아이를 특수학교에 보내고 있는 분이 있다. 특수학교에 모아놓고 보니, 당신의 아이가 제일 멀쩡하더라고 씁쓸하게 웃으셨다. 그러고는 또 한 가지 덧붙여서 워낙 개념 자체가 없는 나라라서 오히려 특수학교 선생님들이 참으로 훌륭하더라고 했다. 그런 아이들을 진심으로 사랑하는 사람들이 많이 계시다는 점이 열악한 환경에서의 유일한 미덕이라고.

그런데 그렇게 꼭꼭 한켠으로 치워두고 숨겨두고, 나오면 너만 불편하지 뭐, 하는 환경을 유지하면 과연 진실로 행복할까? 자신과 어딘가가 다른 아이들과 섞여지내면서 적응할 기회조차 갖지 못한 채 자란다는 것이 과연 좋은 성장 환경일까? 나는 잘 모르겠다.

내가 좋아하는 〈노스텔지어〉라는 영화에 보면, 향수에 시달리는 남자가 아름다운 풍경 앞에서 이렇게 중얼거리는 대목이 나온다. "혼자 보는 아름다움이 무슨 의미가 있어."

질주하는 그 속도를 조금만 늦추면 함께 누릴 수 있는 길이 있다고 말하려니, 달려가는 사람들 등뒤에 대고 느린 데다가 작기까지 한 목소리로 말을 거는 격인 것 같아서 좀 허무해지려고도 한다.

두리번거리고 한눈을 팔아라

발견은 절대로 사랑 없이는, 인생에 대한 애정 없이는 안됩니다. 발견은 사랑하는 사람과 사랑받는 사람과의 관계에서만 일어납니다.
—이성복

병원만을 오고 갈 때는 종양의 크기에 온 신경이 쓰였었다. 주사기로 평균 15밀리리터쯤의 액을 뽑아낼 때면 '세상에 저 정도의 액이 든 둥그런 덩어리가 시신경과 뇌하수체 사이, 그 복잡한 곳에 자리잡고 자라고 있다니' 하는 생각에 가슴이 짓눌리곤 했다.
그런데 막상 한두 시간이나마 학교를 다니기 시작하자, 시각을 손상했다는 것이 어떤 의미인지를 비로소 절감할 수 있었다.
휘의 두 눈은 여전히 너무도 초롱하니 맑고 잔잔해서 병원을 오가면서는 깜박깜박 그 사실을 잊을 때가 많았다. 아니면 잊고 싶었

설휘의 담임인 로드리게스 선생님(왼쪽)과
점자를 가르치는 마제라 선생님

던 건지도. 그러나 학교를 다니기 시작하면서 정상인 아이들 세상으로 섞이자, 그가 잃은 것들이 두드러졌다.

좋아하는 불어나 미술시간에만 주로 참석하곤 했던 휘가, 시야를 많이 잃은 후 처음 그려가지고 왔던 그림을 나는 잊을 수가 없다. 보통의 도화지에 나무와 집과 정원을 그린 그림이었다. 그런데 휘는 마치 도화지를 4등분한 다음, 그 아래칸 4분의 1쯤에다만 그림을 그리기로 작정한 사람처럼 엽서만한 한쪽 부분에 작은 집과 작은 나무와 정원들을 그려놓고 있었다. 하얗게 빈 부분이 더 많았던, 그래서 내 마음을 서늘하게 했던 그 그림. 그림을 건네주면서 자기도 어이가 없었던지, 도화지 전체가 안 보여서 그림이 그렇게 이상해졌다고 희미하게 웃어보였다.

하루는 수학시험을 보고 와서, 한 문제는 답이 없어서 그냥 빈 칸으로 남겨두었다고, 선생님도 실수를 할 때가 있다고 의기양양하게 말했다. 나중에 사인을 하기 위해 그 시험지를 봤더니 답은 4번이었다. 그 문제만 한쪽으로 밀렸고, 그래서 휘에게는 제일 마지막 4번이 보이지 않았던 것이다.

함께 산책을 할 때, 길에 선 하나만 그어져 있으면 내 손을 잡고 있는 휘의 손에 바짝 힘이 들어가곤 했다. 입체감을 느낄 수 없는 휘에게 그 바닥에 그려진 선은 불쑥 솟아 있는 턱인지 선인지 구분할 수 없는 것이었다. 그래서 크게 발을 들어올려서 그 선을 넘곤 했다. 발길 앞에 솟아 있는 턱을 그냥 선인 줄 알고 밟았다가 부딪치거나 넘어질 뻔한 이후에 생긴 버릇이었다.

그 즈음 나는 휘에게 두리번거리라고, 한눈을 팔라고 가르치기 시작했다. 예전처럼 한눈에 주변 전체가 눈에 들어오지 않게 되었으니, 그 대신 잘 보이는 쪽 눈을 이리저리 두리번거리면서 열심히 한눈을 팔아야 한다고.

그제서야 나는 계단 끝에 표시된 노란, 혹은 까만 표시선 하나가 휘와 같은 아이들에게 얼마나 중요한 것인지를 느끼게 되었다. 그 선명한 표시선이 있으면 휘는 보통의 아이처럼 계단을 오르고 내릴 수 있었다. 그러나 계단 중에 가끔 그 표시가 그려져 있지 않으면, 휘의 걸음은 느려지고 조심스러워진다. 내가 계단이 지금 몇 개가 있다고, 그것이 마지막 계단이라고 말해주어도 조심스럽기는 마찬가지다.

그해 4월 화창한 어느 날, 그런 휘를 데리고 린 계곡에 갔다가 휘는 또 뜻밖의 복병을 만났다. 계곡 곳곳의 아무런 표시 없는 통나무 계단들. 보온병에 커피며 녹차를 담고, 쿠키를 담아서 즐겨찾곤 하던, 우리 가족이 가장 좋아하는 공간 하나를 우리는 잃었다. 아주 발길을 끊은 것은 아니지만 예전처럼 신나서 달려가지지 않는다.

그렇게 아무리 휘가 두리번거리고 한눈을 팔면서 자신의 상태에 적응해가려 해도, 복병은 정상인들의 세상 어디에나 숨어 있었다. 심지어 비교적 배려가 잘되어 있는 이곳 밴쿠버에도.

바로 그런 복병들에 지쳐갈 무렵, 4월 18일과 19일, 24일에 헬스보드에서 작업수행능력 정도를 점검할 전문가 마크가 파견되었다. 그 3일 동안 마크는 휘의 적응상태를 각 항목별로 세세하게 점검해나갔다.

첫미팅 때, 나는 옛영화 〈선샤인〉을 떠올렸다. 긴 머리와 낡은 청재킷, 코에 작은 링을 박은 마크는 옛날 영화 속의 히피 같은 모습에 말수가 적은 사람이었다. 검사를 끝낸 휘를 데리러 시간 맞춰 그 교실 앞으로 가보면, 마치 빈 교실처럼 아무 소리가 들려오지 않아, 잘못 찾았나 고개를 기웃거려봐야 할 정도였다.

그다지 멀리 떨어져 있지 않은데도 책상을 마주하고 앉아서 뭔가를 보여주고, 대답하고 빙긋 웃는 모습들이 마치 둘다 마임의 한 장면을 연출하고 있는 사람들 같아보였다. 저래가지고서야 조사가 제대로 이루어지기나 하려나 싶었다는 것이 당시의 솔직한 내 마음이었다. 그냥 형식적인 점검 같은 거겠지. 그런데도 집으로 돌아가는 길에 휘는 "재미있었어. 나는 마크가 좋아" 말하곤 했다.

두번째 조사가 끝나고 돌아가는 길, 나는 마크에게 그냥 우리의 일정을 알린다는 의미에서 내일은 써니 힐에 가야 한다고 일러주었다. 그곳에서 휘를 데리고 또다른 시력능력검사가 실시되는 모양이라고, 참가하라는 편지가 왔다고 했다. 늘 소리없는 그림자만 같아서 믿음이 안 가던 마크는 아직 점검이 안 끝나서 리포트를 쓰지 않았는데, 임시리포트라도 먼저 건네주겠다고 했다. 내일 아침에 학교 사무실에 맡겨놓을 테니 써니 힐 가기 전에 아무 때나 들러서 찾아가라고 했다.

딱 그 말밖에 하지 않아서, 다음날 써니 힐에 있는 장애 아이들의 재활을 돕는 곳에 가서 검사를 할 때까지 나는 마크의 개인적인 수고, 굳이 안해도 되는 수고를 헤아릴 길 없었다. 그런데 써니 힐의 담당자가 마크의 리포트를 읽어보면서 하마터면 겹치는 검사들을 해서 휘를 지겹게 했을 뻔했다고, 이런 걸 챙겨주어서 감사하다고 했다.

부랴부랴 집에 가서 그때까지의 결과들만이라도 모아서 기록하고, 그것을 자신의 스케줄이 없는 날인데도 우리 집 근처인 휘의 학교 사무실에 아침 일찍 맡겨놓은 마크의 휘에 대한 소리없는 배려를 그제서야 나는 읽을 수 있었다. 그날 써니 힐에서의 검사는 앞으로 휘에게 점자를 가르칠 선생님이 신청해놓은 것이었고, 그 선생님은 미리 와서 모든 과정을 지켜보고 메모하고 있었다. 물론 마크 덕분에 같은 검사는 생략되었고 대신 정해진 같은 시간에 밖으로 나가 혼자 계단을 오르내리는 시간을 잰다든지 하는, 보다 정밀한 검사들이 이루어졌다.

그리고 마침내 마크의 모든 검사가 끝나고 제출용 리포트가 작성되자 그는 회의를 소집했다. 보조교사와 담임선생님과 점자를 가르칠 선생님과 나, 네 명 앞에 결과를 발표하는 회의였다. 그리고 그날 마크는 결국 나를 울렸다.

모든 수치들의 의미를 설명하고, 휘만의 특징을 설명하고, 교실의 어느 자리쯤에 앉아야 휘가 가장 편할지를 지정해줄 때까지도 나는 메모를 해나가고만 있었다. 담임과 보조교사가 간간이 질문을 해나가면서 자신들이 할 역할들을 배워나갈 때에도 이를 앙다물고 있으면 어쩐지 잘 넘어갈 수 있을 것 같았다.

그런데 회의 마지막에 마크가 말했다. "이런 경우 어떤 아이들은 분노 혹은 폭력성을 드러낸다. 예민한 편인 휘의 경우는 분노 대신에 슬픔이 마음속 깊은 곳에 자리하고 있다. 나는 휘의 그 마음속 슬픔을 느꼈다. 지금 여러분이 해야 할 가장 급한 일은 휘의 마음속에 숨은 그 슬픔을 지워주는 것이다."

세 번밖에 안 만난 사람이, 직업적으로 검사를 한 사람이 보조교사와 담임과 새로이 점자를 가르칠 또 한 명의 선생님과 심지어 엄마인 나에게까지 이렇게 부탁하고 있었다. 메모를 해나가던 노트에 내 눈물이 뚝뚝 떨어지고 있었다. 그냥 노트에 한 손을 얹은 채로 고개를 숙이고 나는 울었다. 울 수밖에 없었다.

그가 카피해준 네 페이지짜리 리포트에는 그런 말들이 한마디도 없다. 그러나 나는 안다. 그가 휘를 제대로 발견해주었다는 것을. 그런 발견은 사랑이 없으면 이루어질 수 없는 것이라지 않는가.

육체적인 질병뿐만이 아니다. 정신적인 아픔, 외로움도 마찬가지일 것이다. 아프고 힘든 사람은 입을 다물고 있지만 발견해달라고 온몸으로 외치고 있다고 나는 생각한다. 숨은그림찾기에서도 보면 절대로 찾을 수 없을 정도로 꼭꼭 숨겨져 있는 그림이란 없다. 그냥 찬찬히 잘 지켜보기만 하면 구름 속에 빵모자가, 나뭇가지 속에 연필 한 자루가 양말 속에 컵케이크가 자기를 찾아달라고 숨어서 속삭이고 있다. 아프고 외롭고 힘든 사람들도 마찬가지다. 얼핏 보면 마음을 꼭꼭 닫고 있는 듯 보이지만 발견해주기를, 어떤 눈 맑은 사람이 발견해주고 어깨를 내밀어주기를 바라고 있다고 나는 생각한다.

나는 이 글을 읽는 분들에게 권하고 싶다. 한번 애정을 가지고, 집을 나서는 순간부터 집중해서 한 시간, 아니 단 10분만이라도 주위를 한번 살펴보라고. 그곳의 환경이 과연 어느 날 몸의 일부를 잃은 휘와 같은 사람들이 쉽게 섞일 수 있는 환경인지를 느껴보시라고. 계단을 오르내릴 때, 지하도를 건널 때, 두리번거리고 한눈을 한번 팔아보시라고. 휠체어가 아니라, 유모차에 아이를 태우고 시장 한번 갔다오는 데도 진이 다 빠지지는 않았느냐고.

한쪽 눈을 잃은 휘에게 웃으면서 내가 즐겨하곤 했던 그 말, '두리번거리고 한눈을 팔아라'는 말을 이 글을 읽는 분들에게도 하고 싶다.

두리번거리고 한눈을 팔아보면, 내가 전부라고 믿었던 세상도 사실은 일부분일 뿐이라는 것을 알게 되는 상쾌한 보너스 외에 도움이나 손길이 필요한 곳이 얼마나 많은지를, 그리고 내가 나서서 바꿀 수 있는, 바꿔야 하는 개간지가 얼마나 많은지를 알 수 있을 것이라고 나는 말하고 싶다(앗, 왜 끝내는 마당에 이 연사 이렇게 외칩니다, 쾅쾅, 이 하고 싶어지는 것이죠?).

삼류인생, 괜찮습니다

가난한 사람들은 여전히 가난한 사람으로 남고
부자들은 부자로 남는다는 것을,
그것이 세상 돌아가는 이치라는 것을 누구나 알아요.
—레너드 코헨의 노래 〈에브리바디 노우즈〉 중에서

두 아이들과 동화책들을 읽다 보면 때로는 앗! 소리가 절로 나올 만큼 좋은 책을 만나는 행운을 자주 누리게 된다. 어젯밤에 읽은 책 중의 한 권도, 아마 규칙적으로 여러 번 빌려다 읽게 될 것 같은 인상깊은 책이었다.

『광대는 싫다고 말했다』라는 제목의 책. 제목처럼 어느 날 밤 광대는 자기 차례가 되었는데도, 소개를 받고 나온 자리에서 공연을 거부한다. "이런 공연엔 지쳤어. 난 아이들에게 이야기와 시를 들려주고 싶어."

그러자 기린과 몇몇 동물들도 '노'라고 외치면서 광대를 따라나서고, 그들은 먹고 살기 위해서, 또 공연을 위한 텐트를 마련할 돈을 구하기 위해서 각자 열심히 일한다. 기린은 그 긴 목으로 가로등 불을 켜는 일을, 당나귀는 우유배달을.

그러나 겨우 먹고 살 돈만 구해질 뿐, 텐트를 살 돈을 구할 수가 없다. 그렇다면 아이들에게 시를 들려주고 싶었던 그들의 꿈은? 그들은 텐트를 포기한다. 대신 숲이나 빈 공간 어디에서든 아이들이 달려올 수 있는 곳에서 공연을 벌인다. 그들의 자유롭고 행복한 공연을 본 아이들 중 한 명이 그 순간 자신이 가진 유일한 재산인 빨간 풍선 하나를 건네준다. 광대와 동물들은 행복해한다.

물론 나는 그다지 낙관주의자가 아니어서, 세상의 모든 문제가 그 동화책처럼 쉽게 풀리지 않는다고 생각한다.

2001년 밴쿠버의 여름나기는 참으로 길고 힘들었다. 시위, 시위의 연속이었다. 4월 1일부터 시작된 버스파업이 넉 달을 끌었다. 처음 버스파업이 시작되었을 때, 난 한 일주일쯤 끌다 말겠지 했었다. 우리가 막 밴쿠버에 왔을 때 학교의 보조스태프들이 파업을 하고, 선생님들이 동조 파업을 해 일주일간 학교가 문을 닫았던 적이 있었다. 그래, 그때처럼 곧 끝나겠지 생각했다.

그런데 한 달이 가고, 두 달이 가고 석 달이 가도 좀처럼 끝날 기미가 보이지 않았다. 차는 한 대밖에 없는데, 출퇴근과 병원 오가는 일에 모두 차가 필요했다. 나 혼자라면 걸어서 다니겠는데(실제로 시간이 좀 남아서 그때 다시 학교를 다녔는데, 씩씩하게 걸어다녔습니다. 다른 많은 사람들처럼) 아픈 휘를 데리고는 그것이 불가능했다.

어떻게 이웃을 수소문하고, 혹은 자원봉사자 차량을 이용해서 병원을 오고 가면서 보니, 집 근처 버스 운전자들의 파업현장은 조용하고 평화로웠다. 몇 사람의 당번이 스트라이크중이라는 종이 하나 달랑 붙은 현장을 지키면서 음료수를 마시고, 웃고 이야기하고 있었다. 그리고 그 뒤로 줄지어 나란히 서 있는 수십 대의 버스들. 제법 참을성이 많은 나조차도 서 있는 버스들을 보면 울화가 치밀곤 했었다.

그즈음 이곳 신문에 그 사건을 바라보는 가장 인상적인 칼럼 한 편이 실렸다. 만약 건설노동자들이 라이온스 게이트를 막고 시위를 하였다면 어떻게 되었을까 상상해보자, 라고 시작되는 글이었다(참고로 라이온스 게이트는 밴쿠버의 영향력 있는 인사들이 따로 모여사는 부유층의 동네에서 출근을 위해 꼭 건너야 하는 다리 중의 하나입니다).

그 다리가 막혀서 며칠 교통체증과 멀리 돌아서 다니는 데 지친 이들이 자기가 아는 모든 배경을 다 동원해서 의회에 압력을 넣고, 그들은 또 관계자들에게 압력을 넣고, 그러면 회사 측도 그렇게 하염없이 협상을 지연시킬 수만은 없었을 것이다. 그런데 왜 버스파업은 이렇게도 계속되고 있는가. 버스를 이용하는 사람들 대부분이 동원할 배경이 없는 학생, 노인들, 빈민층, 기반이 허약한 신규이민자들, 노동자들이기 때문이다. 결국 이 버스파업은 가려진 삼류인생들을(물론 그의 표현은 좀더 우아했습니다) 수면 위로 떠올려, 더욱 소외시키는 빈부격차의 추악함을 폭로하고 있는 셈이다.

그 칼럼을 읽으며 아, 버스파업에 이렇게도 발을 구르는 나는 삼류 소외계층이로구나, 이 나라에서의 나의 존재감을 다시 확인할 수 있었다.

그런데 하필이면 버스파업 기간에 휘는 마크가 좋은 프로그램이라고, 휘에게 도움이 될 거라고 권한 자신감 회복 훈련 프로그램을 신청했다. 곧 끝나리라고 생각했던 파업이 계속되는 바람에 고생은 되었지만, 마크의 말대로 그 프로그램은 당시의 휘에게 큰 도움이 되었다.

후천적 장애 때문에, 혹은 너무도 수줍은 성격 때문에 대인관계에 어려움을 겪는 아이들을 위한 그 자신감 회복 프로그램에서 첫날 아이들에게 강조한 황금률은 딱 한 가지, '내가 대접받고 싶은 그만큼 다른 친구들을 대접하라'는 것이었다.

수줍은 아이, 심약한 아이, 행동에 장애가 있는 아이들이 한데 모여서 복식호흡법을 익히고 마루에 편안한 자세로 아무렇게나 누워서 명상, 혹은 잡생각에 빠져들기도 하고, 실내하키나 농구 같은 운동도 하는 그 프로그램은 내 눈에는 동서양이 만나는 자리 같았다.

그 훈련이 이루어지는 곳이 집에서 멀어서 나는 한 시간 반 동안 꼬박 그 근처를 뱅뱅 돌면서 과정을 지켜보곤 했었다. 그런데 한번은 실내축구를 하던 중 두 아이가 서로 부딪쳤고, 그 중 한 아이가 격렬하게 화를 냈다. 고의로 부딪쳤다고 생각한 것이다.

그리고 그날, 나는 이들식의 문제 해결방법을 흥미진진하게 지켜볼 수 있었다. 선생님은 한창 재미있던 경기를 중단시키고, 나머지 아이들을 기다리게 한 채로, 두 아이를 마주보게 했다. 그러고는 두 아이가 서로에게 각자 입장을 설명하게 했다. 그러나 화가 난 아이는 계속 씩씩거렸고 협상(?)은 하염없이 지연되었다.

그날 선생님이 한 일은, 화가 났다고 해서 둘 중 누군가가 그 자리를 박차고 떠나버리지 않게 하는 일과—실제로 화가 많이 난 아이가 자꾸 밖으로 나가려고 했다—두 아이가 어느 정도 서로 이야기를 나누었다 싶으면 양쪽에 크리어하냐고, 말하자면 서로 오해 없이 잘 받아들였느냐고 묻는 것뿐이었다.

한창 신나게 경기를 하던 아이들 또한 어서 끝내고 경기하자고 다그치지 않았으며 문제가 잘 해결되기를 묵묵히 기다리고 있었다. 결국 화가 많이 난 아이가 나쁜 의도가 없었다는 상대 아이의 말을, 상황에 끌려서가 아니라 진심으로 받아들이고 어색하게나마 서로 마주보고 웃자, 선생님은 비로소 두 아이의 등을 두드려준 다음 경기를 시작했다.

내가 대접받고 싶은 그만큼 남을 대접하라는 말, 너무 자주 들어왔고 그래서 모두들 다 아는 말이다. 그러나 그것을 실천하기란 쉽지 않다. 두 아이가 오해를 푸는 동안 경기는 중단되었고, 나와는 관계도 없는 지루한 이야기들을 들어가면서 기다려야 하는 아이들 입장에서는 달갑지 않은 상황이었을 것이다. 휘만 해도 그때 이기고 있었는데 경기가 중단되어서 기분이 별로였다고 했다. 그러나 두 아이가 그 자리에서 오해를 풀어야 다시 전체가 함께 경기를 할 수 있으니 기다려줘야 할 수밖에.

버스파업이 석 달이 넘어가자 다운타운에서는 버스파업 반대를 위한 시위가 벌어지곤 했다. 노인 대표들이 무슨 축제라도 하듯이 멋지게 꾸미고 나와 우리에게는 버스가 필요하다고 외쳤다. 한여름 관광대목이 버스파업으로 시들하자 한 카페의 주인이 대중교통수단은 파업을 할 수 없는 법을 만들자면서 혼자 서명을 받는 1인 시위를 벌이기도 했다. 다른 여름에 비해 텅텅 빈 자신의 카페에서.

그러나 분노의 표현은 그 정도다. 어떤 시위의 현장에도 공권력이 동원되지 않았다. 버스파업 현장은 첫날부터 마지막날까지 조용하고 심지어 평화로워보였다. 협상 테이블은 격렬했건만.

삼류인생들만의 문제여서인 것만은 아니었다. 선생님들이 파업을 할 때나 버스운전자가 파업을 할 때나 귀찮고 화나지만, 당사자들이 해결할 때까지 기다려줘야 한다는 분위기였다. 그래야 다음 자신이 무슨 문젠가로 시위 혹은 파업이라는 강수를 택했을 때, 다른 사람들도 기다려줄 것이 아닌가. 대접받기 위해 대접하라. 이 간단한 말은 알고 보면, 다양한 취향의 사람들이 모여 살다 보니 발생할 수밖에 없는 여러 문제 해결을 위한 황금률 같은 것처럼도 보인다.

요즘 전세계적인 유행 중의 하나가 아마 복지예산 삭감이 아닌가 싶다. 북유럽 몇 개국만 빼고(앗, 그들도 동참할 준비를 하고 있는 건 아닐까요?) 프랑스도 독일도 어떻게든 복지예산을 삭감하려고 노력중인 것처럼 보인다. 밴쿠버도 마찬가지다. 좌파성향의 정부가 무너지고 우파성향 정부가 들어서면서 가장 먼저 교육과 의료복지 혜택을 축소시켜서 말이 많았다. 많은 교사들이 실직을 했다. 신문에는 다음 선거에 보자는 협박성 글들이 자주 실리곤 했다. 그러나 다음 선거 때 과연 일류, 이류들이 삼류들의 복지를 위해 좌파정부를 택해줄까? 글쎄, 쉽지 않을 것이라고 생각한다.

싫어, 라고 말한 광대 이야기가 내게 인상깊었던 것은 바로 그런 인간의 욕망에 대해 생각해볼 기회를 주었기 때문이다. 스스로 싫다고 거부하지 않는 한, 어쩌면 고착된 것처럼 보이는 또 그래야 한다고 믿는 일류와 이류들의 욕망과, 그것을 포기하고 얻는 자유에 대해.

어떻게 사는 것이 옳은 것인지, 자유로운 것인지, 인간다운 것인지 몰라서 하루하루를 바쁘게 종종거리며 보내는 사람은 많지 않을 것이다. 바쁘게 뛰다가도 문득, 내 꿈은 이게 아니었는데 하는 생각을 한두 번 해보지 않은 사람 또한 없을 것이다. 그런데 싫어, 하고 거부하고 숲으로 갈 수 있는 광대가 과연 몇 명이나 될까.

나는 파업 이후 이곳에서 삼류인생으로 분류되었지만, 그것에 그리 불만은 없다. 일류든 삼류든, 휘에게 필요한 모든 것들이 제공되는 부분에서는 적어도 차별이 없기 때문에.

당시 우리는 이민 온 지 1년 정도밖에 안된, 게다가 지금까지도 시민권도 없는 영주권자 외국인 신분이지만, 그런 상황에서 받아야 할 모든 시스템을 누렸다. 삼류면 어떤가. 시스템상으로 차별받지 않는다면.

이들의 시스템은, 기본적으로 인생이라는 것은 알 수 없는 것, 그 지반이 허약한 것임을 인정하는 것에서 시작된 것처럼 보인다. 그래서 다행히 부모 잘 만나서, 기초공사가 잘된 집에서 살고 있는 사람들 위주가 아니라, 어느 날 그 허약한 지반이 붕괴된 사람들의 입장을 헤아리고, 그 붕괴된 지반 아래 최소한의 발 디딜 판자를 지체하지 않고 갖다 대주는 기능을 발휘한다.

말하자면 지반이 한번 붕괴되면 그것으로 영원한 추락인 곳에서 보다는 꿈꿀 수 있는 여지가 약간은 더 넉넉하다는 말이다. 복지예산 삭감 역시 촘촘히 받쳐놓은 발판을 약간 제거하는 수준의 삭감일 뿐, 아예 없거나 딛고 서기 허약할 정도로 삭감하면서까지 삼류들에게 불행감을 안기지는 않는다.

『해리포터』의 작가 인터뷰 기사를 읽다가 한번 빙그레 웃었던 적이 있다. "왜 사람들은 모두 제 이야기를 시작하려면, 복지수당을 받던, 이혼하고 혼자 아이를 키우던 엄마 이야기부터 꺼내지요?" 사람들이란 비슷해서, 아마 그런 신데렐라식의 부풀림에 호기심을 더 갖는 모양인데, 그녀는 그게 몹시 자존심 상하는 모양이었다. "저는 교육자 자격증이 있었고, 아이만 없었다면 복지수당 대신 직업을 가졌을 거예요."

이혼을 했고 아이는 어려서 누군가 돌봐야 하는데, 그래서 복지수당을 받았던 건데, 그게 뭐가 잘못이냐는 되물음이다.

레너드 코헨의 〈에브리바디 노우스〉. 모두 다 알아요. 모두 다 알아요. 가난한 사람은 여전히 가난하고 부자는 계속 부자로 남는다는 걸 모두 다 알아요. 웅얼거리는 노래를 듣다 보면, 그것을 수용한 채 항복하고 살아가는 인생에 대한 씁쓸한 조롱 같은 것이 느껴진다. 체념이나 슬픔을 넘어선. 모두가 다 알고 있어서 해결해보려고도 하지 않고 방치해두는 것들에 대한 안타까움도 들어 있다.

환자들에게 치료받을 권리를 되돌려주고, 삼류라도 체제 안에서는 차별을 받지 않는 사회를 만드는 것이 과연 그 사람들만을 위하는 길일까? 난 아니라고 생각한다. 재수없는 말 같지만, 1년 뒤나 2년 뒤 우리가 어떻게 될지를 누가 알랴.

만약을 위해 허약한 지반을 살피고 보강해나가는 작업을 해나가는 것은, 그런 작업을 해달라고 요구하고 시위하는 것은, 결국 나의 꿈꿀 수 있는 자유를 확보하는 첫 발자국이라고 나는 생각한다. 미래의 병원비, 교육비, 노후생활비를 위해 전생애를 저당잡혀 사는 대신, 한번쯤 '싫어'라고 말할 수 있는, 그런 최소한의 공간을 확보하는 길. 그런 공간을 확보해놓고 나면 아주 시원하게 '싫어'를 외치고 나와 아이들에게 시를 읽어주는 그런, 자신의 꿈을 실천하는 광대들이 좀더 늘어나지 않을까?

제가 대신 외치겠습니다

　종양이 너무 크다는 이유로 휘의 머릿속에 여전히 종양을 내버려둔 채 50퍼센트 확률에 기대하면서 항암치료를 해나가던 2001년 한해 동안, 모두가 신경을 곤두세워 조심하던 것은 바로 휘의 남은 몇 가닥 시신경이었다.
　액이 고이는 속도와 성장하는 속도를 예측하기 힘든 종양 곁에 마지막 몇 가닥의 살아 있는 시신경들을 놔두고 치료를 해나가는 과정은, 의학지식이 없는 나로서는 너무 위험한 얼음판 위를 걸어가는 것처럼 느껴졌었다.
　휘를 담당하는 스태프들은 모두 어떤 일이 있어도 그 남은 시신경은 지켜나가겠다고 말했지만, 이미 나는 한쪽 눈이 어떻게 실명하는지를 지켜본 사람 아닌가. 마치 삭은 동앗줄이 바람에 툭 하고 떨어지듯이, 종양의 눌림을 오랫동안 받아온 시신경은 어느 날 너무도 쉽게 사라져버리지 않았는가.

물론 그 시절 불안을 느끼지 않아도 될 정도로 안과의 이런저런 점검들이 집중적이고도 주기적으로 이루어지기는 했었다. 그 중에 지금까지도 정기적으로 받고 있는 검사가 바로 아이필드 테스트다. 둥근 반원형의 통 앞에 눈을 대고 깜박이는 불빛들을 쏘아, 휘가 그것을 찾아내는가 못 찾아내는가를 조사해서 휘가 볼 수 있는 시야를 둥그렇게 그려 보여주는 테스트였다. 시야를 표시하는 그 둥그런 공간이 이전의 테스트 때보다 정말 아주 미세하게라도 줄어들라 치면 그때부터는 가슴이 후득후득 떨렸다.

누구 표현대로 불안이 영혼을 하염없이 잠식하던 시절이었다. 그래서 휘와 둘만 있을 때면 자주 안과의사가 하던 것을 흉내내서 약식의 검사들을 해보곤 했다.

"자, 내 손가락이 보이면 말해." 이러면서 위쪽이나 아래쪽부터 천천히 휘 앞으로까지 손가락을 움직여서, '보여'라고 말하면 멈추고 보이는 범위를 대충 짐작했다. 그러나 그 범위를 알아내려는 것보다는 아, 아직 이만큼이 보이는구나를 확인하고 안심하고 싶어서 해보곤 하던 검사. 처음에는 곧잘 응해주던 휘가, 나중에는 엉터리로 말해주면서 검사를 피했다. 엄마의 그런 절박한 모습, 불안해하는 모습이 싫어서였을 것이다.

그때 불안에 영혼을 더이상 갉아먹히지 않기 위해 내가 택한 것은 결국 관련서적들 찾아 읽기뿐이었다. 고백하기는 좀 쑥스럽지만 갑자기 나는 헬렌 켈러의 글들을 찾아 읽었다. 머리에 딱 떠오르는 첫 인물이어서. 그녀의 글 중에 '내 생애의 가장 중요한 날'을 찾아 읽었다.

　설리반 선생님이 일곱 살 생일을 막 지낸 그녀를 찾아온 아침을 헬렌 켈러는 자신의 인생의 가장 중요한 날이라고 쓰고 있었다. 설리반 선생님은 그렇게 그녀에게로 와서 인형 하나를 손에 쥐어준 뒤에 손바닥에 '인형 doll'이라고 천천히 써주었다고 한다. 그녀는 헬렌 켈러에게 글을 가르치면서 그녀를 세상 속으로 안내해나간다.

　죄책감과 불안이 뒤섞여서 혼돈스럽던 나는 설리반 선생님 같은 가정교사를 둘 수는 없으니, 이 모든 십자가를 내가 짊어져야겠구나 싶은 비장한 각오까지 한다. 마음이 가벼워지거나 맑아지기는커녕 어머어마한 짐만 하나 더 짊어진 셈이었다.

　그러다가 시각장애자인 존 헐 교수의 책을 만나게 되었다. 이 책은 모국어로 번역까지 되어 있다(『손끝으로 느끼는 세상』). 나는 잠시 한국을 다니러 간 이웃에게 연락해 그 책을 부탁했고 그렇게 해서 불안에 떨던 한 시기를 조금은 해결할 수 있었다.

　그 책은 시각장애자가 느끼는 세상에 대한 책이지만, 또다른 세계를 성찰할 기회를 주는 책이었고, 고통에 대해서 혹은 사람과 사람들 사이의 단절에 대해서 생각해보게 하는 책이었다.

　그 책을 다 읽고 내려놓으면서, 나도 내 불안과 짐을 어느 정도는 내려놓을 수 있었다. 어깨가 다 가벼웠다. 위대한 설리번 선생님까지는 될 필요가 없다고 생각했다. 그 책은 실명이 인생의 끝이 아님을, 오히려 자기연민에만 빠지지 않으면 더 깊은 성찰의 세계를 경험할 수도 있음을 알려주고 있었다.

그러나 그런 느낌들은 그냥 내 몫으로 남겨두고, 그 책에서 끊임없이 지적하는 오해에 대해서 나는 더 자세히 이야기하고 싶다. 그가 눈이 성한 아이를 오해하는 대목, 혹은 그를 눈이 성한 이들이 오해하는 대목.

그는 아내가 지적해주기 전까지, 자신과 함께 있을 때 간혹 아이들이 불도 켜지 않은 어두운 방에서 놀고 있다는 사실을 자각하지 못했었다고 고백하고 있다. 그런데 아이들은 처음에는 몰라서, 그리고 나중에는 아버지를 배려해서 조심을 하더라고. 어느 날 녹음기에 테이프를 집어넣으면서 그 내용의 책을 꺼내오라고 아들에게 이르자 잠시 머뭇거리던 아이가 문 옆의 전등 스위치를 켜면서 말하더라고.

"토마스는 환한 불빛이 필요해요. 불빛이 없으면 아무것도 안 보여요."

몸이 불편한 사람의 몸이 성한 사람에 대한 오해였던 셈이다. 그러나 물론 그 경우보다는 반대의 경우들이 더 많았다.

집으로 가기 위해 교수 연구실에서 나와 늘 이용하던 문 쪽으로 걸어가려는데 어떤 사람이 그가 시각장애자인 것을 보고 도와주려고 일러준다.

"이봐요, 그 문은 닫혀 있어요. 이쪽 문을 이용하세요."

그러나 시각장애자인 그는 늘 이용하는 문 쪽으로 걸어가야만 했다. 익숙한 곳으로 가야 그 옆문으로 향하는 각도와 걸음을 잴 수 있으니까. 그런데 그 사람은 그 사정을 모르니 계속 그 문은 닫혀 있다고 더 크게 소리쳐 일러준다.

존 헐은 쓰고 있다. 아마 그는 이제 자신을 시각장애자일 뿐만
아니라 바보라고 생각했을 것이라고. 그래서 도와줘봐야 소용도
없는 바보라고 생각해 고개를 절레절레 흔들면서 그곳을 떠났을
것이라고.

그 내용을 소개한 단원의 소제목은 '볼 수 있는 사람들의 오해'
였다. 그런 오해는 나도 참 자주 한다. 자, 이거 받아. 컵 혹은 도화
지를 내밀어놓고는 휘가 딴짓을 하며 안 받으면, 자, 여기 있어 하
다가 아차 싶어서 휘의 눈 바로 앞에다 그걸 대주곤 한다. 아직도
그런다. 안 보이는 눈 쪽에 검은 안경을 쓰고 있지 않으니 깜박깜박
잊는다.

오늘 아침, 하루 늦게 도착한 한국뉴스를 이곳 멀티채널에서 보
다가 마음이 크게 흔들렸다. 울컥 마음이 상했고 화가 났고 외치고
싶었다.

물청소 때문에 지하철 출입구가 닫혀 있었는데 그것을 모르고 늘
이용하던 그곳을 찾아헤매던 한 시각장애인이 철로 쪽으로 떨어졌
고, 그때 지하철로 들어오던 전동차에 깔려 목숨을 잃었다고, 뉴스
답게 그 정황을 간단히 보여주었다. 아이들과 함께 아침을 먹으면
서 뉴스를 보던 나는 그만 수저를 내려놓고 말았다. 가슴이 콱 막히
는 기분이었다. 그때껏 먹은 밥조차 소화가 안될 지경이었다. 그 뉴
스 뒤편에 숨은 온갖가지 상황들이 선명한 영상으로 그려지기 때문
이었다. 그리고 그렇게 어이없이 세상을 떠난 그분의 억울한 심정
도 헤아려졌다.

그날도 그분은 시각장애인 안내선을 따라서 다니던 그 길로 조심

스럽게 걸어나갔을 것이다. 그런데 그가 아는 단 하나의 출입문이 닫혀 있자 그는 당황하기 시작했을 것이다. 물론 인색하기 짝이 없는 그 안내선 외에 다른 출구로 향하는 안내선이 세심하게 이어져 있지는 않았을 것이고.

시각장애인을 안내하는 단 하나의 길, 그 길 앞의 출구가 막혀 있다는 게 어떤 걸 의미하는지, 물청소를 위해 무심코 출입문을 폐쇄한 이들이 알 수는 없었을 것이고 알 기회도 없었을 것이다.

그분은 허둥대다가, 목격자의 말에 의하면 갑자기 아래 철로 쪽으로 떨어졌고 그때 전동차가 들어와서 누구도 구할 틈이 없었다고 한다.

뉴스를 보면서 가슴이 메는 중에도 나는 생각했다. 휘가 있어서 이 이야기가 이렇게도 쓰라리게 들리는 걸까. 그가 느꼈을 암담함이 내게만 이렇게도 크게 다가오는 걸까. 아닐 것이라고 나는 생각한다.

수많은 출구가 있으니 물청소하는 데 필요한 출구 하나 폐쇄하는 것쯤은 대수롭지 않게 여겼을 테지만, 늘 걷던 보폭과 각도에 의지해 걸어야 하는 시각장애자에게 그것은 치명적인 덫이었다. 아무런 예고도 없이 길을 막아놓은 공사현장들만 덫은 아니다.

가끔 휘를 데리고 계단(빌어먹을 놈의 계단이라고 쓰고 싶습니다)을 오르내리다 보면, 느리게 절룩이면서 앞을 가로막는 휘와 그 곁의 나를 대하는 사람들의 태도가 제각각임을 느낀다.

어, 왜 이렇게 앞이 막히지. 표정이 안 보이는데도 그의 조바심이 느껴지는 경우가 있다. 그런 경우, 신경질적으로 옆으로 휙 비켜 지나가면서 한번 쓱 쳐다보는 경우가 많다. '당신들 때문에 이 성한 내가 불편했잖아요' 식.

하염없이 기다려주는 사람들도 있다. 계단이 번잡하지 않으니 그냥 살짝 옆으로 비켜서 가던 길 계속 가면 좋겠는데, 한 칸, 두 칸, 휘의 속도에 맞춰주면서 뒤따른다. 걱정 말고 천천히 가시라는 뜻의 고마운 배려가 느껴지지만, 어쩐지 편안치 않다. 그래서 마음껏 느리고 안전하게 걸어지지 않는다. '제가 도움을 주고 있습니다' 식.

가장 마음 편한 방식은 역시, 아무런 내색 없이 옆으로 슬쩍 피해 그저 제 갈 길 가는 사람들이다. 뒤돌아보면서 확인 같은 거 안하고. '우리 서로 방해하지 않는 선에서 편히 살아요' 식.

대부분의 경우 나와 휘는, 그리고 아마도 장애를 가진 모든 분들은 이 세번째 방식이 편할 것이다. 그러나 그건 도움이 필요하지 않을 만큼 환경이 배려된 뒤의 자유 아닐까. 집을 나서는 순간부터 집으로 돌아오는 순간까지도 살벌한 생존게임인 곳에서라면 우선 당장 곁에 있는 누군가가 그 시스템의 빈 곳을 메워주어야 하지 않을까.

어느 지하철 역, 어느 시간대에 그 사건이 일어났는지는 모르겠지만, 아마 시각장애를 가지고도 집을 나서서 지하철을 탈 용기를 낸 걸로 보면 출퇴근 시간은 아니었을 것이다. 따라서 사람이 많지는 않았겠지만 그분이 혼자 그렇게 지팡이를 휘둘러대면서 또다른 길을 찾을 때, 정말로 곁에는 아무도 없었을까. 갈 길이 바빠서 곁에서 무슨 일이 일어나도 모르겠다는 듯 앞만 보고 달려가는 그런 사람들 뿐이었던 건 아니었을까.

아예 발소리도, 지나가는 사람들의 기척조차도 없는 곳이었다면 차라리 그분은 덜 외로우셨을 것이다. 분명 누군가가 곁을 스쳐지나가고 발소리도 들리는데, 그 틈에서 혼자 길을 잃고 막막하게 허둥대야 했다면, 아마 나는 너무도 외로워서 목놓아 울고 싶었을 것이다.

슬픈 만장일치

사람들은 골똘히 생각해본다고 한다. 대부분 선입견을 재정리할 뿐이면서.
—어디선가 들은 이야기

나는 이민 오기 이틀 전까지 일을 해댔다. 일터에서 밤샘을 해가면서, 간이침대에서 토막잠을 끊어자면서. 일이 그렇게 중요해서였다기보다는, 그렇지 않으면 이런저런 송별회에 앉아 있게 될 것 같아서였다. 두고 가기 아까운 좋은 사람들에게 작별사를 해야 하는 그런 난처한 일을 스스로 만들지 않으려 무지 노력을 했다는 말이다(소식도 없이 떠나버렸다고 괘씸해하셨던 분들, 용서해주세요).

이 무심히 일만 해댄 내게도 '이민 가서 한국사람만 조심하면 된다'는 이민 괴담은 심심찮게 들렸다. 덥석 사람을 온전히 믿어버리지도 않지만, 사소한 일에 크게 실망하지도 않는 사람으로서 3년 몇 개월을 살아본 결론을 내리자면, 그런 식의 괴담은 마치 공갈빵처럼 표면만 잔뜩 부풀려져 있을 뿐 취할 만한 알맹이는 없다.

다만 이 좁은 한인사회 내에서도 빨강, 핑크 같은 원색을 좋아하는 사람과 회색, 검은색 같은 차분한 색을 좋아하는 사람 사이의 건널 수 없는 강 같은 것이 존재한다는 느낌은 받았다. 그냥 살아가는 방법이 다른 데서 오는 간격 아닐까 싶다. 달리는 기차에서 내려 남은 여생은 이제 좀 걷고 싶은 사람들과 더 넓은 세상에서 더 마음껏 기를 펴고 달려보고 싶은 사람 사이의 간격 말이다.

어디 그뿐인가. 돈으로 인생의 많은 것들을 해결할 수 있다고 믿는 사람과 그렇지 않은 사람, 자식을 위해 외국에서 고생한다 생각하는 사람과 내 인생을 개척한다고 생각하는 사람, 자식들만은 주류사회로 진출시키겠다고 개인과외를 더 열심히 시키는 사람과 아이들의 미래는 되도록 그들이 설계하도록 내버려두는 사람들 사이의 건널 수 없는 강, 간격들. 그런데 이처럼 다른 가치관들을 극복하고 한국인이라는 것만으로 손에 손잡고 잘살아야 한다? 글쎄 내 경우는 그냥, '타인의 취향'을 존중하면서 서로 각자 잘살면 된다고 생각하는 편이다. 한국에서건 밴쿠버에서건.

그런데 휘가 아프고 난 뒤 수술했다는 소식도 알려지고, 입원, 퇴원, 항암치료 등의 소식이 주변에 조금씩 알려지면서 나는 이상한 현상 하나를 발견한다.

모든 면에서 의견이 약간씩은 다른 사람들이 갑자기 마치 서로들 미리 입이라도 맞춘 듯 너무도 똑같은 위로의 말들을 건네는 것이었다.

 캐나다 와서 휘가 아픈 게 그나마 얼마나 다행이냐. 한국에 있을 때 이런 일이 벌어졌다고 한번 생각해봐라. 이미 이쯤에서 벌써 한 재산 날렸을 것이다. 그거 생각하고 힘을 내라.

 처음 경황 없는 중에 한두 사람에게서 이런 위로의 말을 들었을 때는 별로 이상하다는 느낌이 없었다. 그런데 병문안을 온 모든 사람들이 가장 안전하고 강력한 위로의 카드를 내놓는다는 듯이 그런 말들을 하자, 그때부터는 그야말로 뭔가 골똘히 생각을 좀 해보지 않을 수가 없었다. 아무리 골똘히 생각한다고 해봐야 결국 내 선입견을 재정리하는 것이겠지만.

 우선 그들의 위로는 우리의 고유한 정서와는 너무도 반하는 것 같았다. 타향에서 아픈 것만큼 구슬픈 것은 없다고들 하면서, 타향도 아닌 타국에서 투병생활을 혹은 병수발을 하는데도 그것이 불행 중 다행이라니.

 그런데 그런 위로의 말 앞에 별 저항감 없이 고개를 끄덕끄덕거리고 있는 나는 또 어떤가. 그 모순을 수용할 수밖에 없는 나는? 생각하고 생각해보니, 그것은 참으로 슬픈 만장일치였다. 골똘히 생각에 생각을 해본 나조차도 결국 찬성표를 던지고야 만 그런 우스꽝스러운 만장일치처럼 느껴졌다.

 그러나 직접 경험을 해보지 않은 분들은 모두들 공짜치료(의료보험에 모든 검사와 치료비가 포함된 것을 그냥 편의상 대부분 공짜라고들 말합니다) 부문에만 이야기의 초점을 맞추었다. 공짜여서 좋다. 한재산 안 날리고 치료받을 수 있으니 행운이다.

그런데 내 자식을 그들의 손에 맡기고 있는 나는 그 아래 숨겨진 보다 근본적인 부분, 공짜인 것보다 더 중요한 면을 이야기하고 싶다. 바로 생명을 맡기는 자와 생명을 다루는 자 사이에 필연적으로 전제되어야 하는 신뢰에 관한 문제. 일방통행식의 신뢰나 믿고 따를 수밖에 없어서 믿으려고 기를 써야 하는, 그런 눈물겨운 신뢰가 아닌 환자와 의사가 자연스럽게 서로를 믿는 그런 신뢰에 대해서.

의료보험비만 내면, 필요하다 판단된 모든 치료와 검사비가 따로 청구되지 않아 공짜처럼 느껴지는 밴쿠버의 의료시스템의 가장 큰 장점은 바로 그런 신뢰를 바탕으로 이루어진다는 점이다. 환자가 이러이러하게 아프다고 말했을 때, 담당의사가 그럼 이런저런 여러 검사들이 필요하겠다고 말하면, 그냥 잠자코 믿고 따를 수 있다.

물론 개인비용이 청구된다고 한들, 의사가 받으라는 검사들을 거부하는 환자는 없을 것이다. 그러나 한두 검사가 아닌 데다 비용도 만만치 않다면 정말 이 많은 검사들이 모두 필요한 걸까? 한번쯤 생각되지 않을까.

시아버님이 지병으로 병원 생활을 오래하셨고, 증세가 변함에 따라 시골에서 중소도시로, 또 서울로 병원을 자주 옮기셨었다. 옮길 때마다 가장 기본적인 검사마저도 전부 되풀이되었었다. 환자는 환자대로 지치고, 이미 곁에서 반은 의료스태프가 되어 있는 시어머님은 시어머님대로 이거이거는 안해도 되는 검사를 한다면서 한숨을 내쉬곤 하셨던 기억이 난다. 그 병원에서 치료를 받기 위한 통행세 같은 거려니 포기하고서 똑같은 검사를 매번 되풀이해야 한다는 것은 생각하면 참으로 끔찍한 일이다.

휘의 두통과 메슥거림의 횟수, 그 시간대를 나는 되도록 정확하게 기록하려고 노력했다. 그래서 며칠 지켜보다가 거기 어떤 일정한 규칙이 보이면 즉시 스태프들에게 알렸고, 그들은 그때그때 CT 스캔이나 MRI촬영을 했다.

어떤 때는 바로 그날 액을 빼야 할 만큼 종양이 그새 자라 있기도 했지만, 어떤 때는 그저 신경성인 경우도 있었다. 그렇지만 그들은 늘 나의 관찰과 기록을 믿어주었고, 그에 따른 적절한 처치와 검사들을 신속하게 해주었다. 휴일이어서 기계가 쉬고 있었어도 담당자를 불러서 휘 혼자만을 위해 CT스캔을 찍은 적도 몇 번 있었다. 어떤 크기의 종양이 휘의 머릿속에 있는지를 다 알고 있었기 때문에, 엄마인 내가 기록들을 보이면서 요구하면 들어주었다.

어떤 때는 당시로서는 전혀 이해할 수 없는 검사와 진료가 잡혀 있기도 했다. 내분비과 의사를 정기적으로 만나야 하는 일을 처음에 나는 잘 이해하지 못했다. 내분비과 의사인 닥터 매츠거 또한 그저 휘의 병력을 묻고 키와 몸무게를 재고, 그 수치를 그 나이 또래 아이들의 여러 유형을 표시한 그래프들 사이에 첨가하면서, 이번에도 그냥 정상이라고 알려주고는 싱겁게 진료를 마치곤 했다. 두어 번 그런 일이 있고 나자, 내분비과 진료가 잡히면 좀 귀찮아지려고 했다.

그곳 외에도 갈 곳이 많은데, 안과, 스페셜리스트 점검, 종양병동, 신경외과 두루두루 가야 하는데, 기껏 몸무게 재고 키를 재려고 또 병원에 가야 하나 하는 심정이었다. 게다가 키나 몸무게는 다른 곳에서도 기본으로 재고 있으니 그걸 그냥 불러주고 말면 안되나

하는 잔꾀가 부리고 싶어졌다.

그런데 그런 마음이 읽혔던지 하루는 닥터 매츠거가 말했다. "휘와 같은 종양을 가진 아이들의 경우, 종양제거 수술이나 방사선 치료 후에는 곧장 내분비과의 관리를 받아야 하는 일이 발생한다. 그런데 일이 벌어지고 난 이후에 관리를 해나가는 것보다 미리 이렇게 휘의 평균 성장속도를 점검해두어야 초기 대처가 효과적이다."

물론 지금 나는 그의 말을 이해하고도 남는다. 수술과 방사선 치료로 뇌하수체가 손상된 휘는 현재 인체에 필요한 거의 모든 중요한 호르몬을 내분비과에서 정해준 약에 의지해 해결하고 있기 때문이다.

수술과 방사선 치료가 끝난 후, 뇌하수체와 호르몬에 대해서 공부하면서 나는 비로소 발병 직후 바로 내분비과에서 휘의 모든 자료를 함께 공유하면서 따라준 것의 중요성을 이해했다.

그러나 내가 이야기하고 싶은 것은, 그 중요성을 모르고 좀 귀찮아할 때조차도 그를 만날 것을 지시하는 병원의 결정을 한번도 의심해본 적이 없었다는 것이다. 구두쇠 진료를 하는 이곳에서 중요하지 않은 일정들을 잡아 전화로 편지로 일러주지는 않을 것이라고 생각했던 것이다.

후천적으로 시각장애를 갖게 된 존 헐 교수의 일기를 읽어보면, 자신은 문제를 감지하는데 의사가 믿어주지 않아서 지체가 되고, 수술 시점이 미루어진 것을 답답하게 생각하는 대목이 언뜻언뜻 나온다. 제때 적절한 치료를 받지 못했다는 원망이 섞인 글이다. 의사에게 자신의 문제점을 확인시키기 위해 교수인 그도 모든 것을 기록해나가곤 했었다. 지위나 재산보다는 병세가 더 중요한 이곳에서는 바로 이런 문제점들이 있었다.

그래서 상대적으로 의사의 권위가 막강한 곳이 바로 이곳이기도 하다. 정기적으로 정해진 검사 외에 응급실 혹은 스페셜리스트의 오피스에서 검사가 필요하다고 의사가 일러주면 곧바로 실시된다. 권위주의를 싫어한 나도 의사들의 그런 권위 앞에서 생각이 바뀌었다. 책임이 수반되는 권위, 자신의 전 지식을 바탕으로 행하는 권위는 보기 나쁘지 않았다.

유럽영화 〈킹덤〉을 보면 불필요한 CT스캔을 지시한 인턴이 관리자에게 마구 야단을 맞는 대목이 나온다. "너 기계 한번 돌리는 데 얼마나 드는지 알고나 있어?"

인종이나 학연 지연만으로는 검사가 이루어질 수 없는 정교한 감시체계 아래서는 의사의 판단에 대한 신뢰가 절대적인 것으로 비쳐졌다.

의료경험이 있는 한 이웃이 아동병원 자원봉사를 신청했다가 도중에 포기하였다고 한다. 본인뿐만 아니라 가족 전체가 범법 행위에 한번도 가담한 적이 없음을 밝혀야 하는 것은 기본이고 그 외에 언어능력 심지어는 관상까지, 원하는 조건과 구비 서류가 너무도 까다롭다고 한다. 그분 말이 아동병원 자원봉사자로 통과되느니 어디 일자리를 알아보는 것이 더 쉬울 것 같더란다.

어린아이들의 생명을 맡고 있는 이들에 대한(심지어 자원봉사자들까지) 엄격한 관리, 감시 속에서 오히려 병원과 의사들의 권위가 지켜지는 셈이다.

그래서 나는 수많은 검사들을 하면서 한번도 따로 돈을 내지 않았다는 것도 황송하지만, 그보다는 의사라는 직업의 신성함을 재확인하고 믿을 수 있게 된 점이 더욱더 의미 깊다고 말하고 싶다(물론 저도 공짜를 좋아하기는 합니다).

눈물짓고 잊어버리기

노박 씨는 슬픈 이야기는 혼자서만 간직했다.
그리고 유쾌한 이야기들만 소리내서 말했다.
슬프지만 행복한 이야기들도 있었다.
그는 그런 이야기들을 글로 썼다.
—슈테판 슬루페츠키의 『노박 씨 이야기』 중에서

휘가 본격적으로 점자를 배우기 시작하면서 실명에의 공포는 좀 더 구체화되기 시작했다. 교육청에서 휘 혼자만을 위해서 일부러 선생님을 파견해서 점자를 가르친다고 생각하니, 긴 겨울 다가오기 전의 가을 나절에 겨울나기 준비를 하는 것처럼 곧바로 닥쳐올 필연적인 일을 대비하는 것처럼만 느껴지는 것이었다. 그래서 일주일에 네 번씩이나 학교로 찾아와 점자 개인지도를 해주는 마제라 선

'시각손상자들의 모임'에서 만난 맹인 안내견(왼쪽)과 그곳에서 주최하는 파티를 준비하는 소녀

생을 만나는 심정이 참으로 복잡했었다.

　게다가 그는 처음부터 요즘까지도 엄마인 내게 점자를 배우라고, 배워두면 좋을 것이라고 권한다. 지금은 그냥, 점자라는 언어를 널리 전하고픈 그의 애정이라고 이해하고 넘어가지만, 작년까지만 해도 그 말을 들을 때마다 기겁을 하곤 했다. 결국 실명을 하게 된다는 표시를 저렇게 돌려서 하는 것일까 싶어서(앗, 쓰면서 생각하니 또 불안해지는군요).

　바로 그럴 때, 우연히 구해 읽은 한국 신문의 텔레비전 프로그램 안내에 뇌종양 걸린 한 아이에 대한 의학다큐멘터리가 소개되어 있는 것을 발견했다. 수술 후 3개월 만에 종양이 다시 자라서 재수술을 앞둔 아이, 이미 시야를 많이 잃었는데 이번 재수술로 완전 실명할지도 모른다는 아이. 억장이 무너졌다. 이 세상에 휘와 같은 아이들이 도대체 얼마나 많은 것인가.

　휘가 학교에 가자 나는 얼른 컴퓨터를 켜고 그 프로그램에 접속했다. 그리고 울면서 보았다. 다 보고 나서는 어이없어서 발이라도 쾅쾅 구르고 싶어졌었다. 그것은 의학다큐멘터리가 아니었다. 최루성 휴먼다큐멘터리. 재수술 후 실명할지도 모르기 때문에 이혼한 후 소식이 없는 엄마의 얼굴을 아이에게 마지막으로(실제로 내레이션에 마지막일지도 모른다는 대목이 두어 번 나왔습니다. 맙소사, 어떤 단어는 어떤 사람에게 칼이기도 하더군요) 보여주려는 제작진의 눈물겨운 고군분투기였다. 요새 세상에 언론에서 맘 잡고 찾겠다는데 안 찾아지는 사람이 있겠는가. 재혼해서 이제 또다른 젖먹이 아이를 둔 옛며느리를 찾은 옛시어머니가 아이의 수술 소식을 알린다. 그렇다면 신발도 못 꿰차고 뛰어가야 하는데, 엄마는 망설인다.

프로그램을 다 보고 아이에게 편지라도 한마디 남기고 싶어 게시판을 들렀더니, 이미 벌써 많은 사람들이 비정의 어머니를 탓하고 있었고, 제작진의 미흡한 해명성 글이 불난 곳에 부채질을 하고 있었다.

'휘도 너처럼 그렇게 아프고 시야도 너처럼 많이 잃었어. 그렇지만 너는 거기서 휘는 여기서 잘 치료받자.' 아이에게 몇 자 쓰고 나오려는데 여전히 마음이 불편했다. 장문의 글을 쓰고 싶은 마음이 치밀었다. 아마도 시위를 하고 싶은 마음이 든 첫번째 사건이 아니었나 싶다.

또다른 젖먹이 아이를 둔 엄마가 선뜻 옛시어머니를 따라나서지 못하고 눈물짓는 대목에서는 나도 울었다. 살다 보면 꼬이고 꼬인 매듭 같은 시절을 건너가야 하는 일도 많은 법. 그 한복판에서 이러지도 저러지도 못하는 그 엄마의 눈물이 화면으로도 뜨겁게 느껴졌다.

그렇지만 나는 이미 실명도 하기 전에 그 아이가 몽땅 잃어버린 세상을 지켜보는 게 더 가슴 아팠다. 아이는 오히려 휘보다 시야를 덜 잃었는데도 이미 특수학교에서 시력손상자들과 함께 공부하고 있었다. 교과서의 필요한 부분을 그때그때 확대복사해 공부하고 있었다.

일을 해야 하는 할머니와 아버지는 그 아이만을 돌볼 수가 없는 상황이었다. 그 아이는 학교에서 먹고 잤다. 그리고 주말이 되면 애타게 할머니가 오시기를 기다리고 있었다. 병 때문에 옛친구도, 옛 생활도 함께 잃었다. 그 아이가 가진 거의 모든 것이라 할 만한 그런 세계를.

그런데 제작진도, 그 프로그램을 보고 게시판에 아이를 격려하거나 그 비정의 엄마를 탓하는 이들도 그 아이가 뇌종양으로 시각손상으로 인해 잃어버린 것에는 크게 관심이 없었다. 휘가 아프지 않았고, 게다가 점자를 배우고 있지 않았다면 나도 그랬을지도 모른다. 어쩌면.

'아, 어린 나이에 고생이 자심하구나. 쯧쯧. 그런데 과연 실명을 할까, 안할까. 아, 다행이다. 재수술이 잘되어서 실명을 안했다니' 이러고 말았겠지. 화를 삭이려고 일부러 고생할 필요 없이 이미 뜨거운 분노는 그 사이 식어 차가운 슬픔으로 변해 있었다.

나도 늘 그랬다. 가끔 기가 막힌 사연들이 소개되고, 이리로 전화를 걸어주면 얼마가 모금될 것이라는 말에 눈물을 훔치면서 전화기를 찾아들고 그 번호를 누르곤 했었다. 특히나 엄마가 된 후부터는 내가, 또 누군가 수많은 다른 사람들이 밥 한 숟가락씩을 보태면 누

교실에 있는 설휘의 오디오북과 큰 활자 책

군가에게 뜨거운 밥 한그릇으로 전해질 것이라는 작은 위안이 있었다. 그렇게 눈물짓고, 보잘것없는 돈을 보내고 잊어버리고 눈물짓고, 또 잊어버리곤 했었다.

그런데 마침 그때 휘에게 제공되는 것들과 그 아이가 잃어버린 것들이 너무나 선명히 비교되는 것을 어쩌겠는가(그래서 겪은 사람이 알려야 한다는 의미에서 시위를 시작한 것임을 이 기회에 다시 한 번 밝힙니다). 휘에게는 이미 큰 활자로 특수 인쇄된 교과서들이 제공되었다. 밴쿠버 스쿨 보드 로고가 선명한 칸이 넓고 줄이 짙게 그어진 특수 공책들도. 점자를 배우러 특수학교로 옮겨야 할 필요 없이, 점자 선생님이 매일 학교로 찾아오셨다. 아직 치료중이라 고작 30분 가르칠 것이면서.

휘의 교실 네 벽에는 이제 막 점자를 배우는 휘에게 필요한 점자 알파벳 카드들이 붙여졌다. 내 사인 하나만으로 휘가 사용할 점자 기기도 도착했다. 휘가 좋아하는 『해리포터』 오디오북이며, 여러 동화를 담은 오디오북들이 갖춰졌다. 갑자기 휘의 교실 한켠에 휘에게 필요한 물건들이 잔뜩 쌓이기 시작했다. 덕분에 휘는 5학년이 되어서도, 6학년인 지금도, 4학년인 2001년에 뇌종양인 것이 밝혀지던 그때의 그 교실에서 생활한다. 휘의 상태를 잘 아는 담임 선생님도, 교실도 바뀌지 않았다. 이건 교육청이 아닌, 학교와 담임 선생님의 배려 때문이다.

휘는 시야를 잃고서도 예전의 생활을 잃지 않았을 뿐만 아니라, 점자를 배우면서 또다른 세계 속에 속하게 되었다. 기력이 되면 보통 아이들처럼 일과에 모두 참석했고, 한편으로는 시각손상자들을 위한 모든 프로그램에 참석하기 시작했다.

점자를 배운 첫날, 집으로 오는 길에 조심스럽게 휘에게 물었다. 자신이 왜 지금부터 점자를 배워야 하는지를 아는지, 안다면 그 기분은 어떤지를 알고 싶어서였다. 대답은 경쾌했다. "마제라 선생님이 그러셨어. 점자도 또 하나의 언어라고." 과목 중에서 불어를 제일 좋아하는 아이답게 그 새로운 언어를 이미 좋아하고 있었다(그런데 요즘은 좀 어려워져서 자꾸 잔꾀를 부리곤 합니다).

시각손상자들의 모임에 참석해보면 늘 맹인 안내견들을 만날 수 있다. 참석한 아이들을 따라온 안내견들과, 휘처럼 손상되었을 뿐 아직 시야가 남아 있는 아이들에게 소개해주기 위해 주최측이 데리고 온, 그야말로 전시용인 안내견들. 휘는 그런 자리에 참석하면 늘 그 개들 주위만을 뱅뱅 돌면서 그 개들을 쓰다듬어 주느라 바빴다. 완전 시각장애자인 친구들이 안내견들과 함께 다니는 것이 영 부러웠던 모양이다.

그런 프로그램에 참석하고 돌아오던 어느 날, 창밖을 보면서 골똘히 생각에 빠져 있던 휘가 문득 말했다.

"나, 완전히 시야를 잃어도 크게 슬프지만은 않을 것 같아. 그럼 내 곁에 그렇게 착하게 생긴 개가, 그런 친구가 늘 함께 있어줄 거니까 말야."

그제서야 왜 두세 마리의 각각 종류가 다른 맹인 안내견들을 데려다 휘와 같은 아이들에게 보여주고, 만져보게 하고, 그 끈을 이끌고 다니는 것들을 시범으로 보여주곤 했는지 얼핏 알 것도 같았다. 감상이나 연민으로 해결되는 건 아무것도 없음을, 그저 그 상황에서 할 수 있는 준비들을 해나가는 것이 최선의 방어임을 다시 확인했다.

비슷한 시기에 비슷한 또래의 두 아이가 같은 뇌종양을 앓고 있다. 그런데 한 아이는 그 병과, 그로 인한 시각손상으로 모든 익숙한 환경과 친구를 거의 전부 잃었다. 그런데 전부를 잃은 현장을 보여주는 사람이나 보는 사람 모두, 한 불행이 모든 것을 침식해나가는 것에는 무관심했다. 실명이 되기 전 엄마를 보여주려는 감상과 동정에 가려 그 아이가 잃은 것들은 헤아려질 틈이 없었다. 그런데 한 아이는, 여전히 이전에 속했던 세상에 머물면서 또다른 세상을 만난다. 물론 점자와 맹인 안내견으로 상징되는 그 세계는 엄마인 나로서는 그다지 유쾌하게 받아들일 수 없는, 받아들이고 싶지 않은 세계이다. 그러나 전부를 잃은 것보다는, 당연히 그 편이 낫지 않겠는가.

지금 생각하니 발병과 수술과 항암치료로 점철되었던 그 시절들은 힘들었지만, 순간순간 감동적이기도 했다. 한순간의 동정이 아니라, 어차피 건너가야 할 강물 앞에 이곳 시스템들이 딛기 편하게

눈물짓고 잊어버리기 171

놓아준 여러 돌다리 때문에. 그러니 슬프기만 했다면 조개처럼 입을 다물어버렸을 텐데, 나는 이렇게 기억을 되살려 쓰고 있는 것인지도 모른다.

   그러나 다시 말하건대, 이 글을 쓰는 것은 휘를 기억해달라는 뜻에서가 아니다. 휘가 가진 것을 헤아려보게 한, 아니 휘보다 더 나은 신체적 조건을 가지고도 이미 그때 많은 것을 잃어버린 그 아이를 생각해보자는 것이다. 언제나처럼 눈물짓고 그리고 잊어버린 그런 우리의 아이들을 생각해보았으면 싶어서이다.

나는 영원한 2순위

통증을 견디려고 애쓰다 보면 나 자신 속으로 점점 깊이 침잠해 들어가 사회적 존재로서의 나는 사라져 버리는 듯싶었다.
―폴 오스터 소설 『빵굽는 타자기』 중에서

『닥터 코토 진료소』라는 만화는 육지에서 배로 여섯 시간 걸리는 일본의 코시키 섬을 배경으로 한 가장 만화적인 만화 중의 하나다 (그러나 취재를 바탕으로 구성된 만화이다). 대도시 종합병원의 능력 있는 외과의사가 어떻게 해서 기구들은 물론 채혈대조차 변변히 없는 외딴 섬 진료소에서 섬주민들의 주치의이자 친구로 받아들여지는지를 그린 만화다.
　내가 만화적이라고 한 것은 어쩌면 너무 자조적인 표현일지도 모른다. 세상 어딘가에는 분명 환자의 아픔을 제 아픔처럼 여기는, 그래서 어떤 상황에서도 심지어 자신에게 불리한 결과가 벌어질 수 있는데도 환자의 아픔부터 치료하려는 의사들이 있을 것이다. 그 만화 속 코토 의사처럼. 그러나 매일매일 수많은 사람들로부터, 자신에게는 느껴지지도 않는 다양한 통증에 대한 호소를 들어야 하고 고쳐나가야 하는 과정에서, 과연 타인의 통증에 대한 의사들의 더듬이가 얼마나 예민하게 오래 깨어 있을 수 있을까?

아파하는 환자에게 내가 꼭 고쳐줄게, 아프지 않게 해줄게, 약속하는 닥터 코토의 모습을 만화적이라고 느끼는 나. 그건 어쩌면 휘의 곁에서 내 더듬이가 혹은 의사들의 더듬이가 얼마나 무력하고도 무심한지를 경험한 후의 무의식적인 반응에 불과할지도 모른다.

6월, 7월은 거의 매일같이 한 줄짜리 일기들이 이어진다. '두통, 메슥거림, 몇 시에 투약, CT스캔, 종양에서 몇 밀리미터의 액 제거.'

두통이 잦고, 메슥거림이 시작되면 긴장한 채 대비하고 있다가 결국 종양이 치우쳐 있는, 실명한 눈 쪽에 통증이 느껴지면 곧바로 담당스태프에게 전화하고 응급실을 가고 처치를 하는 나날들이었다.

지켜서서 더 정확한 증세들을 살피느라 일기에 그 외에 어떤 일이 있었는지, 어떤 감정의 변화들을 겪었는지조차 쓸 수 없는 나날들이기도 했다.

더구나 8월에 휘는 또 한 차례의 엉뚱한 맹장염(충수염) 수술을 받았다. 그리고 그 수술을 받기까지의 우여곡절을 통해 나는 다시 한번, 고통 앞에서는 엄마인 나조차도 무력하고도 무심한 존재라는 사실을 절감해야 했다.

8월 22일. 이미 전날 저녁부터 휘에겐 메슥거리는 증세가 나타났었다. 그러나 며칠 전 이미 한 차례 종양에서 액을 뺀 뒤였고, 아직 시신경이 압박을 받으면서 오는 눈의 통증은 없어서 여느 때처럼 지켜보고만 있었다.

그런데 아침에 휘에게 응급실을 가야 할 것 같은지, 더 지켜볼 것인지를 묻자 지금 병원엘 가는 것이 좋겠다고 대답했다. 머리에 바늘을 찔러 종양에서 액을 뽑아내는 일을 싫어해서, 대개는 내가 보기엔 응급실로 가야 하는데도 며칠 더 지켜보자고 미루는 편인 휘. 그런 휘가 먼저 응급실을 가자고 하니, 가방에 이것저것을 챙기는 손이 후들거렸던 기억이 지금도 선명하다.

CT스캔 결과 종양은 지난번 액을 뺀 이후 안심할 만큼 줄어들어 있었다. 그런데도 휘는 구토증세과 함께 배가 아프다고 호소하기 시작했다. 만약 휘가 뇌종양만 앓고 있지 않았어도 그때쯤 맹장염일 가능성이 크다는 것을 알았을 테고, 그랬더라면 휘가 그렇게 힘들지는 않았을 것이다.

계속 아프다고는 하니까, 게다가 실제로도 힘들어하니까 그때부터 신경외과 팀과 종양학 팀의 스태프들만 교대로 드나든다. 그러나 이미 CT스캔 결과를 보고받아서인지 그 누구도 서두르는 기색이 없다.

참을 만큼 참아보는 휘라서, 스태프들이 와서 몇 마디 묻거나 응급실 간호사들이 정기적인 점검 때 혹은 오고가다가 고개를 내밀고 물어도 그런 대로 대답도 잘해주곤 했었다. 아무도, 심지어 그 곁을 지키는 엄마인 나조차도 지금 이 아이가 심각할 정도의 복통을 참고 있다는 것을 눈치채지 못한 채 오후가 되었다.

그리고 휘의 참을성도 드디어 심한 복통 앞에 무릎을 꿇었다. 어느덧 휘는 복통 때문에 제대로 눕지를 못해 새우처럼 엎드린 자세를 하고 있었고, 그제서야 나는 휘가 얼마만한 고통과 싸우고 있는지를 겨우 눈치챘다. 마음이 바빠졌다. 그때부터 나는 낯이 익은 간호사들을 붙잡고 휘가 많이 아프다, 휘를 살펴봐 달라, 부탁하기 시작했다.

그제서야 휘의 증세들이 뇌종양이 아닌 맹장염 때문일지도 모른다는 진단이 내려진다. 그래서 이제 몸을 거의 접다시피 굽혀서 복통을 참고 있는 휘를 데리고 이리저리 다니면서 복부 엑스레이를 찍고, 초음파진단을 한다.

그때마다 몸을 쭉 펴야 하는데, 휘는 아픔 때문에 울기 시작한다. 검사하는 당사자들에게야 휘는 병원에서 늘 보는 우는 '한 아이'일 뿐이지만, 나는 겁이 버럭 난다. 저 애가 저렇게 운다는 건 참을 수 없을 만큼 아프다는 뜻인데. 마음이 급해진다. 끙끙대는 아이 앞에서 장비들을 정돈하는 데 필요 이상 시간을 끄는 이들 앞에서.

그런데 '맹장염'이 아니라 '맹장염일 수도 있다'는 결론이 내려진다. 그 말은 정말 확실한 맹장염일 때까지 고통을 참으면서 기다려봐야 한다는 뜻이기도 했다. 검사팀들이 맹장염이 아닐 수도 있다, 뇌종양 때문에 구토를 많이 해서 온 복통일 수도 있다고 하자, 아마 나는 좀 안심이 되었던 모양이다. 게다가 아픈 중에도 휘는 새우처럼 구부리고 깜박 한숨 잠에 빠져들기도 했었다.

오전 10시에 응급실에 입실해 이미 오후 5시를 넘기고 있었다.

지치기는 나도 마찬가지였다. 휘의 곁에 고개를 대고 의자에 앉자 나도 잠깐 졸았다. 그러다가 신음소리를 내면서 휘는 잠에서 깨어났고, 배를 움켜쥐고 하소연을 해댔다.

"엄마, 배가 너무 아파. 안 아프게 해줘. 안 아프게 좀 해줘." 그 말은 마치 날카로운 바늘처럼 내 심장을 찔러댔다. 미안했다. 의사와 간호사들, 검사실 스태프들이 휘의 통증 앞에 무심했을 때조차도 나는 그러지 말았어야 했는데, 지금이 몇 시간쨴가. 아침에 응급실로 가야겠다고 한 그때부터 지금까지, 저 아이는 도대체 몇 시간째 통증과 싸우고 있는가. 휘가 눈물이 그렁그렁한 채로 제발 아프지 않게 해달라고 애원해서야 나는 사태가 심각함을, 혹 복막염이 될지도 모른다는 생각을 하게 되었다.

간호사를 붙들고 다시 사정하기 시작했다. 휘가 지금 엄청나게 아프다고. 간호사는 여전히, 그럼 닥터에게 연락하겠다는 의례적인 대답을 했다. 그때 알았다. 너무 화가 나면 온몸이 뻣뻣하게, 혹은 싸늘하게 굳어버린다는 것을. 혀도 굳고 말을 하려는데 입 주위의 근육도 굳고 그리고 눈물이 쏟아졌다. 너, 알아, 아이가 아프지만 않게 해달라고 지금 사정을 하고 있어. 얼마나 아프면 그러겠어. 너, 이해하겠어? 내 말?

아마 간호사도 조금 전 휘를 보면서 내가 느꼈던 그 심상치 않은 느낌과 공포를 그제서야 겨우, 그것도 내 태도를 보면서 느꼈던 모양이다. 곧바로 진통제가 투여되었고 담당의가 왔고, 비로소 휘는 뇌종양 환자 대신 맹장염 환자 대접을 받기 시작한다.

간호사가 진통제를 맞고 겨우 통증에서 벗어난 휘에게『너와 너의 맹장』이라는 소책자를 가져와 보여준다. 맹장이 신체의 어느 부분에 있는지를 보여주고, 잠시 후 들어가게 될 수술실 풍경이 어떤지 설명되어 있는 책.

휘는 그러나 통증이 너무 심했던지 얼른 수술을 해버리고 싶다고 말했다. 말하자면 한가하게 그런 책이나 읽고 있기 싫다는 뜻이다. 그러나 수술은 밤 10시가 넘어서야 실시되었고, 그때는 이미 복막염이 되어 있었다.

다른 보통의 아이 같았으면 그렇게 많은 시간을 기다리지 않아도 되었을 텐데, 뇌종양 때문에 맹장이 결국 복막염이 될 정도로 아플 때까지 다른 곳도 아닌 병원에서 휘는 앓고 누워 있어야 했던 것이다.

그런 과정들을 경험하면서 나는 수많은 사람들이 위로삼아 하곤 했던 말들, 지금도 간혹 듣는 말이 사실은 틀리다는 걸 절감했다.

휘보다 엄마가 더 힘들지요, 라거나 그래도 엄마가 제일 힘들 텐데 힘내라는 말. 이제 난 그 말을 들을 때마다 휘에게 미안하고 심지어는 무안스럽기도 하다.

단언하건대 환자 본인이 제일 힘들다. 맹장이 터져서 복막염이 될 지경인 아이가 제발 아프지 않게 해달라고 애원을 할 때야 그 심각함을, 그것도 심리적인 통증만 겪으면서 겨우 알아채지 않았는가. 통증으로 고문을 당하는 당사자의 아픔에 비하면 심장을 에이는 그런 통증이야 견딜 만한 것이다.

그나마 엄마인 나는 심장이라도 에이는데, 10시 반까지 휘를 기다리게 할 만큼 스태프들은 무심했다. 수없이 많은 맹장수술을 해와서, 그 정도 크기면 그 시간만큼 참아도 된다고 생각하는 직업적인 무심함이 노골적으로 묻어났다. 환자 개개인의 특성 같은 것이 무시될 수밖에 없는 상황.

결국 휘는 남들은 비교적 수월하게 겪는 일마저 보통 사람의 두 배 이상 고통을 겪었다. 수술, 퇴원, 그리고 감염, 재입원. 결국 일인실에서 특별관찰을 받는 대상이 되기까지 했다가 겨우 회복되었다. 그 지루하고 고통스럽던 시간들, 지독한 항생제와 진통제를 맞아가면서 안해도 되었을 뻔한 고생을 하는 휘를 보면서 나는 다시 무력감에 빠졌다. 내가 너의 고통을 아직도, 아니 어쩌면 평생 어떻게 느낄 수 있으랴.

맹장염 수술 기간 동안 만난 의사들의 이름을 나는 한 명도 기억할 수 없다. 아이가 혈변을 줄줄 흘려서 그걸 받아놨다가 전해줘도, 아, 그거 보통 있는 일이라고 말하던 의사들. 그래서 결국 퇴원을 시켰다가 이틀 뒤 다시 입원한 휘를 보고서도 너무도 평상심을 잘 유지하던 그들. 암병동과는 또다른 모습이었다. 암병동에서도 가끔 무심한 간호사와 의사들을 만나기도 했지만 그 정도는 아니었었다. 맹장이라 이번에는 좀 수월하겠지 싶었는데, 대신 의료진들의 너무 무딘 더듬이 때문에 휘는 모진 고생을 해야 했다.

그것이 고통의 이중고 아닌가 싶었다. 통증을 참아내야 하는 직접적이고 원색적인 고통과, 그 고통을 이해받을 수 없어 결국 혼자 고립될 수밖에 없는. 환자가족은 이미 타인의 통증에 무뎌질 대로 무뎌진 의료진들의 더듬이 때문에 소외되고, 환자는 환자대로, 자신의 고통에 때때로 무뎌지는 가족에게 소외되는, 그런 소외의 고리.

휘의 고통 앞에, 엄마인 내가 제일 고통스럽다는 말은 그래서 수정되어야 한다. 나는, 환자가 아닌 나는 영원한 2순위일 뿐이라고. 그리고 미안하지만, 아파서 쩔쩔매는 환자 앞에 세상에서 제일 이성적인 사람의 모습을 하고, 말과 시간을 아끼는 의사는 3순위인지도 모른다고. 그리고 2순위인 나는 3순위의 그 무심하고 둔한 더듬이를 쉽게 탓할 수만은 없어서 그 모진 시간을 견뎌야 했다.

일인실을 환자가족이 요구하면 이곳에서도 따로 비용이 청구된다. 그러나 그들이 격리가 필요하다고 판단되면 특실 수준의 일인실이 무료로 배정된다. 휘는 더듬이가 무딘 스태프들하에서도 바로 그런 정교한 시스템 아래 '겨우' 보호되었다. 그때야말로 사람이 아니라 시스템의 장점들을 나는 느꼈다. 재입원해서 지루하게 끌어야 했던 와중에도 경제적인 이중고까지는 겪지 않아도 되었다는 말이다.

그러나 그것조차도 허술하다면? 의료진들의 무심함에서 빚어진 모든 과정들에 대한 짐은 결국 환자와 환자가족의 몫으로 부가될 수밖에 없었을 것이다. 실수와 방관과 적절한 조치들의 경계가 불분명할 뿐만 아니라 의학지식이 거의 전무한 환자와 가족은 언제나 상대적인 약자일 수밖에 없으니까.

의사도 인간이라서 그 수많은 환자들의 통증 호소 앞에 더듬이가 둔해질 수밖에 없는 데다 '돈'이 오가는 거래에 직접 의사의 의료행위가 개입되는 경우, 그건 상하기 쉬운 음식물들을 아무런 관심없이 상온에 방치하는 결과를 낳는다고 나는 생각한다. 부패가 가속될 수밖에 없는 구조가 아닐 수 없다고.

그런데도 그런 시스템을 대하는 사회구성원 대부분의 더듬이가 무심해서 무서운 시스템이 고쳐지지 않고 유지된다면? 혹은 자본 위주로 더욱 견고해진다면?

그리 낙관주의자가 아닌 나로서는, 의료진들이나 병원운영자들의 환자의 고통을 느끼는 더듬이는 그런 무관심 속에서 더욱 무뎌지고 난폭해지고 왜곡되어질 것이라 전망하지 않을 수 없다.

환자의 고통이나 소외 앞에 더듬이가 무심해질 수밖에 없는, 무심해도 되는 환경 앞에 나도 공범은 아닌지를 한번 생각해보자고, 2순위밖에 안되는 나, 그래서 이렇게 외롭게나마 외치고 있는 것이다.

취조당하는 엄마

　일찍부터 이민자들에게 문을 개방해온 미국의 영화나 소설을 보면, 우리 부모는 혹은 우리 조부모는 이민자였다, 이렇게 시작되는 것들이 심심찮게 있다. 이민자 신분이 아니던 시절엔 그냥 쓱 넘어가곤 했던 그 구절이, 이제사 그 글을 쓴 작가나 그 시나리오를 쓴 사람에게 어떤 의미를 가지는지 조금쯤 감정이입을 할 수 있을 것 같다.
　부모 혹은 조부모가 낯선 땅에 터를 잡고, 온 감각을 다 이용해 낯선 문화 속에서 살아남으려고 노력하는 모습과 한편으로는 고집스럽게 모국어와 옛음식과 문화로부터 자유로울 수 없어서 영원한 이방인인 채로 남겨지는 모습들이 그 자식 세대에 미치는 정서적인 영향은 무시할 수 없을 것이라는 생각이 든다.
　실수하고 허둥대고, 실수를 하지 않으려고 꽁꽁 굳어서 오히려 또 실수를 하는 부모. 그 앞에서 이젠 지각 능력이 있는 나이쯤 되는 아이들은 은폐되어 있던 비밀 하나를 발견해버린다. 아, 부모도 인간이구나.

애가 타서, 염증이 난 맹장이 결국 터지는 일이 없었으면 싶어서 의사들을 붙잡고 애원을 했을 때, 의사들은 마치 맹장염 따위로 사람이 죽지는 않는다는 태도로 일관했었다. 물론 죽지는 않았지만, 그 태도 때문에 죽을 만큼 고생을 하기도 했다. 그러나 나를 취조하던 한순간만큼은, 그들은 '진짜 의사'다웠기에 취조를 당했던 것에 대해서는 크게 불만이 없다.

다만, 아마도 나중에 휘가 이민 초기 시절을 기억할 때, 이민자였던 엄마가 가장 쩔쩔맸던 순간, 혹은 아주 복잡한 심사로 그런 엄마를 바라봐야했던 순간으로 꼽을 수 있는 몇 안되는 명장면이 아닐까 싶은 생각이 가끔 든다.

검사결과를 보고서도 선뜻 맹장염 판단이 나지 않자, 의사들은 다시 와서 내게 몇 가지를 물었다. 어제부터 휘가 먹은 모든 것들을 기억나는 대로 얘기해보라는 것이었다.

주식이 주로 밥이라고 했을 때는, 밥솥에 얼마나 오래 보관되어 있었던 것이냐, 혹은 냉장고에 보관했다가 덥혀서 먹인 것이냐까지를 시시콜콜 따지고 기록해나갔다. 그러나 그때까지만 해도 취조 분위기는 아니었다. 그런데 갑자기 전날 밤 휘가 배가 아프고 소화가 안되는 것 같다고 했을 때 먹인 환약 생각이 났다. 위기의 순간일수록 솔직해야 한다고 믿는, 솔직해야 더 큰 위기나 실수를 면할 수 있다고 믿는 나는 환약을 먹인 사실을 실토했다. 그러고는 분위기가 취조 형식으로 바뀐다.

―그 환약은 무슨 용도의, 어떤 성분의 것이냐?
"성분은 모르겠고, 소화가 안될 때 먹는 것이다."
―그 환약은 언제 갖춰두고 있었느냐? 혹 너희 가족이 이민 오던 지난해에 사가지고 온 것 아니냐? 시효는 확인했느냐?
"시효 확인은 안해봤지만, 지나진 않았을 것이라고 생각한다. 지난달 다녀가신 부모님이 남겨놓고 가신 것이다."
―부모님의 연세는? 부모님이 먹는 환약인데 어린아이가 먹어도 되는 것이냐? 그걸 확인했느냐?
"약병에 나이에 따라 먹는 알 수가 정해져 있어서 휘의 나이에 맞춰서 주었었다."
―휘는 뇌종양 환자다. 그런데 너는 원래도 휘에게 의사의 처방 없이 네 임의대로 약을 자주 주는 편인가?
"믿지 않을지 모르지만 어젯밤이 처음이었다. 감기약말고는."

정말 그랬다. 처음이었다. 그러나 초범이라고 그냥 넘어갈 태세가 아니었다. 취조를 하던 캐나다 의사가 어딘가로 보고를 하러 가더니, 이젠 또다른 의사 둘이 들어와서는 비슷한 질문들을 또 해대기 시작했다.
분위기는 이제, 내가 집에 가서 그 약병과 밥통 속의 밥까지 들고 와 확인시켜야 할 것처럼 흘러가고 있었다. 억울하지만 안되는 영어로 차근차근 설명을 해나가면서 휘를 쳐다보니, 배는 아프고 속도 상해서 어쩔 줄 모르는 표정이었다. 게다가 남편은 토론토 출장 중이어서 누군가에게 심부름을 시킬 수도 없는 상황이었지만, 휘를 혼자 놔두고 집에 다녀올 수는 없겠다는 생각이 들었다. 그리고 도 대체 그럴 필요가 느껴지지도 않았다. 요샛말로 그거야말로 오버하 다가 시간만 허비하는 격이라 생각됐다.

나는 두 사람 중 중국계 캐나다 의사에게 한문으로 그 환약의 이 름을 적어 보여주었다. 성분은 모르겠지만 이름은 기억한다면서. 다행히 중국계 캐나다 의사는 그 약을 알고 있었다. 아, 그 약. 그제 서야 그는 웃었고, 그의 부모님이 그 약을 드셨던 기억이 난다면서 제일 독한 취조관에게 무어라고 그 약에 대해 열심히 설명을 했다.

그제서야 취조는 끝이 났다. 의사들이 나가자 휘가 말했다. "다 행이야. 엄마가 집에 다녀올 필요 없어져서. 난 병원에 혼자 있기 싫어"라고.

나중에 보니, 아이를 데리고 온 부모에게 응급실에 오기 전 언제, 무슨 약을 먹었는지를 확인하는 건 기본이었다. 취조당하던 도중, 제일 매섭던 질문은, '너, 원래 아이에게 임의대로 약을 먹이곤 하 느냐'는 것이었다. 딱 한 번이었다고는 하지만, 맹장 때문에 배가 아픈 아이에게 소화제를 내 맘대로 준 것은 사실이니까.

그날의 그 취조 덕분에 약의 관리나 아픈 아이를 간호하는 엄마 로서의 자세 등에 대해 좀더 깊이 생각해볼 수 있었다.

어른들이야 내 몸 내가 알아서 하는데 무슨 말이 많냐고 하면 취 조 자체가 무색해지지만 아이인 경우는 좀 다르다. 관리를 잘못해 서 오는 책임이 부모에게 돌아온다. 그러나 그 책임이 두려워서가 아니라 약이라는 것에 대해서 다시 생각해볼 수 있어서 다행이었다. 세상에 완벽한 약은 없다. 각각 다른 부작용들이 있고, 게다가 우주와도 같은 오묘한 개인의 신체에 작용하는 방법도 다르기 때문에 쉽게 덜컥덜컥 먹거나 먹여서는 안되는 것임을 비로소 절감했다.

그런데 그렇게 한국에서 가져오지 않는 한, 밴쿠버에서는 슈퍼에서도 파는 약들 외에는 시스템상 구할 수조차 없다(이젠 우리나라도 그렇지요). 한번은 장기휴일인 줄도 모르고, 휘에게 꼭 필요한 호르몬제를 미리 준비하지 않아서 혼난 적이 있다. 문을 열고 있는 유일한 약국에 가서, 수석 약사에게 휘의 모든 병력을 이해시켜도, 휴일이 끝나는 대로 처방전을 갖다 주겠다고 해도 대답은 노, 였다.

결국 담당간호사에게 전화해 담당의사의 개인 전화번호를 알아냈고, 그가 그 약국으로 직접 전화를 한 끝에서야 약을 구할 수 있었다. 그 이후 약 재고와 요일을 점검하는 일을 꽤나 신경써서 하고 있다(실수로 배운다).

하루는 휘의 '고추'에(아직 미성년자이므로 유아적 표현을 하겠습니다) 염증이 생겼다. 하필 또 일요일이어서 응급실을 찾았다. 거기에는 의사도 약도 있으니까.

그런데 약을 내주는 대신 끓여서 적당히 식힌 물에 한 30분 정도씩 하루 세 번 앉아 있는 온수찜질을 하라고 했다. 그러는 게 약을 먹어서 낫는 것보다 나을 것이라고. 휘의 경우 약을 하나라도 덜 먹이는 게 좋다는 것이다.

물론 물통을 잘 소독하고, 물을 끓이고, 게다가 적당하게 식혀서 하루 세 번 찜질을 시키는 일에 비해 약을 먹어버리는 게 휘나 내게 더 편했을 것이다. 그러나 의사가 권한 그 구식의 방법으로 찜질을 하자, 퉁퉁 부어 있던 '고추'에 스며 있는 고름들이 서서히 빠져나왔고, 곧 정상으로 돌아왔다. 이틀 약 먹고 낫는 것에 비해, 3일쯤 고생을 해서 자연적으로 치유시키는 것이 더 좋다는 데는 이견이 없을 것이다.

약을 조각내는 일에 있어서 나는 거의 약사 수준을 자랑한다. 수술 혹은 방사선이나 항암치료 직후 약을 줄여나가는 과정에서 통째 먹이다 절반으로, 절반을 또 절반에 절반으로 잘라 먹여야 하기 때문이다.

처음 3일 동안은 5mg 한 알, 그 다음 일주일 동안은 아침과 저녁은 2.5mg 오후에는 5mg, 그 다음 일주일은 전부 2.5mg······. 매번 약 먹이기 전에 병원에서 내준 스케줄을 확인하고 작은 칼로 자르고 하다 보면 약을 자르는 수준만큼은 약사처럼 되지 않을 수 없는 것이다.

그렇게 약 한 달쯤 그 양을 미세하게 줄여나간 경우도 있다. 거의 간호하는 엄마의 인내력을 테스트하는 수준이다. 그러나 하도 많은 약들을 먹이다 보니 오히려, 왜 그런 주의가 필요한지를 이해할 수 있다. 어떤 호르몬제들의 경우, 하루가 다르게 휘를 변화시키기도 했으니까. 그냥 보통의 콩알만한 약 하나가.

취조를 당한 경험이 있는 나는 어린아이를 둔 친한 이웃에게 냉장고나 약품통 속의 약 버리기 운동을 벌였다. 과연 외국 나가서 아프면 곤란하다고 사 와서 묵혀둔 약들 중엔 시효가 지난 약들이 많더라고 했다.

  여기 와서, 심지어 취조까지 당해가면서 배운 의학지식 중에 가장 확실한 하나는 약을 덜 먹는 것, 안 먹어보고 버티는 것이야말로 때로 가장 좋은 약일 수 있다는 것이다.

우물을 들여다보다

그런 일은 순간적으로 발생하는 것 같습니다. 내가 그날 우연히 빈 터의 우물 뚜껑을 열었을 때 어둠이 들어차 있던 그 깊은 우물 속으로 빛이 새어들던 한순간처럼요.
―신경숙 소설 「우물을 들여다보다」 중에서

2차 항암치료까지를 마치고 결과를 기다리던 2001년의 여름과 가을, 내 심정은 세상과 담쌓고 그 안에서 내 마음속 깊은 우물, 어두운 우물, 한번도 제대로 들여다보지 않았던 무의식이라는 우물을 들여다보는 것 같은 그런 것이었다. 지금 무엇엔가 사로잡혀 자유롭지 않은데, 그 '무엇'이 무엇인지를 잘 모르겠어서 바짝바짝 여유를 잃어가는, 그런 상태였다.

그런 정신없는 와중에 나는 또 학교까지 다니고 있었다. 부모님이 오실 날짜에 맞춰 미리 등록해두었다. 발병초기 병원에서 준 한 책자의 첫줄은 이렇게 시작하고 있었다. "아이가 암환자 진단을 받았는가? 그렇다면 이제부터 부모인 당신은 그 아이의 변호사가 되어야 한다." 그 글을 읽을 때의 절망감이 아직도 기억난다. 영어를 잘 못해 의사나 간호사에게 아이 증세조차도 유창하게 설명해내지 못하는 변호사? 아이의 병명조차도 잘 못 알아먹는 변호사?

그래서 그동안 쉬고 있던 학교를 다시 다닐 결심을 했고, 부모님이 오셨고, 학교 다니는 내게 부모님은 휴대폰을 하나 사 들려주셨었다. 교실에서는 진동으로 바꿔놓았는데 행여 그걸 못 느낄까봐 몇 번씩 호주머니에 손을 넣어보면서 억지로 공부를 해나갔었다.

그날도 그렇게 겨우 세 시간 수업을 마치고 땀 흘리며 걸어서(버스파업중) 집에 와보니, 온 집 안에 밥 타는 냄새가 진동을 하고 있었다. 동생을 보러 미국에서 오신 이모와 엄마는 저 멀리 공원 나무 밑에 두 발을 뻗고 앉아 무슨 이야기인가를 나누고 계셨고, 아버지가 두 아이들과 놀면서 밥을 짓고 계셨던 것이다. 그런데 타는 냄새가 진동하고 그 두꺼운 압력밥솥 속에서 밥이 절반 이상 누렇게 타고 있어도 모르고 계셨다.

뒤늦게 불을 끄고 정리를 하고 있는데 엄마와 이모가 들어오셨다. 화가 치솟았다. 밥이 이게 다 뭐야. 어떻게 먹으라고. 나는 화도 나고 눈물도 나서 방에 들어가 펑펑 울었다. 그때 이모가 들어와서 그러셨다. "아가, 아가, 울지 마라. 울지 마라. 아가, 힘들어도 너무 울지 말아라. 그래야 이긴다, 아가." 표정이 아이 같은 이모가 느린 민요가락처럼 아가 아가 하면서 우는 나를 달래자, 금세 화도 슬픔도 좀 가시는 기분이 들었다.

　입이 써서 아무것도 못 드셨다는 이모는 그때 우리 집에 와서 예뻐하던 다섯째 여동생과 실컷 이야기를 하고, 무쳐드린 젓갈에 밥도 곧잘 드셨었다. 그러고는 미국으로 돌아가시자마자 다시 밥을 못 드신다고 했고, 암 진단을 받은 몇 개월 뒤 돌아가셨다. 그것이 마지막 여행이었던 것을 미리만 알았어도, 그깟 밥 하나 탄 것을 가지고 그리 속상해하지 않았을 텐데 싶으니 마음이 아픈 와중에도 운명의 서늘한 손길이 느껴졌었다.

　"그때 집에 오신 이모할머님이 돌아가셨대."

　"왜?"

　"암으로."

　그 여름과 가을, 2차 항암치료 결과를 기다리던 사이사이, 내 마음속 가장 깊고 시커먼 우물 저 안쪽에 자리잡은 두려움은 결국 죽음에의 공포였다. 그 공포는 그 깊은 우물에 내가 키워나가는 칭칭한 이끼 같은 것이기도 했고, 그런가 하면 또 누군가 첨벙 돌을 던져서 그 밑바닥을 들여다보도록 강요해서 발견돼지는 그런 것이기도 했다.

　"아는 사람도 갑자기 병원에서 위암진단을 받고 수술받았어요."

　"어머, 지금은 괜찮은가요?"

　"수술 끝나고 몇 달 뒤에 찍어봤는데, 깨끗하다고 수술 정말 잘 되었다고 참 좋아했었는데."

　"그런데 재발했나요?"

　그때쯤 나는 곁에서 책을 읽고 있는 휘의 안색을 살피고 있다.

"재발한 정도가 아니었지. 죽었어요, 금세."

문병 온 사람들이 전해주는 암과 관련한 이웃, 친지, 부모, 형제 이야기들 속에서 죽음은 공기처럼 흔하게 떠돌았다. 나중에는 어른 문병객이 오면 요령껏 휘가 다른 곳에 가서 책을 읽을 수 있게 배려를 해야 했을 정도로.

먹여보면 좋을 음식들에 대한 정보들, 받아보면 좋을 처치들, 그런 이야기들을 전하는 사람들 목소리에 묻어나는 암에 대한 공포감은 전염성도 강해보였다. 이곳 밴쿠버에서는 구하기도 힘든 것들을 먹여보라고, 이리도 해보라고 저리도 해보라고 권하는 이야기들을 듣고 돌아서면 나도 모르게 가슴이 두근거리고는 했었다.

하지만 애써 피해도 또 마주쳤다. 일주일에 스무 권쯤의 동화책을 빌리다 보면, 때로는 그냥 그림만 살피는 경우가 있다. 그런 책 속에 가끔가끔 주인공이, 등장인물이 암으로 세상을 떠나곤 했다. 그런 내용인 줄도 모르고 신나게 읽어주다가 결국 지뢰를 발견하면 목소리가 변하지 않게 노력하는 것으로 지뢰를 피해 지나갈 수밖에 없다.

친구가 보내준 한아름의 동화책들을 정리해나가는데, 표지가 확 눈에 들어오는 책이 있었다. 민둥머리를 하고서 병원 침대에 누워 있는 아이. 내용을 살피니 아니다다를까, 백혈병으로 세상을 떠난 친구 이야기다. 다행히 휘가 학교 가고 없어서 주인도 몰래 다른 집으로 빼돌렸었다.

"그런데 암에 걸리면 다 죽는 거야? 뇌종양도 암이야?"

드디어 하루는 휘가 그렇게 물어왔다. 아, 이 아이의 마음속에도 우물 하나가 있구나. 그냥 한번 해보는 질문인 척 쓱 던져보는 휘에게서 나는 내 마음속의 그 깊은 우물을 다시 보았다.

그날 나는 휘와 참 많은 이야기를 해보았다. 암환자 가족을 위한 책에 요약된, 치료가 끝난 이후나 치료와 치료 사이에 환자 본인이나 가족이 느끼는 공포와 그림자에 대해 기록한 부분을 함께 읽어보기도 했다. 그리고 휘가 앓고 있는 뇌종양에 대해 서술해놓은 부분을 정확히 읽어주었다. 이런저런 문제점들이 있지만, 그래서 장기적인 의학적 관리가 필요하지만, 생존률이 높다는 대목을.

그렇게 한번 함께 이야기하고, 또 그때그때 필요하면 몇 번씩 휘와 이야기를 해나가는 과정은, 껌껌한 우물 속을 들여다보고 비쳐보고 극복해가는 과정이었다. 첫 수술 마치고 의기소침해 있을 때 신경외과 닥터인 스타인벅이 해준 말을 휘는 참 좋아한다. 그 즈음 숙제도 제대로 못하고 시험도 엉망으로 쳐서 시무룩해 있는 나를 의젓하게 위로할 때도 그 말을 인용했을 정도로.

"희망은 기적을 만든다."

의식하건 못하건 삶이라는 밝은 쪽의 뒷면, 삶에 등을 바로 대고 있는 뒷면은 죽음이다. 암환자에게만 그런 것은 아니다. 내일 일을 예언할 재간이 없는 사람 모두에게 동일한 조건이다.

깊은 우물 속을 들여다보고 들여다보면서 내가 내린 결론은 바로 그것이다. 휘와 내게만 유독 더 가혹한 조건은 아니라는 것. 그렇게 몇 번쯤 우물을 들여다보는 작업을 해나가면서 공포라는 등짐을 많이 내려놓고 보니 생명이 장엄하게 느껴졌다. 발 아래 풀 한 포기마저도, 정원에 새로 봉우리를 터뜨린 꽃 한 송이마저도 다 장엄했다.

냉이꽃, 그 작은 점 같은 꽃 몇 송이를 바라보기 위해서 다리 아프게 쪼그리고 앉아 있을 만큼 나는 변해갔다. 온 세상이 모두 살아 있음을 노래하고 있는 것처럼 보였다.

새벽에 창문 머리맡에 와 놀다 가는 새들의 그 노랫소리가 위대하게 들렸다. 그래서 한참 누워서 그 소릴 듣다가 벌떡 일어나 아침 일을 시작하면서 콧노래를 부르고 있는 나를 발견하기도 한다.

죽음의 공포에 너무 납작하게 눌려보았던, 가장 귀한 것과 헤어질 수도 있다는 슬픔에 오래 짓눌려보았던 내가 택한, 허풍스럽다 싶은 나만의 생존법이었을 것이다.

한 생명의 장엄함. 병을 이겨내려고, 그 하기 싫은 것을 해야 나을 수 있다고 믿고 사투를 벌이는, '휘'라는 한 생명의 장엄함은 눈부셨고, 그 눈부신 빛은 내 습한 곳을 많이 제거해주었다.

내가 생명을 고치는 일이 돈으로 오염되어가는 것을, 돈으로 거래되는 사실을 무섭고도 끔찍하게 느끼게 된 것도 바로 그런 까닭이다. 고쳐만 놓으면 마치 새로 태어난 사람 모양 환하게 살아갈 생명들, 생명이나 온전한 몸을 당연한 것처럼 생각하는 사람들의 무지를 자각시켜주면서 더 빛나게 살아갈 그런 생명들을 방치하지 말았으면 하는 마음에서이다.

신의 대리인인 의사들과 과학의 단 열매라고 할 수 있는 첨단의 의료기계들과 정교한 시스템, 그리고 사람들의 마음을 모아 어린 소아암, 난치병 어린이들의 꺼져가는 여린 불길을 후후 조심스럽게 불어서 되살리는 사회, 나는 한국이 그런 사회이기를 희망한다. 그리고 또 나는 희망은 기적을 만든다는 말을 믿는다.

최고급 이기주의자들

오늘도 내가 남보다 불행하다고 생각하는 사람들은
지금 당장 서울 지하철 교대역으로 가보십시오.
찬 먼지바람을 맞으며 김밥을 다 먹고
차례대로 구파발행 전동차에 몸을 싣는
더듬더듬 흰 지팡이를 두드리며 하모니카를 다시 부는
하모니카를 불다가 그대로 외로운 하모니카가 되어버리는
위안의 성자
그들을 찾아가 큰 위안을 얻으십시오.
―정호승 시 「서울의 성자」 중에서

친척 중에 봉천동 산꼭대기에 사시는 분이 있었다. 어머니와 함께 김치를 담가 그곳을 찾아가는 날이면 난 화장실 찾을 일 없게끔 미리 준비를 단단히 하곤 했다. 마을 입구의 공중화장실까지 내려갔다가 올라오는 일이 장난이 아니었기 때문이다. 게다가 그 화장실 내부도.

어둡고 좁은 방에서 두런두런 이야기를 나누는 어른들을 뒤로하고 산동네를 돌다 보면, 정말로 거의 모든 집 앞의 스티로폼 상자 속에 상추, 고추, 파 등속이 푸릇푸릇 자라고 있었다. 땅이 아니어서 유난히 더 여리게 자라는 그 이파리의 연약함, 그럼에도 기죽지 않은 그 강건함이 주인네들의 서울에서의 삶인 양 느껴지곤 했었다. 그래서 그렇게 그 산동네를 큰맘 먹고 한번씩 따라갔다 오고 나면 한 며칠은 불평없이 살아지곤 했었다.

내가 누리는 행복을 가장 손쉽게 확인하는 방법이 있다. 그래도 이 정도 사는 게 어디야 하면서 가슴을 쓸어내릴 수 있는 가장 확실한 방법. 더 낮은 곳으로 눈만 돌리면 된다. 왜 네 개밖에 다섯 개밖에 없을까 마음이 들끓을 때는, 한 개 두 개밖에 못 갖고 더 쩔쩔매는 사람을 그냥 한번 바라보는 것만으로도 위안을 얻을 수 있다. 그 확실한 방법 앞에서는 인간적, 비인간적을 따질 것 없다.

어느 누군가가 미국 생활 몇 년을 정리하는 글에다 이런 내용을 썼던 기억이 난다. '총기사고, 마약, 인종갈등, 얼핏 보면 망할 것 같은 미국을 버티게 하는 힘은 자원봉사자들로부터 나온다.' 글쎄, 미국을 한번도 가보지 않았고 가볼 일도 없을 것 같은 사람으로서 확인해볼 기회는 없었지만, 참 그럴듯한 말이라는 생각이 든다.

말로는 쉽지만 좀더 정교한 복지정책이나 그때그때 어려운 사람들의 눈물을 훔쳐주는 시스템은 돈이 많이 든다는 결정적인 단점이 있다. 관리가 조금만 부실하면 여기저기 돈 샐 구멍이 너무 많은 체제란 결국 비경제적인 체제일 수밖에 없다. 좀더 경제적인 체제로 바꾸고 싶은 유혹을 느낄 수밖에 없다. 그럼에도 그런 사회가 유지될 수 있도록, 여기저기 돈이 새어나가기 쉬운 구멍들을 메워나가는 데 자원봉사자들은 그야말로 다양한 방면에서 눈부시게 활약을 한다.

나에게는 병원이나 도서관, 미술관, 자주 다녔던 반듀센 정원 등에서 자원봉사자를 가려내는 나만의 기준이 있다. 물론 병원 같은 곳이야 금방 표가 나지만 그 외의 장소들에선 그곳에서 일하는 사람들 중에 가장 표정이 빛나는 사람, 그 일을 하는 게 제일 즐거워 보이는 사람을 찾으면 바로 그가 자원봉사자인 경우가 참 많다.

은퇴한 후 많은 시간을 병원에서 보내시던 자원봉사자 할아버지 한 분은 먼저 암병동을 한 바퀴 돌면서 아이들 한 명 한 명에게 마술시범을 보인다. 한 3일쯤 입원하면 새로운 볼거리가 없어서 되풀이해서 봐야 하는, 그다지 손동작이 날렵하지 못해 앗, 탄성을 좀 질러주고 싶어도 배시시 웃음만 나오는 그런 마술을.

그런데도 휘는 바로 그 점, 동전을 어떻게 귀 뒤에서 끄집어내는지, 가장 긴 끈과 가장 짧은 끈을 어떻게 찾을 수 있는지, 그리고 한꺼번에 한 줄로 어떻게 이어붙이는지를 다 알려주는 바로 그 점이 그 자원봉사자 할아버지 마술의 멋이라고 했다.

그러나 그 할아버지가 정말 잘하는 것은 우는 아이 달래기였다. 아픈 아이들을 놓아두고 일터로 가야 하는 젊은 혹은 가난한 부부들의 아이를 보호자와 교대하기 전까지 봐주는 일이 그 할아버지의 원래 임무다. 휠체어에 태워서 옥상에도 데려가주고, 산책도 시켜주고, 우는 어린아이는 팔에 꼭 안고 하염없이 복도를 왔다갔다해서 기어코 달래고야 마신다.

아이 둘을 길러봐서 나는 안다. 그렇게 아이를 팔에 안고 복도를 왔다갔다하는 일이 얼마나 팔 떨어지고 허리 아픈 일인지를. 그런 일을 머리가 허연 할아버지가 빙긋빙긋 웃어가면서 하시곤 했다. 바로 그럴 때, 그분의 그 행복한 표정이야 말로 최고급 이기주의자의 그것이다. 세상이 어떻게 돌아가든지 말든지, 그래서 분통이 터지든지 말든지, 나는 그저 지금 내가 가장 하고 싶은 일을 하겠다고 작정한 그런 순도 높은 이기주의의 발현.

봉사라는 말에서 풍기는 느낌은 내가 너를 돕겠다라는, 누가 누군가를 위해 손 내밀어주는 그런 관계를 얼핏 연상시킨다. 그러나 수많은 자원봉사자들을 만나본 내 견해는 조금 다르다. 봉사자와 그의 봉사를 받는 이 사이는 상하관계가 아니라 평등의 관계임을 자주 느꼈다. 도움을 주고 대신 행복을 얻는, 도움을 받으면서 또한 행복해지는 그런 관계.

한 친구가 읽고 소개해준 이기론에 의하면 인간의 모든 행동, 심지어는 마더 데레사의 숭고한 봉사조차도 결국 인간 내부의 이기적인 유전자에 의해서 행해지는 것이라고 한다. 말하자면 자신이 행복하지 않으면, 자신에게 얻어지는 것이 전혀 없다면 그런 봉사가 그리 오랫동안 진실되게 이루어질 수는 없다는 것이다.

자원봉사자들을 그 누구보다 많이 만나본 그리 자랑스럽지 못한 입장에서 나는 그 이기론을 쉽게 이해할 수 있었다. 내가 만난 자원봉사자들 중에, 잊을 수 없는 모든 사람들은 그 일을 하는 행복감이 온몸으로 환하게 배어나오곤 했다. 대리보호자 자원봉사일을 하면서 빈 시간에 어설픈 마술 시범을 보여주러 병동을 돌아다니는 그 할아버지처럼.

　암병동에서 즉석으로 벌어지곤 하는 무료 공연들, 기타를 치고 바이올린을 연주하고 노래를 부르는 사람들의 표정들을 나는 내 무딘 손끝으로 제대로 그려낼 수가 없다. 환하게 웃으면서 몸을 흔들면서 노래하고 악기를 연주하는 그들의 얼굴은 등불처럼 밝았다, 정도로밖에는. 하루 온종일 주사로 항암제를 투여받아야 하는 아이들과 카드게임, 종이접기, 그림그리기를 함께 해주는 젊은이들 역시 마찬가지다. 가만 보면 아이들만큼 나이 차별이 심한 이들도 없다. 아이들은 젊은 오빠, 삼촌, 이모들을 참 좋아한다. 그래서 마술하는 할아버지보다는 와서 카드게임, 오락게임을 해주는 그들과 아주 쉽게 친구가 된다.

　저녁 무렵에 함께 놀았던 그 어린 친구를 병실에 두고 기다리는 애인이나 친구 곁으로 걸어나갈 때 그들의 표정은 아름답다. 아마도 그를 맞이한 애인이나 친구들도 눈치채지 않았을까? 연인의, 친구의 얼굴이 더욱더 순하고도 밝아졌다는 것을.

　내가 라디오에서 흘러나오는 음악에 귀를 기울이는 눈치면 슬쩍 소리를 키워주던 자원봉사 운전사. 내가 찾는 책을 거짓말 좀 보태서 한 시간 가량 함께 찾아봐주다가 결국 못 찾았을 때, 내 이름과 전화번호를 받아적어놓고 나중에 찾았다면서 제 일처럼 기뻐하면서 전화를 걸어주었던, 아동병원의 환자가족을 위한 도서관 자원봉사자 아주머니. 넓은 반듀센 정원의 외진 모퉁이, 지나다니는 사람도 거의 없는 곳의 빈터에 무엇인가를 열심히 심던 자원봉사자 할머니와 할아버지.

그들은 누가 뭐래도 자기 하고 싶은 일, 자기 손길이 필요한 일, 그래서 하고 나면 보람을 느끼지 않을 수 없는 일을 하는 그야말로 최고급 수준의 이기주의자들이었다. 그들의 얼굴을 보면 알 수 있다. 행복한 고집쟁이들 같은 그 표정들이 서로들 닮아 있다는 것을.

한번은 방사선 치료를 받고 자원봉사자 차를 타고 돌아오는데, 뒤차가 연신 빵빵댔다. 필요 이상으로 앞에서 거북이 운전을 한다는 불만의 표시였다. 맞았다. 우리 차의 자원봉사 운전자는 이제 막 방사선 치료를 받고 나온, 그래서 가만 있어도 속이 불편한 아이를 위해 조심스럽게 운전을 하고 계셨다. 그래서 그런 차 양쪽에는 크게 캔서 소사이어티에서 운영하는 자원봉사차량이라고 쓰여 있다. 그걸 보면 대부분의 차들은 양쪽으로 슬슬 피해서 추월해간다. 그런데 그날 그 젊은이들은 유난스럽게 빵빵거렸다. 그러나 이기주의자인 자원봉사자 운전자는 끄떡없었다. 뒤돌아다보면서, "헤이, 친구, 기분은 괜찮은가" 휘에게 그렇게 묻고 윙크를 해주었을 뿐.

그때 나는 또하나 배웠다. 세상에는 방사선 치료를 받는 소아암 어린이를 위해 운전해주는 일을 별 생색내지 않고 고요히 해나가는 사람과 그런 사람 뒤에서 차 빨리 안 뺀다고 빵빵거리는 사람, 그런 두 종류의 사람이 있다는 것을.

하고 싶은 일만 하면서 살 수 없다는 속설을 우리는 너무도 쉽게 믿어버리거나, 최선을 다하지 못한 것을 은폐하는 덮개로 너무 자주 사용하지는 않는가. 마술, 마임, 합창, 악기연주, 정원가꾸기, 책 속에 파묻혀 일하기 같은 것을 돈 한푼 안 받고도 신나게 해치우는 그런 사람들과 만나게 되면서부터 가끔 나는 그런 생각을 하게 되었다.

자아실현을 외치면서 이제 막 아이들로부터 자유로워진 주부들을 상대로 호객하는 수많은 문화센터들의 그 수많은 과목들. 돈도 벌고 명예도 얻고 의미도 있어야 하는 자아실현의 길은 참 멀고도 험하구나 싶어진다. 아무리 이기적으로 따져봐도 위안받기에는 돈도 세월도 많이 드는 것 같다.

그냥 평소 잘하는 것, 어느 보육원 가서 아이들 목욕시키고 빨래해주고 반찬 만들어주는 일을 하는 것에는 자아실현이라는 거창한 말이 가당치도 않다는 말인가.

잘 모르겠지만 그저 이기적으로 따져보자고 이야기하고 싶다. 당장 제 몸 하나 못 씻어서 남의 손을 빌려야 하는 아이를 씻겨서 뽀얗게 분 발라서 새옷 갈아입혀주고 돌아와 성한 내 집 아이를 보면, 바로 거기에 내 파랑새가 있음을 확인할 수 있지 않을까?

이런 쉽게 행복해지는 길이 있음을, 이런 이기적인 행복들을 성취할 수 있는 길이 정말로 다양하게 놓여 있음을, 이기적으로 행복해질 수 있음을 나는 말하고 싶다. 말뿐만 아니라 시간이 좀더 규칙적으로 주어지면 행동으로도 옮겨보고 싶다.

내 이기심이 시키는, 정말 해보고 싶은 일은 도서관 자원봉사다. 한번은 도서관 자원봉사자를 모집하는 사이트를 뒤져본 적도 있다. 기본 다섯 시간 정도를 규칙적으로 일해야 하는데, 대가는 휴식시간의 차 한 잔과 왕복 버스표였다. 내 마음 내키는 시간에 내 마음 내키는 대로 할 수도 없으면서 고작 마실 것 한 잔과 버스표. 그럼에도 나는 도서관 책 더미를 정리하고, 누군가가 부탁하는 책들도 뒤적뒤적 찾아봐주고 싶다. 내가 즐겨 찾는 도서관의 누군가처럼 내가 빌린 책을 들춰보면서, "아, 이 책 정말 재밌어" 혹은 "어, 이 작가의 책이 새로 나왔네. 나도 이 사람 참 좋아해" 말 걸어가면서 즐기고 싶다.

그런데 내게는 최소한 일주일에 한 번, 규칙적으로 낼 수 있는 다섯 시간이 아직 허용되지 않는다. 누군가에게는 '지루하게 되풀이되는 일상'이 누군가에게는 되찾고 싶은 '견고한 일상'일 수 있다. 조금 거창하게 말하자면 이것이 인생이다.

내 모자를 벗긴 점자

독일에서 공부를 하고 있는 '외국인'인 내 친구가 주기적으로 찾아가야 하는 곳, 그런데 별로 가고 싶지 않은 한 곳인 '외국인청'에서 있었던 일이다.

친구가 다음 순서를 기다리면서 앉아 있는 동안 외국인청의 담당 공무원과 폴란드 노동자는 계속 한 가지 문제로 시간을 끌고 있었다. 그 폴란드 노동자가 문제 없이 계속 일을 하려면 어떤 사람이 외국인청으로 편지를 보냈어야 했는데, 그리고 폴란드 남자는 분명 그가 그 편지를 보냈다는 말을 들었는데, 공무원은 그런 편지를 받은 적이 없다는 실랑이였다.

보냈다는 말을 들은 폴란드 노동자와 그런 편지를 받은 적이 없다는 공무원. 그 공무원의 확인이 절대적으로 필요한 폴란드 노동자야 당연히 좀더 간절하게, 같은 이야기를 또 하고 또 할 수밖에 없다. 뒤에서 기다리면서 그 둘을 바라보던 친구조차도 나중에는 그냥 그 공무원이 서랍을 한번만 더 열어보고, 편지들을 다시 한번 더 확인했으면 싶을 정도였다고 한다.

그러나 대신 그 공무원은 같은 말을 되풀이하는 그 폴란드 남자에게 아주 '모욕감을 느낀다는 듯이'(그 친구의 표현을 그대로 옮깁니다) "당신, 그 편지를 보낸 사람은 남자고 나는 여자라고 지금 내 말도 안 믿고 나도 안 믿는 것이냐"고 화를 냈다. 전혀 예상하지 않았던 공무원의 대답에 폴란드 남자는 좀 멍해져서, 그건 아니라고, 아니라고 하면서 그 자리를 떠났단다. 친구는 그 둘의 모습을 보면서 다시 한번, '개인에게 민감한 차별 부위'에 대해서 생각을 해보았다고 한다.

독일 사는 친구의 그 이야기를 들으면서 나는 아, 그 공무원도 '모자족'이구나 생각했었다. 휘가 점자를 배워나가는 과정을 보면서, 특히 읽기 숙제 같은 경우 일정한 시간에 몇 페이지를 읽어나갔는지, 또 어떤 단어를 잘못 읽어냈는지를 곁에서 보고 점검해주고 사인을 해주면서 내가 얻은 가장 큰 수확은 모자를 벗고 세상을 보는 시간이 좀더 늘었다는 것이다.

읽기 숙제를 하기 위해 점자책을 펴고, 휘가 고요히 두 손을 책장 위에 얹어 읽어나가는 풍경은, 언제나 느끼는 것이지만 참 맑다. 물론 그 맑음에는 가끔 슬픔이라는 티가 끼곤 하지만.

휘는 읽어나갈 페이지 위에 두 손을 얹은 다음 오른손은 한 문장이 시작되는 첫 줄에 놓아두고 왼손 검지손가락을 살금살금 문질러가면서 글자 한자 한자를 더해 단어를 만들어나가고 그 단어들을 연결해 문장을 만들어 천천히 읽어나간다. 유난히 가늘고 긴 휘의 손가락들이 그렇게 찬찬히 글자들을 만져나가는 모습은 가끔 어떤 악기를 연주하는 느낌마저 준다. 내게는 전혀 알 수 없는 악보들을 만져서 그 안에 들어 있는 음들을 솔솔 뽑아내는 것만 같다.

지금은 두통 때문에 완전한 집중이 필요한 점자읽기는 잠시 쉬고 있지만, 휘가 그렇게 매일 느릿느릿 점자책을 읽어나가고 그 곁에서 나는 시간을 재던 때에 참 생각들이 많았던 기억이 난다.

그 중에 가장 대표적인 것이 바로 모자에 대한 생각이다. 휘가 아프고 난 뒤, 순간순간 모자를 뒤집어쓰고 모자 아래 그 좁혀진 시야 속에 갇혀 안절부절했었다는 생각을 많이 했었다.

뇌종양과 그에 따른 장애, 그 중에서도 겉으로 표시 안 나는 뇌종양보다는 표시가 나는 장애 쪽에 온통 신경이 곤두서 있었다는 것, 내 '성한' 아이가 저 지경이 되다니, 무의식중에는 자주 그렇게 탄식하고 있었다는 것을 시인해야 했다.

엄마인 내가 그 정도니 가족이나 친지, 이웃들의 반응이야 말할 것도 없다. 좀더 근원적인 큰 문제보다는 늘 "눈이 더 좋아졌느냐" "마비는 좀더 풀렸느냐" "걷는 데 불편함이 있느냐" 등을 물어온다. 방사선 치료 때 심한 두통을 막아주는 호르몬제 때문에 휘는 날마다 찐빵처럼 부풀어 올랐었다. 그 약의 부작용이 그랬다. 어깨와 배 부분과 목 주변의 비만. 매일 풍선처럼 부풀어오르는 자신의 모습에 휘는 잔뜩 신경이 곤두서 있는데 보는 사람들마다 그랬다. 수술했다더니 살도 찌고 건강해졌다고.

물론 그냥 인사말이지만 휘는 그 말에 상처를 받곤 했다. 항암치료를 받는 아이들 모두가 겪는 일이 아닐까 싶다. 대부분의 아이들은 독한 치료로 머리가 벗겨지고 강한 약 때문에 얼굴과 몸이 통통 부어올라 있다. 예전보다 살이 쪄서 건강해보인다는 말은, 표면만을 바라본 이들이 쉽게 하는 대표적인 오해이다.

그런데 점자를 읽어나가는 사이, 그 느린 글자해독법을 곁에서 지켜보면서, 나는 조금씩 마음을 고쳐먹고는 했다. 겉모습을, 표면만을 그것도 재빨리 읽어내는 바람에 오히려 근원적인 것을 놓치지 말자고. 문제의 문제, 그 문제의 더 깊은 뿌리를 모자 같은 것 쓰지 말고 오해 없이 넓게 바라보는 연습을 하면서 살아도 삶은 오해의 연속일지 모른다고(그런데 지금도 걸핏하면 금방 모자를 뒤집어쏩니다).

여성, 장애인, 빈민, 노동자. 이들은 남성, 정상인, 부유층, 지식인들보다 상대적으로 더 많은 장애물들이 설치된 세상을 살아나가야 한다. 그러다 보니 많은 장애물들을 피해 가는 데만 골몰하다 자칫 '모자족'이 되기 쉽다. 장애물을 피하는 데 많은 시간을 낭비해야 하는 것만도 힘든데, 바로 그 점이 편협한 사고를 갖게 만들어버린다니, 이거야말로 곱으로 억울한 경우인 셈이다.

쓰다보니 거창해지는 것 같지만 나는 이 거대한 자본과 물질 위주의 발전 속에서 인간이란 결국 '소외공동체'일 수밖에 없다고 생각한다.

그런데 소외공동체 중에서도 더욱 소외된 이들이 서로 모자를 꾹 눌러쓰고, 결국 비슷한 다른 이에게 화풀이를 해대는 슬픈 현장은 전세계에 널리고도 널렸다.

'여자라고 나를 무시해?'라고 말한 독일의 공무원은 사실 폴란드에서 온 외국인 노동자에게는 상대적인 강자다. 가난이 이제 거의 세습되는 지경에 이르른 오늘날, 가난한 육체노동자 남자는 남자대로 술 한잔 먹고 같은 노동자끼리, 혹은 포장마차 여주인이나, 아내, 아이들에게 분노를 풀 것이다. 모자를 쓰고 있어서 제대로 볼 수 없지만, 그러는 자신이 상대적인 강자라는 사실을 모른 채 말이다.

　남의 나라에서 살다 보면, 가끔 '무시'를 당한다. 가만 보면 병원이나 검사실 같은 곳에서는 그런 느낌을 덜 받는다. 오히려 패스트푸드점이나 대형슈퍼에서 가장 싼 일당을 받으면서 일하는 이들이 그들보다 더 약자처럼 보이는 어눌한 초보 이민자를 가끔 대놓고 무시하곤 한다.

　상대적으로 가난한 구동독 출신 청년들이나 빈민들 중에 신나치족들이 더 많은 것, 그런데 더 큰 문제는 건드릴 생각도 안하고 일자리가 줄어든다는 이유로 더 약자인 외국노동자들만 내치는 것, 일자리 없으면 기혼 여자들이 1순위 감원 대상인 것은 생각해볼 문제다.

　결국 저 위 닿을 수 없는 피라미드의 꼭대기, 부의 흐름과 사회구조를 좌지우지하는 상위 몇 퍼센트가 만들어낸 부조리 때문에 하위 구조들이 서로 반목하고 경쟁하면서 살아가는 꼴이 되어버린다. 거대한 '음모' 같다는 느낌마저 든다.

　그러나 그런 모순에 굴복하지 않는 길은 결국 그럴수록 모자를 벗고 그로 인해 벌어지는 모든 차별에 힘 빠지게 분노하지 않고 대신 더 냉정하고 현명하게 대처하는, 참으로 실천하기 어려운 단 한

가지 방법밖에는 없다고 나는 생각한다.

가게에서 날 무시하는 인도계 점원아가씨에게 이제 나는 가식이 아닌 진정한 연민의 웃음을 보낼 수 있다. '너도 모자를 좀 벗으면 편할 텐데' 생각하면서. 대신 한번 병원에서, 이유없이 대처가 늦었을 때, 경로를 밟아 따져서 당사자의 사과를 받아낼 수 있었다.

어느 날 동생이 보내준 한국영화를 보는데, '병신' '병신 같은 것들'이란 말이 몇 번 나왔다. 글쎄, 예전 같으면 욕하는 분위기를 살리기 위한 대사라고 생각했을 텐데, 이젠 그 말이 귀에 콕 박힌다. 아, '병신'이라는 어떤 특정집단을 지칭하는 말이 욕으로도 사용되곤 했었고, 여전히 사용되고 있구나 생각했다. 그러고는 모자를 벗고 기꺼이 농담으로 받아들였다. 적어도 휘에게 적용될 욕 하나는 줄었구만. 병신, 혹은 병신 같은 것은 정상인에게 말하면 욕이지만, 휘에게는 이제 욕이 아니구나, 그렇게 생각해버렸다.

이제부터 '병신'이라는 욕을 하지 맙시다, 라고 내가 외친다고 해서 그 욕이 어느 날 갑자기 사라지지 않는다는 것을 나는 알고 있다. 모자를 벗고 보면 그쯤은 보인다. 대신 후천적인 질병이나 사고로 장애가가 되는 사람이 전 장애인의 70퍼센트라고, 당신이나 당신의 가족이 어느 날 장애인이 될 수도 있다고, 그런데도 세상을 이렇게 내버려둘 것이냐고, 의료시스템을 이렇게 방치할 것이냐고 협박(?)을 해보는 것은 필요한 작업이라고 나는 생각한다. 그래서 나의 시위는 이렇게 지겹도록 계속되고 있다.

물론 나는 안다. 여기 다리가 필요하다고 수백 명이 몇 년에 걸쳐 외치고 또 외치는 중에 희생자들이 속출해서야 겨우 돌멩이 한 두

개가 던져지곤 하는 게 강자 위주 세상의 법칙이라는 것을. 그러나 그렇게 툭툭 하나씩 던져진 돌멩이들을 모아서 다리를 만들어낸 사람들이 많다는 것 또한 나는 안다. 세상의 모든 다리들이 그렇게 놓였다는 것도.

고요한 밤, 무서운 밤

다람쥐 먹이인 알밤 몇 톨 도토리 몇 개
으름 다래가 들려진 손들을 보며
나는 인간 생명의 안타까움을 읽는다.
산을 오르는 일로 하늘에 한발짝 다가서지 못하고
내려오는 길에도 이파리 떨굴 땅을 찾지 못하는
낯선 사람들의 가을 갑사.
―주용일 시「사람들은 이파리 떨구지 못한다」중에서

2001년 가을이 깊어가면서 휘의 두통과 메슥거리는 현상이 좀더 심각해졌다. 결국 10월 22일 CT스캔과 혈액검사를 했다. 수없이 했어도 휘는 CT스캔과 MRI기계의 그 좁다란 통으로 머리를 집어넣는 일과 혈액검사를 정말 싫어한다. 그 싫어하는 일을 한꺼번에 다

해야 하는 날은 아침부터 얼굴이 흐려 있을 정도다. 그런 휘의 곁을 지키느라 검사실 안에 들어가 있는데, 유리벽 너머로 담당의사가 신경외과로 전화를 거는 것이 보인다. 아, 또 종양이 자랐구나. 그런 예상은 어찌 그리 빗나가는 법도 없는지.

이틀 뒤, 정밀 혈액검사를 다시 했다. 종양이 시신경뿐만 아니라 뇌하수체까지도 압박하고 있는지를 알아보기 위해 무려 여섯 가지 검사가 더 추가되었다.

대수술을 감행할 것인가, 마지막 한번 더 항암치료를 해볼 것인가. 종양학 의사인 휴켄은 혈액검사 결과 뇌하수체에는 아무런 영향이 없으니 다시 한번 더 항암치료를 해보자고 했다. 그래서 10월 29일부터 11월 19일까지, 그들 표현대로 '마지막 항암치료'를 받았다. 머리 위에 천을 덮고 고이는 액을 뽑아가면서, 주사기로 약을 투입해나갔다.

다시 긴 기다림. 겨울이 오면서 거리가 온통 크리스마스 장식들로 반짝거렸다. 집 앞 대형 쇼핑몰에 트리 장식이 세워지고, 아르바이트 산타 할아버지 앞에 아이들을 데리고 나온 부모들이 길게 줄을 서기도 했다. 아이들이 받고 싶은 선물을 산타의 귀에 말하고, 즉석 사진을 찍고, 그런 다음 부모들은 산타로부터 그 아이가 받고 싶은 선물을 전해듣고 뒷돈을 치르는 그런 눈 가리고 아웅 하기 같은 행사들. 휘와 나는 병원 가는 버스를 타러 가자면 지나쳐야 할 그 행사장 앞을 무심하게 쓱쓱 지나쳐 가곤 했다.

그리고 바로 그즈음 잊기 힘든 두 풍경과 마주쳤다. 나무들의 학살 현장, 나무들의 고문 현장.

대형 슈퍼마켓 앞 빈터에 휘의 키만한, 이등변 삼각형으로 반듯하게 키운 나무들이 발목께를 뚝뚝 절단당한 채 켜켜이 쌓여 있었다. 처음엔 인조나무겠거니 생각했다. 그런데 다가가 보니 멀쩡하게 살아 있는 나무들이었다. 발목께가 깨끗하게 절단되어 거기 놓여 있는 그 나무들이 며칠 전까지는 땅에 뿌리를 박고 있던 나무들이었다는 사실을 깨닫는 순간의 한기, 무서움은 참으로 강력한 것이었다. 맙소사, 단지 며칠간의 눈요기를 위해서 이렇게나 많은 나무들이 학살되어야 하다니. 이 지구는 인간들만을 위한 것인가. 어딘가에 대고 묻고 싶었다. 따지고 싶었다.

밴쿠버의 매장들에서, 캐나다 곳곳에서 그리고 전세계의 잘사는 나라 어디에서나 그런 식으로 나무들이 베어지고 있을 것을 상상해 보니 끔찍했다. 실제로 크리스마스가 끝나고 나면 집 앞 공원 한켠에는 이미 잎이 노랗게 마른 침엽수들이 희끗희끗한 솜뭉치를 매단 채로 버려져 있곤 했다.

자식을 키우는 부모들은 자기 아이들의 즐거움과 행복을 위해 할 수 있는 모든 것을 해주려 한다. 백화점 아르바이트 산타 앞에 함께 긴 줄을 서서 이번에 아이가 갖고 싶어하는 크리스마스 선물이 무엇인지를 알아내고 싶어하고, 푸른 빛이 생생한 산 나무를 사다가 반짝이는 장식을 한다.

그런데 이제 모든 신경이 생명으로 집중된 내게는 얼핏 소박해 보이는 그 즐거움의 그늘이 보인다. 인간의 소박한 즐거움만을 위해 나무가 심어지고 키워지고 결국 잘려진다는 그 사실이 무서웠다. 그리고 싱싱한 나무를 사다가 장식을 해서 한 며칠 아이들 눈을 즐겁게 해준 뒤 미련없이 버리는 그런 사랑의 맹목도 무서웠다.

그러나 24일, 크리스마스 이브를 조용히 지내던 우리 가족도 결국 집 근처의 반듀센 정원을 찾았다. 빛의 축제가 열린다고 가족회원권을 가진 우리에게 정기간행물이 왔었고, 휘가 그것을 보고 싶어했었다.

저녁을 먹고 슬슬 가봤더니 이미 주차장에는 차 댈 곳이 없었다. 정원 담장 너머로도 벌써 환한 불빛들이 새어나와 주변을 은성한 축제의 밤으로 변화시켜놓고 있었다.

입구를 통과해 들어가면서 두 아이들이 아! 탄성을 내질렀다. 정원 넓은 뜰이 온통 불빛의 바다였다. 게다가 그 불빛의 바다는 음악에 맞춰 춤추고 있었다.

휘가 그랬다. 정말 아름답다고, 오늘 밤 여기 오길 정말 잘했다고. 그런 두 아이를 눈썰매 장식 앞에 세워놓고 사진을 찍으면서 나는 또 끔찍한 모습을 본다. 어둠과 불빛에 가려져 있는 전선들. 게다가 눈썰매 모습을 만들어내기 위해 나뭇가지들을 이리저리 필요한 모양대로 비틀어놓고 있었다.

갑자기 두려워져서 나는 주변을 한번 더 찬찬히 돌아다본다. 사람들이 오가는 길 양쪽 나무들 전체를 수십 가지 빛깔의 환한 등불처럼 꾸미기 위해 온 나무 전체를 꼬마전구가 달린 전선으로 친친 동여매야 했다는 것을 비로소 발견한다. 그리고 음악에 맞춰 그 불빛들이 춤추게 하기 위해서는 전기를 켰다 껐다 조절해나가야 한다는 것도.

스피커에서 크리스마스 캐럴들이 나오면 그 불빛 아래를 걷던 아이들과 어른들이 하나가 되어 한 무리씩 작은 합창대처럼 노래를 부르는, 마주치는 사람들마다 서로 함빡 웃어보이는 그 자리에서 갑자기 나는 쓸쓸해졌다. 오늘 태어난 예수는 이런 축하를, 살아 있는 생명체를 비틀고 전깃줄로 친친 감아가면서 하는 축하를 절대 좋아하지 않으리라고 외치고 싶어졌다.

갈수록 그런 풍경을 발견해내는 내 눈은 병적이리만큼 예민해져 갔다. 인간의 사소한 욕망을 위해 다른 인간이나 자연이 희생당하는 현장들은 잠깐만 고개를 돌리면 어느 곳에서나 발견할 수 있다는 걸 알아차렸다.

그런데 참 이상하다. 좋은 시스템을 모방하는 데 걸리는 시간은 너무도 느린데, 나쁜 유행은 순식간에 전세계로 퍼진다. 처음 캐나다에 왔을 때 종이컵이나 스티로폼 컵에 커피를 담아 마시는 것이 참 이상했다. 심지어 커피숍 의자에 앉아서 마시는 사람들조차도 그런 잔에다 마시고 있었다.

일회용 그릇들의 사용이 한국에 비해 엄청나다는 느낌이 들었었다. 슈퍼의 일회용품 판매대에는 참으로 다양한 물품들, 한번 쓰고 버리기 아까운 것들이 마구 팔리고 있었다. 이런 것들이 바로 선진의 그늘인가 싶었다.

그런데 딱 1년 뒤, 한국에도 종이컵에 커피를 담아 파는 커피 전문점이 들어섰다고 하고, 값도 만만치 않은데 성업중이라는 소식을 들었다.

딱 한번 사용하고 버리기에는 너무 튼실하고 아까운 종이컵들이 전세계 어디서나 마구 버려지고 있다. 커피숍의 입장에서는 사람을 고용해서 잔을 닦고 소독해 쓰는 것보다는 그게 더 싸다고 한다. 결국 경제적인가 아닌가만이 문제의 전부인 세상이 되어버렸다.

요즘 이곳에서 방송되는 광고가 있다. 두 아이와 남편이 즐겁게 카드게임을 하고, 주부는 인상쓴 채 그들을 흘낏흘낏 쳐다보면서 설거지를 하고 있다. 다음 일회용 접시로 바꾼 주부. 그런데 너무 부실한 일회용접시라 버리려던 음식 찌꺼기들이 흘러내려서 옷과 바닥을 더럽힌다. 이제 그런 보통의 종이접시 위에 튼튼한 코팅을 한, 무늬도 어여쁘게 들어간 제품 등장. 그 광고의 마지막 장면은 그 튼튼한 일회용 접시 덕분에 드디어 온가족 모두가 즐겁게 카드게임을 하는 것이다.

며칠 전 손님이 오면서 두 아이들을 위해 그렇게나 오매불망하는 '한국과자'들을 좀 사왔다. 그 중 얄팍한 쿠키는 입질 두 번에 아이들 뱃속으로 사라졌지만 한 개 한 개 낱개 포장을 하는 데 쓰였던 은색 비닐포장지들은 수북하게 남아 결국 쓰레기통으로 들어갔다. 암과 싸우는 아이를 둔 엄마로서 나는 그런 쓰레기들이 무섭다.

나는 15년 넘게 일을 하면서 수많은 사람들을 만나 취재를 했었다. 박사, 교수, 정치인, 예술가. 그런데 그 많은 사람 중에 제일 기억에 오래 남은 사람은 한 유기농 벼농사를 짓는 농부였다. 그분은 그냥 평범한 농사꾼이었다. 그런데 어느 날 늘 하던 대로 농약을 치고 있던 중 갑자기 바람의 방향이 바뀌었다. 그래도 그분은 그날치 끝내야 할 논배미가 많이 남아서 그냥 계속 일을 하다 쓰러지고 말았다. 입에 거품을 뿜어내고 토하면서. 그때 그분은 농약이 얼마나 독한 것인가를 새삼 깨달았고, 그뒤부터 곧바로 농약 안 치고 농사

짓는 일에 매달려 우리나라 유기농 벼농사의 선구자가 되었다.

단 한번 농약을 치다 쓰러진 그 경험으로 당장 농약을 끊어버린 후의 지난한 세월들. 다른 사람이 열 가마 수확할 때 한 가마를 수확해야 했던 세월들을 이겨낸 것도 물론 훌륭하게 느껴졌다. 그러나 그것보다는, 아, 이게 아니다 이건 틀렸다라고 느끼는 순간, 가던 길을 바꾸어버리는 결단을 나는 더 존경했고, 지금도 그러하다. 깨닫기는 쉽다. 하루에도 몇 번을 깨닫고 새로운 결심을 수없이 할 수도 있다. 그러나 단 한 번에 그 깨달음으로 삶의 형태를 바꾸기란 얼마나 어려운가.

휘가 뇌종양이 아니었으면, 항암치료 방사선치료를 숱하게 받느라 암병동들을 열심히 드나들지 않았더라면 아직도 나는 랩이며 알루미늄 호일들을 사용했을 것이다. 식탁에 네모난 고급 화장지통을 놔두고 아무렇지도 않게 톡톡 꺼냈을 테고, 종이컵에 든 커피를 '멋있게' 사 마셨을지도 모르겠다. 그러나 이제는 그런 것들을 무서워하게 되었다. 적어도 암은 생태맹이던 나를 아주 조금은 변화시켜 놓았다. 비정상 세포, 비정상인 기후, 비정상인 자연재해들은 어쩌면 우리 인간들의 이상번식하는 비대하고 번쩍이는 욕망들에 뿌리를 대고 자라고 있는지도 모른다고 생각하게 되었다(별로 새로울 것 없는 주장이지만, 그래서 귀에 못이 박혔다라는 느낌도 들겠지만 그래도 씁니다).

2001년 그날, 그 무섭게 번쩍이는 크리스마스 이브에, 우리 가족은 정원 한켠에 그나마 조촐하게 마련된 기원의 자리를 발견했다. 작은 촛불 하나 밝히고 소원을 비는 자리. 잠깐 그 앞에 머물렀다가 집으로 돌아오는 길에 둘째 휘가 말했다.
"나, 엄마랑 형이랑 우리 가족이 모두 무슨 소원을 빌었는지 맞출 수 있어."
"그래 뭔데?"
"형아 빨리 낫게 해달라고, 건강하게 해달라고 했겠지 뭐."
그래, 네 말이 맞다.

어쩌다 보니 그렇게 돼서

나더러 어디 있었냐고 묻는다면
"어쩌다 보니 그렇게 돼서"라고 말할밖에 없다.
돌들로 어두워진 땅이라든가
살아흐르느라고 스스로를 망가뜨린 강에 대해 말할밖에:
나는 다만 새들이 잃어버린 것들에 대해 알고,
우리 뒤에 멀리 있는 바다에 대해, 또는 울고 있는 내
누이에 대해서만 알고 있다.
―파블로 네루다 시 「망각은 없다」 중에서

예전엔 무심히 읽었던 시구가 어느 날은 가슴을 후빈다. '살아흐르느라고 스스로를 망가뜨린 강' 어느 날 네루다 시집에서 이 구절을 읽는데 마음이 파도쳤다. 어느 누군가의 생애든 그렇지 않을까.

반듀센 정원에서 발견한 새모이와(왼쪽) 새싹

그래도 끊임없이 흐르기는 할 거야, 죽음의 바다를 향해서.

2002년 새해 겨울. 버스가 다닌 후부터 나는 예전에 다니던 밴쿠버 커뮤니티 컬리지의 야간반을 다니고 있다. 하루종일 물건들을 정리하고 오거나 수업을 마친 뒤에 피자가게로 가서 밤새 반죽을 해대야 하는, 그렇지만 야심만만한 젊은 이민자, 난민들과 함께 공부했다. 그들은 대개 회계사나 간호사 등 전문직종을 갖고 싶어했다. 쉬는 시간이면 자신들의 그런 멋진 꿈 한 필을 주르륵 펼쳐보인 다음 그들은 내게 묻곤 했다. 너의 꿈은 무엇이냐고? 왜 공부를 하느냐고? 병원 다니면서 내 아이의 변호사 노릇 잘하려고 다닌다는 말은 못하겠어서 나는 늘 애매하게 웃으면서 넘어가곤 했다.

그 시절, 나는 늘 달려야 했다. 일을 마치고 돌아오는 남편과 교대하자마자 지각을 하지 않기 위해 달렸고, 수업이 끝나고는 밤 9시 40분에 시청 앞까지 달려가서 정확히 그 시간에 오는 집에 가는 버스를 타기 위해 달렸다.

하루는 수업이 좀 늦게 끝나 마음을 졸이며 시청 앞에 도착했는데, 저 멀리 타야 할 버스가 보였다. 다행히 이제 막 횡단보도의 신호등도 푸른빛으로 바뀌었다. 그러나 횡단보도까지 걸어가다 보면 너무 늦을 것 같아서 나는 멈춤 신호를 받고 속도를 줄이는 차들 사이로 곡예를 하면서 넓은 6차선 도로를 질주했다. '미친 짓이야' 마음속으로는 이렇게 중얼거리면서도, 타야 할 차가 슬금슬금 움직이려 하자 더 속도를 내다 나는 기어이 호되게 넘어지고 말았다.

두꺼운 청바지와 그 안에 챙겨입은 얇은 스타킹이 차가운 콘크리트 바닥에 긁혀 순식간에 찢어지고, 마치 큰 붓에 빨간 물감을 묻혀서 쓱 한번 내리 그어놓은 듯 무릎께 붉은 상처가 드러났다. 그 아린 상처에서 금세 몽울몽울 배어나오는 피를 보면서 어린아이처럼 울고만 싶었다. 그렇지만 그런 내 기세에 놀라 운전수는 차를 세우고 나를 기다려주고 있었고, 차 안의 사람들이 일제히 나를 내려다보고 있으니 맘대로 울 수도 없는 일이었다. 저만치 내팽개쳐진 배낭을 주워들고 버스에 올랐다.

그 버스를 타면 10시에, 다음 버스를 타면 10시 20분에 집에 도착하는데, 그 20분에 목숨을 걸고 6차선 혼잡한 차도를 넘고 달렸다는 게 어이없을 뿐 무릎 정도 다치고 만 것이 천만다행이다 싶었다.

밤에 수업을 마치고 돌아가보면 둘째는 잠들어 있기 일쑤였지만, 휘는 늘 책을 읽으면서 이 엄마를 기다리고 있었다. 아마 그래서 그렇게 20분 단축에 모든 것을 걸고 달렸었는지도.

그 시기를 생각하면 늘 쫓기고 있었다는 느낌뿐이다. 다음 CT스캔을 기다리고, 그 결과를 기다리고, 마지막 항암치료를 끝내고, 그 결과를 기다리면서.

그러나 2002년 1월의 끄트머리에 결국 지금까지의 모든 항암치료는 아무런 소용이 없었던 것으로 밝혀지고 말았다. 그렇게 될지도 모르겠다는, 그러지 않고서야 저리 잦은 두통과 눈의 압력이 되풀이될 수는 없을 것이라는 불길한 예감이 아마 그 시절 나를 달리게 하고, 초조하게 했던 모양이다.

항암치료의 결과를 알아보기 위해 CT스캔을 찍던 날, 검사실 안에서 보니 다시 검사실 의사가 어딘가로 전화를 걸었고, 신경외과 의사가 내려와 컴퓨터 화면을 함께 들여다보고 있었다.

그날 마침내 확률 50퍼센트의 항암치료는 실패했다는, 더이상 시도를 하는 건 의미가 없을 것이라는 이야기를 전해들었다. 그리고 그 어느 때보다도 커져 있다는 종양에서 액을 빼내기 위해 휘는 다시 좁다란 방에 얼굴을 가린 채로 누웠다.

큰 주사기 세 개를 교대해가면서 빼낸 종양액은 38밀리리터. 평소 누르스름한 빛이 이젠 적포도주 색깔로 변해 있다. 액을 빼내어 실험실로 보내기 전, 38밀리리터인지 39밀리리터인지 정밀하게 점검하는 의사 곁에서 나는 또 상상 속으로 풍선을 만들어본다. 38밀리미터의 액이 든 종양덩어리라니. 그 정도 크기라면 좁고 정교한 뇌 속이 아니라 몸의 어디에 있어도 끔찍하다는 생각에 진저리를 쳤다.

며칠 내로 다음 치료방법과 일정 등을 알려주겠다는 말만 듣고 병원문을 나서는데, 온 식구가 모두 조용했다. 얼굴을 가린 천 아래서 다른 때보다 더 오래 견뎌야 했던 휘의 얼굴에는 눈물자국이 아직도 남아 있었다. 그럴 때, 서로의 얼굴을 바라보기가 힘들 때, 바로 또 좁은 집으로 돌아가야 하는 게 힘들어서였을 것이다. 오랜만에 폭설이 내려 가로수 가지들이 축축 처져 있는 거리를 지나서 병원과 집 사이에 있는 반뒤센 정원을 다시 찾았다. 결과가 좋았다면 쌓인 눈 어디쯤에 아이들을 세워놓고 사진이라도 찍어주려고 카메라까지 챙겨가지고 나왔던 것이 생각이 나서.

텅 비어 있을 줄 알았던 주차장에는 몇 대의 차들이 세워져 있었다. 들어가보니 나뭇가지마다 쌓인 눈꽃들을 찍는 사람들, 눈밭을 산책하는 사람들이 간간이 눈에 띄었다.

차 안의 침묵이 좀 답답했을 둘째는 사람들 오가는 길만 겨우 치워놓은 넓은 겨울 정원의 아무도 밟지 않은 눈밭 속을 강아지처럼 뛰어다니기 시작했다. 춥고 마른 얼굴로 내 손만 꼭 잡고 있던 휘, 얼핏 걱정이 많은 어른 같은 표정을 짓고 있던 휘도 곧 동생의 장난에 말려들어 그 뒤를 쫓기 시작했다.

느릿느릿 정원을 산책하던 노부부가 그런 아이들에게 손을 흔들어주면서 지나갔다. 상한 마음이야 저 안에 감춰져 있으니 우리들은 그 눈 덮인 겨울 정원의 낭만에 취한 정다운 일가족이었다.

신발 가득 눈이 들어가 발발 떠는 아이들을 데리고 정원을 나서려는 마음은 여전히 시려운데, 바로 그때 발 아래 씨들이 한 움큼 놓여 있는 것을 발견했다. 해바라기씨부터 자잘한 좁쌀까지. 자세히 보니 정원을 관리하는 누군가가 먹이를 찾기 힘든 겨울을 나는 새들을 위해 군데군데 그렇게 한 줌씩의 모이를 놓아둔 듯했다. 겨울 눈 속에 새들이 모이를 찾기가 힘들겠구나. 각각 크기도 다른 그 씨앗들을 바라보는데 어쩐지 마음이 좀 녹아내리는 기분이었다. 그래서 좀더 느긋한 마음으로 공원들을 바라보았을 것이다. 그때 한 겹 두꺼운 눈밭을 뚫고 선 여린 새싹들을 보았다. 한겨울 속에 봄이 있다는 말이, 절망 속에 희망이 있다는 말이 사실이라고 온몸으로 증언하면서 새싹들은 당당하게 견디고 있었다. 그래 아직 슬퍼할 때가 아니야. 이 장거리 경주의 초반부를 겨우 지나쳤을 뿐.

그 겨울, 눈 덮인 정원의 새모이나 새싹이 내가 얻은 위로와 어떤 상관관계였는지는 설명하기 좀 어렵다. 그냥, 그것들을 스쳐지나 정원입구 쪽으로 걸어나오는데 마음이 좀 정돈되더라는 정도이다. 게다가 아이들을 세워놓고 사진을 찍었던 그 눈썰매 모양으로 비틀려 있던 나뭇가지들을 살펴보니 그 한 달 새, 누군가가 전선들을 모두 치워놓았다.

3차 항암치료조차도 아무런 소용이 없다는 소식을 들은 날, 그 어느 때보다도 더 많은 종양의 액을 빼낸 날, 이젠 결국 대수술을 받을 수밖에 없음을 확인한 그날, 정원을 들어갈 때의 심정은 참담하고도 거칠었다.

그러나 새모이가 드문드문 놓인, 누군가가 참 살뜰하게 겨우 두 사람이 나란히 지나갈 수 있을 만큼만 치워둔 그 길을 따라 나오는 사이, 적어도 거친 마음만은 좀 가라앉는 기분이었다. 게다가 '희망의 싹'도 보았다.

그날을 시작으로 새로운 일들이 계속되었다. 할 수 있는 일이라고는, 몸과 마음을 다치면서라도 역류는 할 수 없으니 그저 강물 속에 솟아 있는 바윗돌들을 껴안고 흐를 수밖에 없었던 나날. '어쩌다 보니 그렇게 돼서'라고 대답할 수밖에 없었던 그런 나날들이.

그런데 참 신기한 일이다. 그때마다 내 앞에는 늘 그날의 한 움큼의 새모이나 새싹 같은 것들이 놓여 있곤 했다. '이걸 보아라. 그리고 네 마음의 파도를 다스려라' 하는 상징들. 그래서 지난 한해는 내내 나에겐 겨울이었다가 봄, 봄이었다가 겨울, 이 두 계절만이 무수히 교차하는 시기이기도 했다.

흐름을 바꾸기

우리에게 당면한 문제를 극복하게 해주는 마법의 해답은 없다.
기적의 방법도 없다. 단지 다음과 같이 잘 알려진 것들이 있을 뿐이다.
이해를 위한 정직한 탐색, 교육 및 조직, 가해자에 대한 국가 폭력의 비용을 높이거나 제도 변화의 기초를 놓는 행동, 그리고 포기에의 유혹과 수많은 실패 및 제한적인 성공에도 불구하고 더 나은 미래에의 희망에 의해 고무되어 지속될 그러한 종류의 확고한 책임감이 그것이다.
—촘스키 『흐름을 바꾸기』 맺음말 중에서

봄이 왔고, 집 앞 공원에는 차례대로 봄꽃들이 피었다가 지고 또 피어나기 시작한다. 그 아름다운 계절에 그러나 휘의 종양에 액이 고이는 빈도가 조금씩 조금씩 잦아지기 시작한다.

결국 나는 야간학교를 그만두고, 대신 주말 오전부터 오후까지 여섯 시간을 몰아서 공부하는 과정을 택해야 했다. 그 반의 평균 연령은 다행히 높았다. 일주일 내내 일터에서 노동을 한 이들이 이틀 쉬는 날 중의 하루를 투자해서 공부를 하고 있었다. 이제 내 옆자리에는 이탈리아에서 이민 온 남자미용사가 앉아서 쉬는 시간마다, "너, 머리를 좀 꾸며보면 더 예쁠 텐데. 인상이 차가우니까 머리에다 컬을 좀 넣어보면 참 좋겠는데." 진담 반 농담을 건네곤 했다. 아무렇게나 자란 머리를 그냥 노란 고무밴드로 질끈 묶은 내 머리 모양은, 머리손질이 업인 친구에게는 직업에 대한 모욕 같은 것이었는지도 모르겠다. 그래서 맨날 곁에 앉아서 머리 스타일에 대한 공짜 조언을 끝없이 늘어놓고는 했다.

수업 중에 간간이 휴대폰을 확인해야 하는 날들이 이어졌다. 머리에 액이 괴는 속도가 빨라져서, 이전에 한 달에 한 번 액을 빼는 작업을 어느덧 3주에 한 번, 2주에 한 번씩 하게 되었다. 그 날짜들을 기록하고 증세들을 기록하고 책을 뒤적거려서 확인해보느라 바쁜 나날들이 계속되었다.

휘의 증세를 살피고 전문서적들을 구해 읽는 일이 일상이던 그때 문득문득 휘의 병세를 몰라 애태우던 때가 떠오르곤 했다.

이민을 오면서 책장 속의 책들 중에 읽을 만한 책들은 지인들에게 나눠주고, 나머지 엄청난 책묶음들은 고향집 창고에 넣어두었다. 줄이 그어져 있거나 표시가 되어 있거나 몇 마디 토를 달아놓은 책들이라 선뜻 버려지지 않아서.

그렇지만 망설이면서 최소한의 몇 권을 추려내야 했을 때, 제일 먼저 챙긴 책은 아이들이 아플 때 어떻게 해야 하는지, 그 증세와 응급처치법과 의사들의 진료방법까지 제법 상세하게 다루어놓은 책이었다. 그 책을 선배로부터 선물받고 난 후에는, 아이가 아플 때 늘 그 책을 뒤적거려봤었고 그때까지만 해도 참 잘 만들어진 좋은 책이라고 생각했었다.

휘가 아프기 시작하고 홈닥터가 감기다, 독감이다 말을 바꿀 때, 정말 몇 번이나 그 책을 샅샅이 뒤적거려봤는지 모른다. 어디에도 해당되는 증세가 안 보였다. 그러다가 휘가 온몸이 찰떡처럼 무겁다던 날, 그래서 깊이 잠들지 못하던 날 밤, 제일 비슷한 병을 찾아냈었다. 백혈병. 책에 보니 꾹 눌러보면 피부가 아주 서서히 본래 모습으로 돌아온다고 되어 있어서, 겨우 잠든 아이의 허벅지께를 손으로 꾹꾹 눌러보기도 했다. 눌러도 금세 흔적이 지워져서 백혈병은 아니라고 마음을 놓았었는데.

나중에 보니 그 책에는 뇌종양이란 항목 자체가 없었다. 병원에 비치되어 무료로 배포되는 『비시헬스 가이드』라는 책과 그 책을 비교해서 살펴보며 나는 그제서야 내가 한국에서부터 고이 모셔온 책의 어떤 부분들이 문제인지 발견할 수 있었다.

빳빳한 고급지에 불필요한 원색사진들이 너무 많이 들어가 있고 (주로 어여쁜 아이들 사진), 서울 시내 소아과 전화번호들이며 자문 의사들 이름까지 들어간 그 책은 각 질병의 이름들을 ㄱㄴㄷ 순서대로 실어놓고 있었다. 말하자면 그 질병의 이름을 모르면 나처럼 그 책 전체를 몇 번씩이나 뒤적거려야 한다. 그러다 보니 그 수백 가지 질병을 다 실을 수가 없었고, 결국 발병률이 낮은 질병들은 제외되었다. 그 중에 뇌종양도.

이곳 비시주의 건강협회에서 발행한 헬스가이드는 각각 신체부위별로 발생하는 질병들이나 사고들을 기술해놓고 있었다. 그래서 내가 만약 그 당시 휘의 경우 가장 심했던 두통을 찾으면, 두통이 발생할 수 있는 모든 상황들이 기술되어 있고, 게다가 가장 중요한 점은 두통 중에도 응급에 해당하는 경우, 즉 바로 병원을 찾아야 하는 경우를 늘 그 해당항목의 가장 잘 보이는 곳에 박스처리를 해서 설명해놓고 있었다.

두통이 잦고 목이 아프면 즉시 응급실을 찾으라고, 이러이러한 병들의 증세가 바로 그것이라고 박스 안에 뇌종양에 대해 설명되어 있는 그 책을 읽으면서 나는 시신경이 죽어가는 그 아까운 몇 주를 정보 부족으로 허비해버렸다는 사실을 다시 한번 확인해야 했다.

그 이후로는 영어가 좀 모자라도 식구들에게 뭔가 탈이 났다 싶으면 나는 언제나 원색의 화보라고는 한 장도 들어 있지 않은, 질 낮은 재생지를 이용해 무료배포한 그 책부터 먼저 찾아 읽어보곤 했다.

주민들이 많이 안 아파야, 그리고 아프더라도 초기에 금세 발견해서 치료를 해야만 간신히 유지되는 이곳의 의료시스템 때문에 그런 정교하고 중요한 정보를 담은 책들이 만들어지고, 계속 보완되어가면서 무료로 배포될 수 있는 것이다.

암이나 난치병들을 하루라도 빨리 발견해 그 비용을 줄여야 하는 주체가 누구냐에 따라 의료환경은 이렇게도 달라진다. 캐나다라고 해서 항암제 값이 한국보다 싸지는 않다. 비싸기 때문에 환자가족의 부담을 덜어주는 시스템과 비싼 것들은 당연히 환자가족이 부담해야 한다는 시스템 중, 과연 어느것이 더 합리적이고 인간적인 것인지 우리는 좀더 신중하게 생각해볼 필요가 있지 않을까?

건강과 관련된 의료서적조차도, 질 좋은 종이, 화보 등 외적인 면만 신경쓰느라 내용은 그다지 신경쓰지 못한 채로 출판되는 그런 한국 의료환경의 악순환의 고리는 바로 의료시스템의 비합리, 비인간적인 부분을 보다 많은 사람들이 자각해야만 끊을 수 있을 것이라고 나는 생각한다.

친구들에게 부탁해도 모국어로 된 일반인이 읽을 만한 뇌종양 관련 서적이 없어서(출판했다가는 딱 망하게 되어 있으니 당연한 일) 나는 결국 모든 책들을 원서로 읽어야 하는 이중고까지 겪어야 했다.

그러다가 결국 5월 10일로 휘의 수술 날짜가 잡혔다. 스타인벅은 휘와 나를 앉혀놓고 어떻게 수술을 할 것인지를 자세히 설명해주었다. 주로 휘에게 눈을 맞추고.

왼쪽 귀 뒤에서부터 이마 정중앙까지를 자르고 그 안에 네모난 창문을 낸 다음, 종양을 들어올려서 제거할 수 있는 모든 부분을 제거하겠다고 했다. 이전에 설치했던 레자브와도 그때 함께 제거할 것이라고.

그리고 역시 친절하게도 그 수술 뒤에 나타날 수 있는 온갖가지 부작용에 대해서도 다 설명한 뒤 스타인벅이 질문이 있냐고 물었을 때 휘도 나도 고개를 저었다. 더 물어볼 말도 없었다. 아니 할말이 없었다는 게 더 옳을 것이다. 종양을 떼어내는 와중에 벌어질 수 있는 그 온갖가지 부작용들—전신마비, 언어능력 혹은 기억능력 상실, 완전실명 등 — 중에 한 가지 혹은 복합적인 피해들이 발생할 수 있다는데 그 앞에 무엇을 더 물어보라는 것인지.

수술을 앞둔 어느 날, 학교에서 돌아오는 길에 나는 집에서 몇 정거장 전에 있는 성당 앞에 내렸다. 그 자리에 교회나 절, 어떤 사원이 있었어도 아마 나는 같은 행동을 했을 것 같다. 그냥 내려서 누군가에게 빌고 싶은 마음뿐이었다. 그런데 주말이라 문이 꼭꼭 잠겨 있어서 그 세모난 작은 성당 안으로는 들어가지도 못했다. 나는 아마 영화나 소설을 너무 많이 읽은 모양이라고 쓰게 웃을 수밖에 없었다. 고통을 안고 찾아가 문을 열면 스르륵 문이 열리고, 저쪽 어딘가에서는 촛불이 타오르고 있고, 그 고요한 중에 머리를 조아리고 있으면 누군가 그곳을 지키는 이가 나타나고, 그러면 나는 '나를 위해, 휘를 위해 기도를 해달라'고 부탁을 하는 그런 시나리오가 들어 있었는지도 모른다. 그런데 문이 꽁꽁 닫혀 있다니. 그럴 때 보면 영화나 소설보다 현실이 언제나 더 현실적이다(너무 당연한 말인가요?).

꼭꼭 닫힌 문들을 이리저리 밀어보고 뒷문이라도 열렸나 하고 뒤로 돌아가 보다가 나는 그 뒤뜰에서 두 손을 내밀고 온화하게 웃고 있는 마리아상을 발견했다. 여느 성당에서나 평범하게 볼 수 있는 그런 성모상이었다.

누군가 그 앞에 상아색 치자화분을 놓아둔 것이 보였다. 치자꽃의 알큰한 향기를 맡아보기 위해 나는 그 마리아상 바로 앞에까지 바싹 다가갔다. 그리고 치자꽃에 코를 대려는 순간에 발견했다. 뱀한 마리. 세상에 그 온화한 미소를 짓는 마리아님이 제법 실한 뱀의 머리를 한 발로 지그시 밟고 계시는 것 아닌가.

조금 멍한 기분이었다. 아니 정신이 번쩍 드는 것도 같았다. 보아라, 이걸 보아라 하는 소리가 또 들리는 듯했다. 너의 마음속에, 우리들 마음속에 다 이런 욕망의 뱀들, 고통과 지옥의 뱀들이 있나니 그걸 너의 의지로 지그시 눌러 밟고, 미소를 지으며 살아가거라.

성당 뒤뜰에서 뱀을 밟고 선 마리아상을 바라보다가 치자꽃 향기도 맡아보고, 잘 손질된 뒤뜰 작은 정원의 꽃들도 좀 바라보다가 나는 집까지 천천히 걸어갔다. 마음 한켠이 허허롭기도 했으나, 조금쯤 더 담대해진 느낌도 들었었다.

발밑 뱀의 그 독오른 대가리를 지그시 밟고서 웃고 있는 마리아상 앞에 치자꽃 대신 두려움을 좀 벗어놓고와서였을까?

지금 이 순간

마음은 언제나 '지금 이 순간'을 부정하고 거기서 탈출하려 합니다. 다시 말하자면 마음과 자신을 동일시하면 할수록 우리는 더 많은 고통을 받게 됩니다. 이렇게 정리할 수도 있을 것입니다. 지금 이 순간을 있는 그대로 받아들이고 존중하면 할수록 우리는 고통과 번뇌로부터, 에고의 마음으로부터 자유로워진다고.
―에크하르트 톨레 『지금 이 순간을 살아라』 중에서

2002년 5월 10일의 일기는 딱 한 줄이다. '여덟 시간 반의 대수술.' 그 당시에는 아마도 그 한 줄밖에 쓸 수 없었을 것이다.

아침 7시까지는 수술대기실로 가야 해서 그날 새벽 6시부터 온 집안에 불이 환하게 켜졌다. 나는 둘째의 등교 준비와 이웃집에 데려다 줄 채비를 하고, 아이들 아버지는 어제 약국에서 산 특별 바이러스 방지 비누로 간호사가 일러준 대로, 휘의 머리를 두 번 감기고 샤워를 시켰다. 샤워를 마치고 나온 아이들이란 얼마나 어여쁜가. 휘는 발간 볼과 촉촉해진 피부를 하고 욕실에서 나왔다. 그런 휘에게 미리 준비해둔 옷을 입히고 금식이라 물 한잔도 먹이지 못한 채 바로 병원으로 직행했다.

병원까지 우리를 데려다주고 수술 대기실로 휘와 나를 들여보내주고는 남편은 바로 일을 하러 떠났다. 다행히 휘는 아빠에게 웃음을 지어보이고 손까지 흔들어주었다.

대수술이라서 여느 대기실과 다르다. 맞은편 침대에는 심장수술을 받을 창백한 소녀가 곰인형을 꼭 껴안고서 부모와 함께 기다리고 있다. 물론 휘의 손에도 병원에 올 때만은 늘 데리고 다니는 하얀 곰인형 하나가 꼭 쥐어져 있다. 둘 다 춥고 까칠한 표정이어서 안쓰러웠다. 얇은 병원 가운 때문만은 아니었을 것이다. 두 아이 모두 두려움 때문에 크게 숨도 제대로 못 쉬는 것처럼 느껴졌다. 다른 아이들은 이제 막 학교 가려고 이불 속을 벗어날 그 시간에 이 아이들은 새벽에 창백한 형광등 불빛 아래에서 두려워하며 누워 있었다.

간호사가 물었다. 수술실까지, 휘가 마취되기 전까지 곁에 있겠냐고. 물론 그러겠다고 대답했다. 그 순간에 휘가 좋아서 희미하게 웃었다.

먼저 심장수술을 받을 소녀의 침대가 어디론가 옮겨졌다. 맙소사, 억지로라도 부모랑 이야기를 나누면서 의연한 척하던 소녀가 큰소리로 울기 시작한다. 휘와 나는 묵묵히 그 울음소리를 듣고 있어야 했다. 한 5분쯤 뒤, 가운을 갈아입기 위해 다시 그곳으로 온 소녀의 부모가 서로 부둥켜안고 그제서야 꺼이꺼이 운다. 간호사가 와서 우리 침대 주위로 커튼을 쳐주어야 했을 만큼.

 그리고 휘의 차례. 휘 역시 침대가 옮겨지는 순간부터 펑펑 운다. 수술실 앞에서 침대가 멈추고, 마취담당 의사가 휘를 안아 일으키려 하자 이젠 완강하게 거부했다. "노, 노." 아마도 내가 계속 자기 이름을 부르고 있는 것조차도 모르는 듯, 내가 자기를 어루만지고 있다는 것도 모르는 듯, 휘는 그렇게 패닉상태에 빠졌다. 그리고 그런 휘를 스태프 중 누군가가 반은 안고서 팔에 마취주사를 꽂았다. 주삿바늘이 들어가자마자 축 늘어지는 휘의 눈물범벅인 얼굴을 좀 닦아주려는데 간호사가 만지지 말라고, 어서 나가라고 나를 밀어냈다.

 결국 나도 아까 그 소녀의 부모처럼 가운을 벗으러 대기실로 가서 그 대기실 한켠 구석에 쪼그리고 앉아서 울었다. 그런 풍경을 하루에도 몇 번씩 보아내야 할 간호사가 와서 툭툭 등을 두드려주었다. 니 맘을 알겠다는 듯이, 그러나 여기는 그 다음의 수술들을 기다리는 또다른 부모와 아이들이 있는 곳이라는 사실을 알려주는 듯이. 세상엔 정말 울고 싶은 순간에도 맘놓고 울 공간도, 맘놓고 붙잡고 울 사람도 그렇게 많지는 않다는 것을 다시 한번 절감하며 후득후득 떨어지는 눈물을 꾹꾹 주워담아야 했다.

 그렇게 휘를 들여보내놓고 난 뒤, 나는 이제 보호자 대기실로 옮겨 기다리기 시작한다. 다섯 시간 반, 길어도 여섯 시간이라고 했다. 그때 내 손에는 카뮈가 들려 있었다. 전날, 다섯 시간 혹은 여섯 시간 동안에 한 시간이라도 내 혼을 빼앗아줄, 읽으면서 두려움을 없애줄 책은 무얼까 내 딴에는 심사숙고해서 들고 온 책이었다. 그러나 아무리 좋아하는 작가의 책이라도, 그런 순간에는 읽어낼 수 없음을 깨닫는다.

수술이 끝날 예정인 2시까지는 그래도 잘 기다릴 수 있었다. 안 읽어지는 카뮈도 겨우 읽고, 쌓여 있는 잡지들을 모두 뒤적거려 보면서. 들락날락하는 가족들 중에 사교적인 아줌마 할머니와 이야기도 몇 마디 나누면서. 문제는 정해진 시간인 2시를 넘기면서부터였다. 더이상 난 앉아 있을 수가 없었다. 그리 넓지 않은 그저 양쪽으로 긴 소파가 놓여 있고, 탁자 하나에 커피나 음료수를 마실 수 있게 되어 있는 그곳의 네 벽이 조금씩 조금씩 좁혀져가는 느낌이 들었다. 너무 좁고 어두워서 숨이 가빠지는 기분이 들었다.

그때부터 나는 긴 복도를 왔다갔다하기 시작했다. 금방이라도 수술을 끝냈다고 누군가가 나를 찾을 것 같아서 대기실 앞을 떠나지도 못하고.

그러다가 3시가 넘어서면서부터는 이제 그 복도조차도 답답하게 느껴졌다. 밖으로 나가 병원 입구, 응급실 앞 둥근 기둥에 몸을 기대고 섰다. 하늘은 파랗고 햇빛은 눈부신 유난히도 화창한 봄날의 오후, 밴쿠버의 봄날 중에서도 몇 날 안되는 그런 아름다운 봄날이었다.

오래 공사중이던 아동병원 신관이 완성되어서 인부들은 응급실 앞 횡단보도를 이용해서 계속 이삿짐들을 나르고 있었다. 그러던 중 누군가가 내 앞에서 그런 일이 벌어지도록 연출이라도 한 듯, 기둥에 등을 기대고 선 내 앞에서 싸움이 벌어졌다. 응급실을 찾는 손님을 태운 택시가 횡단보도 앞에 차를 세우고 손님을 내려주고 있었는데, 그 택시 때문에 짐 나르는 일이 지체되자 짐을 나르던 남자가 택시 운전사에게 소리쳤다.

"이봐, 여기 이 노란 선도 안 보여? 여기는 횡단보도라구!"

"뭐라구? 너는 그럼 안 보이냐, 여기 이 아주머니가 아픈 아이를 데리고 응급실을 찾는 거?"

머리에 터번을 두른 택시 운전사는 모욕을 당한 것이 분하다는 듯이 그러고도 몇 마디 날카롭게 쏘아붙인다. 아까부터 횡단보도로만 짐을 나르느라 짜증이 나 있었는지 먼저 시비를 건 남자도 지지 않았다.

결국 너, 차 저리 빼고 내려, 내려서 이야기해, 하는 지경이 되었다. 화창한 봄날, 그 작은 일로 서로에게 화가 나서 말의 칼날을 챙챙 휘둘러대는 두 사람.

나는 다시 한번 이상한 느낌을 받았다. 내 맘속의 그분에게 묻는다. '당신인가요? 제게 이 장면을 보여주고 싶으셨나요? 아이의 수술이 예정시간을 넘겨서 마음속에 화톳불을 담고 있는 나에게 당신은 이 풍경을 보여주고 싶으셨나요? 아이를 수술실에 들여보내놓지 않아도, 아직 저렇게도 건강하고 그래서 어쨌든 그 육체로 자신과 가족의 밥을 벌 수 있는 저들이, 사소한 일로 저리도 서로 마음을 다치면서 서로 싸우는 모습을 보여주고 싶으셨나요?'

나는 자존심이 다쳐서 쩔쩔매면서 고함을 지르는, 감정과 마음이라는 것이 있어서 아무것도 아닌 일에도 금세 불행하고 고통을 받는, 어쩔 수 없이 '인간'인 그 두 사람을 물끄러미 바라보다가 끝이 어떻게 나는지 지켜보지 않고 보호자 대기실을 향해 몸을 돌렸다. 그날 당장 아무런 문제가 없는 사람들도 결국 그 마음과 감정이라는 것 때문에 행복할 수가 없다니. 인간인 것이 너무도 쓸쓸해서 당장의 내 초조함과 두려움마저도 조금은 잦아드는 느낌이었다.

대기실로 들어가려다 나는 커피 한 잔과 평소 휘와 내가 병원에 오면 제일 열심히 사먹었던 복숭아 타트 하나를 샀다. 커피숍 앞을 지나는데 배가 고팠다. 배가 고프다는 것을 느낄 수 있을 만큼 제정신이 돌아왔다는 뜻이었을 것이다. 자신의 건강한 에너지를 온통 쏟아부으면서 싸움에 몰두하던 그 두 사람, 어쩌면 그 순간 분노와 불쾌감의 지수가 나보다 더 높았을 두 사람 때문에 오히려 나는 진정이 되었다.

내가 힘들어할 때, 존경하는 선배가 보내준 책이 앞에서 인용한 그 책이다. 거기 보면 사람들이 느끼는 고통은 두 종류라고 되어 있다. 지금 만들어내는 고통과 마음과 육체 속에 아직 살아남아 있는 과거의 고통.

수술 결과가 나오기도 전에 두려움에 질려 있는 나도, 자존심을 걸고 싸우고 있는 그들도 모두 그 순간 스스로 고통을 만들어내고 있기는 마찬가지라는 생각이 들었다. 그날 그 병원 응급실 앞에서 나라는 관객을 앞에 놓고 펼쳐진 그 작은 소동을 연출한 이의 의도는 완전 성공이었다.

휘가 내 곁으로 돌아올 것이다, 어떤 모습으로든 돌아올 것이라고 생각하면서 커피를 마시고, 빈 뱃속을 채워나갔다. 먹을 것이 좀 들어가자 후들거리던 가슴이 조금은 더 진정되는 것도 같았다(아동병원의 복숭아 타트, 블루베리 타트는 정말 맛있습니다). 결국 여덟 시간을 넘기고서야 스타인벅이 수술실에서 나왔다. 휘는 지금 머리를 꿰매고 있는 중이라고, 조금만 기다리면 휘를 만날 수 있을 것이라고 했다. 그리고 생각보다 종양 상태가 안 좋아서, 10퍼센트를 남겨둘 수밖에 없었다고 말했다. 더 떼어내려고 했다간 휘의 몸 전체에 마비가 올 수도 있어서 그 선에서 멈추었다고. 그렇지만 너무 많이 남겨놓으면 다시 자랄 확률이 그만큼 높아지기 때문에 신경 하나가 손상되는 중에도 최대한 많이 떼어냈다고.

예정 시간을 넘겨서까지 그 긴 수술을 마치고 나온 스타인벅의 표정은 그리 밝지 않았다. 몹시도 지쳐보였다. 자신의 두 손으로 그 긴 시간 최선을 다했지만 결국 전부를 떼어내지 못한 것이, 그리고 휘에게 곧 예전과 똑같은 모습으로 학교에 다닐 수 있도록 최선을 다하겠다고 했던 그 약속이 결국 완전히 지켜질 수 없게 되어서 복잡한 그의 마음이, 그의 표정에 고스란히 나타나 있었다.

세번째 뇌수술은 휘의 왼쪽 몸의 40퍼센트를 마비시킨 채로, 그렇게 끝났다. 종양은 눈을 빼앗고 이제는 몸의 자유를 빼앗았다.

그러나 그 당시나 지금이나 어떤 모습으로든 휘가 내 곁으로 돌아와준 것이 고마웠다. 그 대수술을 마치고 가장 먼저 나를 찾아와서 전하기 힘든 소식을 전한 스타인벅도, 그리고 수술중에 재마취를 해가면서 그 긴 시간을 버텨준 휘도 고마웠다. 그런 고마워하는 마음이, 이제 휘가 다시는 예전처럼 신나게, 숨가쁘게 달릴 수 없는 몸 상태가 되었다는 통보를 받은 그 순간을 견디어낼 수 있게 해준 것 같다.

휘의 개그콘서트

　단순하면서도 너무도 강렬한 세 가지 열망이 내 인생을 지배해 왔습니다. 그것은 사랑에 대한 열망, 지식에 대한 탐구, 그리고 인류의 고통에 대한 참을 수 없는 연민입니다.
—촘스키의 연구실에 걸려 있다는 버트란트 러셀의 한 말씀

　수술이 끝났다는 소식을 듣고서도 한 시간쯤을 기다린 뒤에야 중환자실 입실이 허용되었다. 중환자실은 앞에서 신분을 밝혀야 문이 열리고, 손을 씻고 또다른 문 하나를 통과해야 하는 곳이다. 간호사를 따라가다 보니 안쪽에 심장수술을 받은 소녀와 휘가 나란히 누워 있다.
　머리에 하얀 붕대 모자를 쓰고, 온몸에 이런저런 선들이 줄줄이 매달려 있는 내 아이는 기운이 하나도 없는 모습으로 잠들어 있다.

곁에서 담당 간호사가 아까 잠깐 깨어나기는 했었는데 엄마를 알아보는지 한번 더 깨워보라고 했다. 어떻게 깨워보나. 휘의 얼굴을 찬찬히 들여다보는데, 눈 주변에 말라붙은 허연 소금기가 보이고, 감은 눈 한켠에 덜 마른 눈물방울 하나가 그렁하게 고여 있다. 아마도 낯선 곳에서 깨어나서 또 한번 삐죽거리고 울다 잠들었던 모양이다.

온몸에 선들이 이리저리 얽혀 있고 코에 아직 산소호흡기도 매달고 있어서 조심하며 그 눈물을 꼼꼼히 닦아주었다. 얼굴에 남은 엷은 소금기도. 바로 그때 예민한 휘가 그 손길에 슬며시 눈을 떠본다. 그리고 엄마가 왔구나 안심하는 웃음을 보여준다. 마취 기운이 남아 퉁퉁 부어오른 목소리로 엄마, 불러보기까지 한다.

"응, 휘야, 해냈구나, 우리 휘. 근데 여기 눈곱이 끼어서 닦아주려던 거였어."

눈물이 아니라 눈곱을 닦아내는 거라고 돌려서 말해주었다. 휘가 뭔가 말하고 싶은 표정이 된다. 그래서 귀를 휘의 입 앞으로 좀 가까이 대주었다.

"엄마, 눈에 왜 눈곱이 끼는 줄 아나?" (아니, 개그콘서트 버전?)

"눈에 와 눈곱이 끼는데?" (나도 개그파트너로 변신)

"눈에 콧밥이 끼면 이상하잖아."

기억력을, 말하는 능력을 잃거나 완전 실명, 전신마비가 될 수도 있다는 대수술을 마치고 장하게도 내 곁으로 돌아와서 휘가 맨 처음 한 것은 바로 〈개그콘서트〉 패러디였다. 수술 전, 두통이 와도 할 수 있는 유일한 일이 아마 컴퓨터로 〈개그콘서트〉를 보는 일 아니었을까 싶다. 그런데 수술 직후에 휘는 기억력도, 말하기 능력도, 엄마를 알아보는 능력도, 심지어 농담 실력도 다 제대로인 것을 그렇게 간단하게 알려주고는 다시 깊은 잠속으로 빠져들었다. 낯선 이국말이지만 간호사도, 휘가 무사하다는 것을 확인할 수 있었던지 환하게 웃었다. 안심이네요, 좋은 신호예요, 그런 뜻의 웃음.

그러나 다시 잠든 휘가 마취에서 쉽게 못 깨어나고, 하염없이 잠만 잘 때, 옆자리의 심장수술을 받은 소녀는 기적처럼 다른 아이로 변해갔다. 우선 당장 푸른빛에 가깝던 얼굴과 입술색이 변해 있었다. 건강한 하얀 피부에 빨간 입술, 두 뺨마저 발그레해진 소녀가 되어간다. 벌써 부모에게 종달새처럼 이야기도 한다. 휘는 예정된 날짜가 미뤄지면서 중환자실에 더 머물러야 하는 날, 소녀는 일반병동으로 옮겨졌다. 소녀의 수술을 맡았던 의사와 부모가 어여쁜 소공녀로 변한 소녀 때문에 벙긋벙긋 웃음꽃을 피웠다.

그때 나는 의사라는 직업이 얼마나 신성한 것인지 다시 깨달았다. 신의 손을 가진, 신의 심장을 가진 대리인들이라는 것을. 시들어가던 영혼이 그들의 치료로 단 하루 만에, 이틀 만에 저렇게도 변해가다니. 당신들은 당신들이 하는 일에 충분한 자부심을 가져도 되겠습니다. 이렇게 말해주고픈 기분마저 들었다.

그러고는 또 생각했다. 왜 의사가 그렇게 성스러운 직업이라는 생각을 그제서야 하고 있는지를. 시아버님의 오랜 병원생활, 수술과 운명하시기까지의 과정을 지켜보면서 그때 왜 내 마음속에는 한 번도 감사하다는 생각이 들지 않았는지도.

늘 돈이 걱정이었다.

독일 친구가 유방암 수술을 앞둔 한 아주머니를 만난 이야기를 전해주었다. 이미 한국에서 두 번 수술을 받았던 그녀는 남편 직장 때문에 독일에 왔다가 다시 세번째 수술날짜를 받아놓았단다. 생각할 것, 정리할 것이 많고도 많을 그 아주머니가 그 친구를 붙잡고 묻고 또 물은 것은 결국 돈 이야기였다고 한다.

정말로 병원비가, 수술비가 공짜냐? 공짜라면 더욱더 수술할 의사선생님께 따로 돈봉투를 마련해드려야 하는 것 아니냐. 한 백만원이면 되겠느냐. 그런데 자기는 아이들 둘을 남겨두고 먼저 세상을 떠날지도 모르는 처지라 돈을 많이 쓸 형편이 못된다고 하더란다.

그 아주머니는 독일에 와서도 한국에서부터 겪은 그 무서운 돈 걱정을 떨쳐버리지 못하였던 것이다. 목숨을 걸고 그 무서운 종양과 싸우는 중에도 돈 걱정을 해야 하는 것이다. 소아암에 걸린 아이의 방사선 치료를 돈 때문에 포기해야 하는 부모 이야기를 전해듣고 그 심정을 헤아리는 것만도 힘들었는데, 독일 친구에게 그 이야기를 듣고 나서부터는 이제 남겨질 아이나 남편 혹은 아내 때문에 꾸역꾸역 고통을 참으면서 치료비와 약값을 아낄 한국의 부모라는 고된 짐을 진 암환자의 입장도 기가 막히기는 마찬가지라는 생각이 들었다. 목숨이 돈과 교환될 정도로 하찮은 것이냐는 근본적인 물음이 유치해져버리는 한국 암병동의 그 기막힌 사례들. 암환자가 되기 전에는 상상도 하지 못할 액수의 치료비와 약값들.

사람은 편리한 것에는 금세 익숙해진다. 언제부턴가 나는 그런 대수술을 앞두고도 돈걱정 같은 것은 아예 안하고 있었다. 따로 돈을 안 내도 된다는 것을 알고서도 퇴원하면서 용지에 사인 하나 달랑 해주고 나오면 처음에는 자꾸 뭔가 중요한 것을 안하고 온 듯 뒤가 돌아다봐지곤 했는데.

같은 날 수술을 받은 아이들이 모두 일반병동으로 옮겨간 다음날에도 휘는 중환자실에 더 머물렀다. 간호사는 근무 시간 내내 지키고 있으니 집에 들어가 자라는데 나는 그럴 수가 없었다. 그러자 간호사가 내게 빈 침대 하나를 밀어다 주었었다. 그런데 다음날 교대한 간호사는 좀더 강경했다. "네가 있어도 없어도 나는 최선을 다할 것이다. 그리고 지금의 네게는 휴식이 필요하다. 내가 보기엔 너도 쉬어야 할 사람이다." '아, 집에 가라는 말인가. 쫓겨나게 생겼네' 한숨을 쉬고 있을 때, 그 간호사가 큰 횡재라도 한 사람모양 급한 걸음으로 내게 온다. 환자보호자가 그나마 편하게 잘 수 있는 곳이 지금 비어 있다고, 행운이라고, 그러면서 그녀는 아직 9시도 안된 시간에 나를 그 작은 방 안으로 밀어넣었다.

그녀 말이 옳았다. 나는 그 작은 방에 눕자마자 벽이나 천장의 미색 페인트 색깔을 한번 둘러보고는 곧바로 곯아떨어졌다. 온몸이 잠기운으로 흠뻑 무거운 그 틈에, 간호사가 어디선가 담요를 가져와 덮어주고 불을 꺼주고 나가는 소리를 들었는데도 손가락 하나 까닥일 수가 없었다. 그렇게 잠들어서 아침까지 아무런 방해도 받지 않고 나는 내처 잤다. 꿈을 꿀 기력도 여유도 없었던 숙면이었다.

이곳저곳 병원으로 통역을 다니는 분이 그랬다. 간호사들, 특히나 아동병원과 노인병동의 간호사들은 월급받을 것만 생각하면서는 할 수 없을 것 같은 그런 일들을 늘 웃으면서 한다고, 천사라고 했었다.

환자가 아니라 환자의 보호자였던 나도, 천사의 날개 아래 하룻밤을 그렇게 잘 쉬었다. 집에 남은 둘째 때문에 남편과 교대하기도 쉽지 않은 상황에서, 담당 환자뿐만 아니라 곁에서 누렇게 뜬 얼굴로 앉아 있는 보호자까지 챙기는 그런 섬세한 손길이 없었더라면 참으로 고단했을 나날이 그렇게 견뎌졌다.

다음날에는 옆자리에 스케이트 보드 기술을 익히다가 넘어진 아이가 응급수술을 마치고 누워 있었다. 위험한 상태를 넘긴 후라 중학생쯤 되어보이는 아이와 부모가 두런두런 즐겁게 이야기를 하고 있었다. 우연히라도 눈이 마주치면 아이의 어머니는 참 따뜻하게 웃어주었다. 마주보고 웃어주지 않을 수 없는 그런 함박웃음을.

회진이 아닌 중환자실 스태프들 교육시간. 그때는 보호자들이 환자 곁을 잠깐 떠나 있어야 했다. 옆자리를 지키는 아이의 엄마와 그렇게 해서 보호자대기실에 함께 있게 되었다. 이런저런 말을 걸어왔고 대답을 하는 사이, 그분은 우리가 이민 온 지 이제 2년을 막 넘긴 신참이민자라는 사실을 알게 되었다.

"난 아까부터 네가 참 친근했어. 네가 자주 보아지고. 참 이상한 말 같지만, 네 이야길 들어보니, 내 아이가 다쳐서 이곳에 오게 된 것이 그냥 우연 같지만은 않구나. 아마 한국에서 너를 위해 기도하는 사람들 마음이 뭉쳐져서 대신 나를 이곳에 오게 한 것도 같다."

눈이 파란 아줌마가 지극히 동양적인 인연에 대해 말하고 있었다. 나는 좀 어안이 벙벙해져서 뭐라 대답하지 못하고 듣기만 했다. 나이가 나보다 지긋한 그녀는 나를 위로하며 등을 두드려주었고 손에 들고 있던 성경을 펼쳐서 자기가 아픈 아이를 위해 읽어주었다는 구절을 읽어주었다. 그러고는 아주 짧게 내 손을 잡고 기도를 해주었다. 그런데 그런 일에 늘 심리적인 저항이 큰 사람이었던 나는 이상하게도 아무렇지도 않게 그 아주머니가 하는 대로 가만히 있었다. 그만큼 그 모든 행동이 물 흐르듯이 편하고 고요했다. 어떠한 가식도, 머뭇거림도 없이 자연스러웠다. 그 자연스러운 마음이 원래 그런 일에 저항이 심한 나를 무장해제시켰다는 게 맞는 표현일 것이다.

그분과 아이는 그날 오후 바로 일반병실로 옮겨졌다. 그런데 떠나면서 그분은 자신이 오래도록 손에 들고 다녔던, 그래서 뭐라고 평을 써놓기도 하고 모월모일의 단상도 적어둔, 군데군데 형광펜으로 줄도 많이 그어진, 공부 열심히 한 학생의 영어사전처럼 손때 묻은 성경을 내게 건네주었다. "자, 내가 가장 아끼는 것을 네게 주고 싶다. 받아주렴. 지금 이 순간, 나에게보다는 너에게 이것이 더 필요할 것 같구나."

위문올 사람이 귀해서 병실 문이 열려도 고개가 돌려지지 않던 그 시절에도 내게는 그런 사람들이 있었다. 그리고 그런 사람들의 맑은 손길들이 발휘하는 정화능력은 참으로 놀라웠다.

우울증은 병입니다

그대 가슴에는
두레박 줄을 아무리 풀어내려도
닿을 수 없는 미세한 슬픔이
시커먼 이무기처럼 묵어서 사는
밑바닥이 있다.
—노향림 시 「깊은 우물」 중에서

외국에서 한국의 이런저런 사고소식을 듣는 기분은, 한국에서 살 때와는 또 다르다. 좀더 복잡한 심사가 되는 게, 마치 결혼한 뒤 친정에 좋지 않은 일이 생겼을 때 느껴지는 그런 기분과 비슷한 것 같다.

그런데 그 중에서도 대구지하철 화재사건을 대하는 기분은 정말로 착잡했다. 그런 끔찍한 일을 '저질러버린' 범인에 대한 개략적인 소개 때문이었다. 뇌졸중 때문에 뇌수술을 한 후 우울증에 시달려온, 게다가 형편상 수술 후 이어져야 할 치료들을 포기한 채 실의와 분노만 키워온 사람이 순간의 감정으로 저질러버린 너무나도 끔찍한 사고(이렇게밖에 표현할 수 없을 때 언어가 참 무력하다는 느낌이 듭니다), 그 사고를 저지른 이에 대한 간략한 소개를 읽고 들었을 때 나의 마음이 유난히 더 착잡했던 것은 다 이유가 있었다. 그 전에 이미 나는 우울증이 얼마나 무서운 병인지를, 사람을 어떻게 바꾸어 놓는지를 경험했기 때문이다. 게다가 그 우울증은 정서적인 변화 때문에도 오지만, 뇌수술에 따르는 부작용 같은 것임을 그때 나는 이미 알았다. 젊은 날의 감상, 혹은 기분이 좀 저조할 때 우리가 일상적으로 표현하는 우울증과 질병으로서의 우울증, 특히 뇌수술 이후 겪게 되는 우울증은 완전히 다르다는 것을 배웠다. 그것은 치료와 관찰이 필요한 병이라는 것을 나는 이미 휘를 통해 배웠었다.

일반병실로 옮겨지고 난 뒤, 휘에게도 곧바로 그 우울증이 나타났기 때문에, 그리고 10개월 이상의 장기적인 치료를 받아왔기 때문에 나는 그 우울증이라는 병의 무서움에 대해서 알게 되었다.

일반 병실로 옮겨진 뒤, 휘는 잠자는 시간만 빼고는 거의 하루종일 눈물을 보였다. 어떤 때는 소리도 없이, 또 어느 때는 소리내서 울었다. 너무도 달라져버린 휘의 태도에 엄마인 나는 이제 무엇을 어떻게 해줘야 하는지 알 수 없어서 더욱 힘이 빠졌다.

창밖 풍경을 내다볼 수 있게 창가에 의자를 놓아줘보기도 하고, 좋아하는 책들을 읽어줘보기도 하고, 플레이룸의 장난감과 게임도

구들을 이것저것 빌려와서 함께 해보기도 했다. 그러나 휘는 아무 것에도 흥미를 보이지 않았다. 처음 겪는 일이었다.

예전에는 동생을 데리고 아빠가 찾아오면 신나하던 휘가 그들을 보자마자 또 울먹였다. 눈물과 콧물을 닦아낸 화장지가 늘 휘의 머리맡에 수북수북 쌓였다. 금세 갖다 버려도 또 쌓였다. 와락 겁이 날 만큼 말수가 줄고, 같은 말만 되풀이했다. "어서 집에 가. 병원 싫어. 집에 가. 집에 가겠다고 해." 그전까지는 너무 의젓해서, 너무 참아서 그런 모습을 지켜보는 것이 더 애달팠는데, 이제는 떼쓰는 어린아이처럼 변해갔다.

그렇게 울기 시작할 때 내가 몇 마디 다정하게 달래거나 네가 얼마나 장한 일을 했는 줄 아느냐고 격려를 해주면, 그땐 아예 목놓아 펑펑 울었다. 그러니까 이제 그만 집에 가도 되지 않냐면서.

처음에는 마비가 온 왼쪽편 때문에, 왼손도 왼발도 잘 못 놀리겠는 그 불편 때문에 심정이 상해서 그러는 것으로만 생각했다. 내가 어쩌다 이렇게 되었나 이런 기분 때문인 줄 알았다. 눈 하나를 완전히, 그리고 남은 눈 하나도 거의 시야를 잃은 것도 수용하더니, 몸까지 불편해지니 그 모든 것이 다 한꺼번에 몰려와 휘를 속상하게 한다고만 생각했다.

그런데 의사들은 우울증이라고 했다. 뇌수술 후, 어른이나 아이나 그런 우울증 증세를 보인다고. 일시적인 현상인지 치료가 필요한지 함께 살펴보자고 했다. 그래서 병원 안에 있는 가족정보센터(도서관)를 찾아가 자료들을 좀 찾아 읽어보았다. 그제서야 나는 휘가 정서적으로도 충격을 받았지만, 그것 외에 뇌수술 후의 부작용

중의 하나인 우울증도 겪고 있음을 알았다.

휘의 우울증 때문에 그 입원 기간은 참 견디기 힘들었다. 휘는 늘 울거나 멍하니 창밖만 내다보고 있었고, 내가 아무리 떠들어도 별로 반응을 보이지 않아 그때마다 마음속에 찬바람이 불었다. 게다가 가끔 집에 가보면 냉장고는 텅텅 비어 있었고 쓰레기통에는 라면봉투들이 버려져 있었다. 집안은 예전과 다름없는데, 꼭 어딘가 문짝이 하나 달아나 있거나 벽 어딘가 허물어져 있는, 한뎃집 같은 그런 느낌이 들고는 했다.

휘는 이제 병원 음식들도 거의 거부하고 있다. 애써 우는 아이를 달래서 제 맘에 드는 음식을 주문해주어도, 찔끔거리면서 입에 대는 시늉만 하다가 식판을 멀리 밀쳐내고는 했다. 국과 밥이라면 좀 먹겠는데 이런 건 싫다고. 그 마음은 이해가 되었다. 어른인 나도 기분이 좀 가라앉거나 일이 잘 안 풀려서 속이 상하면 가장 먼저 여기서는 먹을 수 없는 음식들만 떠오르곤 하니까.

그래서 어느 날 밤에, 어렵게 휘를 설득해 남편과 교대를 했다. 그것도 잠들고 난 뒤에 병상을 떠나는 조건으로. 집에 와보니 밤 10시가 넘어 있었다. 그래도 12시까지 문을 여는 근처 슈퍼에 가서 고기를 좀 샀다. 끓여주면 잘 먹는 육개장을 좀 만들어 가볼까 싶어서.

간단하게 몸만 씻고는, 그 한밤에 나물을 불리고 삶고 고기를 고아내고 파를 다듬느라 바빴다. 아침에 그 국물에 막 지은 밥을 좀 먹이고 싶어서, 그러면 좀 덜 울고 견디겠지 싶어서.

그런데 고기가 고아지는 냄새가 수상했다. 고소한 냄새 대신 느끼한 노린내가 집안에 진동을 했다. 그제서야 고기를 쌌던 봉투를 찬찬히 살펴보았다. 양고기였다.

 시간이 좀 늦긴 했어도 고기 코너에 가서 유난히 빨간, 신선한 느낌이 드는, 게다가 값도 제일 비싼 고기를 샀었다. 그런데 급한 마음에 쇠고기 곁에 놓인 양고기를 들고 온 것이었다.

 처음에는 그래도 생강가루도 듬뿍 넣고 어떻게든 맛을 내보려고 노력했다. 마늘도 더 듬뿍 빻아넣고 파도 많이 넣어보고. 그런데 아무리 해도 휘가 좋아하는 그 육개장 맛이 안 났다. 게다가 집에 남은 식구들도 이틀쯤 넉넉히 먹으라고 제일 큰 솥에다 하나 가득 끓였는데…….

 이렇게 저렇게 아무리 간을 맞춰보고 양념을 더해봐도 양고기 냄새가 없어지지 않아서 1시가 넘은 깊은 밤에 나는 국자를 패대기치고 부엌 바닥에 앉아서 울었다. 아들에게 우울증이 전염되었는지, 그 양고기 육개장 하나에 어쩜 온 세상일이 이리도 하나 제대로 풀리지가 않느냐고 한탄하면서. 한탄이, 설움이 한번 뿜어져나오니 세게 틀어놓은 수돗물처럼 수압마저 높아서 잘 잠그기도 힘들었다.

 다들 은근히 입이 까다로운 우리집 세 남자. 억지로 몇 번 먹어보는 시늉만 할 뿐이어서 결국 양고기 육개장은 죄 버려졌었다. 그러나 우울증 시대의 가장 선명한 상징으로 기억 속에서는 절대 버려지지 않고 남아 있다. 그 냄새와 아무리 걷어내도 고이곤 하던 기름기와, 그것들을 이리저리 떠내면서 간을 보다가 패대기친 죄없는 국자.

 좀더 지켜보자고, 일시적인 현상일지도 모르겠다고 하던 의사들이 내게 우울증 치료를 시작하자고 말했다. 그리고 아동병원의 소아정신병동 닥터 바브라가 휘를 찾아 병실로 왔다. 그 의사가 병실로 처음 왔던 그날 오후에도 휘는 아예 화장지통을 앞에 갖다 놓고 울고 있었다.

그녀는 마치 문병 온 사람처럼 일상적인 것들을 물어나갔고, 휘에게 지금 가장 하고 싶은 것이 무엇이냐고 물었다. 당장 '집에 가는 것'이라고 휘가 대답했다. 그렇다면 그것조차도 담당의사들하고 의논해보겠다고, 되도록이면 빨리 집으로 가게 해주겠다고 그녀가 답했다. 속으로 좀 불안해졌다. 저런 약속을 해도 되나.

그런데 그녀는 그 약속을 지켰다. 좀더 빨리 퇴원을 시키고 대신 통원 치료를 받을 수 있게 해주었다(물론 그 뒤로 재입원, 재재입원을 해야 했지만).

그때, 아니 지금도 그런 것이 있을지 모르겠다. 하도 밀착되어서 휘를 간병해 나가다보니, 가끔 내 아이는 내가 가장 잘 알아 하는 오만. 그때 나는 의식하지는 못했지만 그런 오만이 있었던 모양이다. 우울증이라면서 나와 휘를 상담하는 일에 그리 큰 신뢰가 없었던 것 같다. 상담이라고 해봐야 이런저런 일상적인 이야기들뿐이었다. 다른 의사들도 다 묻는 것들. 무슨 과목을 좋아하니? 운동은 좋아하니? 책읽기가 좋다구? 그럼 어떤 책들을 주로 읽는데, 이런 것들.

내게도 마찬가지였다. 병원생활하면서 가장 힘든 것이 무엇이냐, 왜 그 점이 그리 힘드느냐, 휘가 저렇게 울고 할 때는 어떤 기분이냐, 등등.

며칠간 오후마다 병실로 찾아와 그런 이야기들만 했는데도 바브라는 휘에게 당장 그때부터 우울증을 치료하기 위한 정기적인 상담 치료가 필요하다는 결론을 내렸다. 뇌수술을 받은 다른 아이들에 비해 우울증이 심하다고, 성격이 예민해서 더욱 심한 것 같다고. 그래서 그때부터 나는 휠체어에 휘를 태워 매일 오후 바브라 오피스를 찾고는 했다. 이상하게도 휘는 그때만은 울음도 멈추고 좀더 예전의 휘 같아졌다.

퇴원 후에도 휘는 일주일에 한 번 소아정신과 치료를 받아나갔고, 그 중에 증세가 심할 때는 항우울제를 투여할 것인지 말 것인지를 결정하기 위해 바브라 외에 다른 정신과 의사와도 면담을 가졌다. 그 결과 바브라도, 그 의사도 항우울제 투여까지는 하지 않아도 휘가 이겨낼 수 있을 것이라는 결론이 나왔다.

아이에게 항우울제를 투여하는 일이 담당소아정신과 의사 한 명의 소견만으로 결정되지 않고, 그렇게 휘를 모르는 상태의 다른 의사의 객관적인 관찰도 참고하는 그 정교한 체계가 인상적이었다. 물론 그 다른 의사는 영어에 불어 발음이 심해서 휘와 내가 상담할 때, 닥터 바브라가 가운데서 영어를 영어로 통역해주는 수고를 좀 했지만.

이후로도 바브라는 우울제 대신 규칙적인 면담, 그리기 만들기 같은 것을 해나가면서 그때그때 휘의 소원을 들어주는 해결사이기도 했다. 가장 좋아하는 동물이 고래라는 것을 알고는 곧바로 밴쿠버 수족관과 연결해서, 무료 가족회원권이라는 것을 만들어주었다. 휘가 가서 고래를 보고 싶을 땐 언제든 이용할 수 있는 1년 유효기간의 회원권이었다. 소아정신과 의사의 한마디는 효력이 참 지대

했다.

　어느 날 상담을 마치고 나오는 휘를 기다리는데 바브라가 그랬다. "수족관에 전화를 했으니 내일쯤 그쪽에서 집으로 전화가 올 것이다." 정말로 다음날 전화가 왔고, 우리 가족의 회원번호와 함께 첫 방문 때 그 번호를 대면 회원권을 만들어줄 것이라고 했다. 그래서 휘는 좋아하는 고래를 실컷 만나러 다녔었다.

　바브라를 만나러 가는 날, 휘는 병원 가는 아이답지 않게 들떠 있고는 했다. 마음 든든한 친구를 만나러 가는 사람 같았다. 그렇게 차츰 휘의 우울증은 치료되어갔고, 그래서 일주일에 한 번 상담이 2주일에 한 번으로, 그리고 3주에 한 번으로, 나중에는 한 달에 한 번이다가 최근에야 비로소 상담이 필요없을 것 같다는 통보를 받았다.

　물론 우울증 치료 역시 완전 의료보험에 포함되어 있다. 사실은 암환자로 밝혀진 초기부터 힘든 순간이나 휘가 너무 의기소침해 있을 때, 소아정신과 의사들이 휘를 찾아오곤 했었다. 그러나 아직은 치료까지는 필요없다고 미뤄졌다가 뇌수술 후, 지체없이 곧바로 치료가 시작된 것이다. 몸의 병이 마음의 병까지 부를 수 있고, 몸의 건강 치료만큼이나 정신 건강의 치료 또한 중요하기 때문에.

　1990년도 말, 세계보건기구(WHO)는 건강에 대한 정의에 영적 건강 대목을 추가시켰었다. 건강 헌장 전문에 '육체뿐 아니라 영혼까지 맑고 역동적이어야 건강한 사람'이라고 보완을 했다는 글을 읽었었다.

　휘의 우울증을 옆에서 지켜본 사람으로서 나는 건강에 대한 그

정의에 전적으로 동감한다. 우울증은 감상적인 표현이 아니라 질병의 이름이다. 고쳐야 하는, 치료가 필요한, 방치하면 자학적이고 폭력적인 성향이 깊어져서 자살을 하거나 불특정 다수를 향해 그 분노가 폭발할 수 있는 병인 것이다.

휘가 우울증을 벗어나는 과정을 지켜보면서 나는 정신과 치료에 대해 가졌던 약간의 의혹을 풀었다. 우울증은 병이었고, 그것도 전문의사와의 상담으로 치료가 되는 병이었다.

나는 우리의 의료보험으로 정신적인 건강을 위한 치료가 얼마나 가능한지 잘 모른다. 열악하지 않을까 짐작만 할 뿐이다. 당장 육체의 병, 그 중에서도 난치병이나 심각한 병을 고치기 위한 지원도 열악한데, 과연 정신적인 건강을 위해 얼마나 정교하게 지원이 될는지.

어쩌면 협박같이 들릴지도 모르지만 나는 외치고 싶다. 의료보험만으로 휘처럼 지체없이 곧바로 정신과 치료가 병행되는 시스템이었다면 대구지하철 화재사건 같은 것은 방지될 수 있었을지도 모른다고. 그 엄청난 일을 계획했고 실행한 사람은 뇌수술을 한 환자였고, 그 와중에 돈 들여 수술했는데 수술이 잘못된 것 같다고 여기저기 찾아다니면서 불만을 자주 토로했다고 한다. 우울증의 전형적인 증세들을 이미 온통 보이고 다녔다. 그러나 목숨이 달린 뇌졸중은 수술해서 치료할 생각을 하면서도 우울증에 대해서는 아무도 주의를 기울이지 않았다. 우울증은 아직도 우리에게는 '등 따시고 배부른 사람들의 푸념'처럼 들리기 쉽다. 그러나 그런 방치된 우울증이 일가족 자살을, 미국 같은 곳에서는 총기난사사고를 불러일으킨다.

이놈의 세상 확 한 번 안 뒤집어지나 하고 바라는 이들이 많은 세상, 빈민들이나 병든 자, 장애자인 같은, 1년 내 해가 들지 않은 그늘에서 사는 사람들을 방치하는 사회, 그들에게 더욱더 독하고 진한 눈물을 짜내는 사회란 결국, 언제 터질지 모르는 폭발물을 품고 키워가는 사회라고 나는 생각한다.

결국 복지체계가 정교한가 그렇지 못한가에 의해 그 사회의 정신 건강지수가 좌우되는 것 같다. 그렇다면 우리의 건강지수는 과연 어느 정도일까? 우리 사회 전체를 하나의 몸이라고 생각했을 때 그 영혼은 과연 맑고도 역동적인가?

절망할 틈도 없으니 다행

인간으로 남는다는 것, 그것은 필요하다면 자신의 삶 전부를 '운명의 위대한 저울 위에 던지는 것'이지만, 동시에 태양이 빛나는 하루하루를, 아름다운 구름이 흘러가는 하루하루를 유쾌하게 만끽하는 것이다.
— 막스 갈로 『로자 룩셈부르크 평전』 중에서

노무현 대통령 당선 후, 실업계 고등학교 출신에 대한 사항이 자주 거론되었다. 문제는 거론되는 방식이다. 가만히 듣고 있다보면 슬그머니 드는 생각, 아, 나는 상당히 열등한 과거사를 가진 사람이구나.
어젯밤에 들춰본 지난해 이맘때쯤의 일기, 절망할 틈이 없는 게 그나마 다행이라고 시작되는 일기에는 뜻밖에도 난데없이 고교시절 이야기가 적혀 있었다.

열등한 실업계 고등학생이던 시절, 학교 다니기가 싫어서 시골 친척집으로 장기가출한 시기가 내 생활기록부상에는 폐결핵으로 장기요양(?)이라고 되어 있다.

운 좋게 어찌어찌 삼류대학생이 되어 있을 때, 내 친구들은 은행이며 백화점에서 일하고 있었다. 그 중에 내가 자주 찾던 극장 옆 백화점 그릇 코너를 지키는 친구는, 영화를 보고 그 이국정서와 감상에 취한 내가 갈 곳이 없어서 그곳을 찾으면 늘 화들짝 반겨주고는 했었다.

'다음에 내가 쉴 때 같이 볼 것이지. 보여줄 수도 있는데' 하는 그 친구에게 왕싸가지 삼류대학생인 나는 '영화는 혼자 보는 것이 더 좋은데……'라고 대답하곤 했다. 그러면 등짝이라도 한 대 갈겨줄 것이지 그러는 대신 이미 언니나 엄마같이 변해버린 그 친구는 자기에게 나온 오후 간식인 딸기우유와 값싼 빵을 내게 밀어준다. 자기는 매일 먹어서 이젠 질렸다면서.

휴게실에서 그것 먹을 시간만큼만 쉬면서 그 친구는 언제나 그랬었다. 맨날 서 있으려니 다리가 퉁퉁 붓는다고, 그래서 매일 밤 병으로 알통을 마사지해줘야 한다고.

그 곁에서 아무 위로도 안해주고 나는 꾸역꾸역 너무 단 딸기 우유를 마시고 빵을 베어먹고는 했다.

지난해 이맘때, 나는 시집간 후 연락이 끊긴 그 친구를 생각하고 있었다. 아, 그녀들은 이미 그때 절망할 틈도 없는, 울고 투정부릴 여유조차 없는 조립부속품 같은 세월을 살아내느라 그리도 일찍 이

해심 많은 언니처럼 변해 있었던 것이구나 생각한다. 바로 그 점이 싫어서 나는 또 늘 신경질을 냈었고.

작년 이맘때의 나는 다가오는 일들이 하나같이 충격적이라 오히려 굳세어라 금순이처럼 살아내고 있었다. 퇴원 후 집에 데려다 놓은 휘가 영 기운을 못 차렸다. 꼬박꼬박 잠만 자고 있고, 눈가가 푹 꺼지면서 검은 테두리가 선명해졌다. 이틀 만에 다시 급하게 병원에 전화를 했더니 어서 응급실로 데려오란다. 그리고 재입원.

뇌하수체 손상 증세가 그때서야 나타난 것이다. 혈액내 소디움 농도가 짙어져서라고 했다. 이상하다고 반대되는 현상을 보인다고 하면서 즉시 링거로 소디움 농도를 낮춰나가면서 수시로 혈액검사를 했다. 한밤중에도 두 시간에 한 번씩 지쳐 곯아떨어진 아이를 깨워 피를 뽑아 검사를 했다. 얼마나 자주 혈액검사를 했던지 혈관이 점점 숨어버려서 혈액채취도 쉽지 않았다.

그러더니 다음날 한밤중에는 소디움 농도가 너무 낮아졌다며 갑자기 12시가 넘은 시간에 자는 아이를 깨워서 감자칩을 갖다 먹인다. 호르몬 조절이 엉망이어서 하염없이 자거나 울기만 하던 휘도 그때는 좀 웃어보인다. 소금기 많은, 기름 덩어리 감자칩이라고 엄마는 절대로 안 사주는데, 간호사가 급하게 구해와서 그 한밤중에 먹으라고, 이것도 약이라고 하니 어이가 없는 모양이었다. 그 늦은 시간에 아버지에게도 전화를 걸어서 지금 자기가 뭐 하고 있는지 맞춰보라고 물어봤을 정도로 신기해했다.

그렇게 뇌하수체가 손상되어갔다. 이를 예견하고 이미 지난해부터 휘의 성장곡선을 점검해왔던 내분비과 의사들이 병실을 드나들기 시작했고, 혈액검사, 소변검사, 호르몬 검사들을 실시해서 결국 뇌하수체가 손상되었다는 결론을 내렸다. 소변을 조절해주는 호르몬에 이어서, 에너지, 면역체계 등을 담당하는 호르몬, 갑상선 호르몬을 모두 평생 약으로 조절해나가야 한다고 했다. 뇌하수체가 관장하는 나머지 두 호르몬, 성 호르몬과 성장 호르몬은 아직 나이가 어려서 장기적으로 지켜봐야 한다고. 그러나 만약 손상되었다 해도 모두 약으로 어느 정도 해결할 수 있으니 크게 걱정 말라고 했다. 그러나 엄마인 나는 억장이 무너진다.

급한 대로 또 도서관에서 팸플릿 하나를 읽어본다. 그 팸플릿은 더욱더 기가 막힐 내용으로 시작하고 있다. '뇌하수체는 마스터 그란드라고도 부른다. 인체라는 오케스트라를 총지휘하는 지휘자 같은 존재다.' 그럼 이제 휘의 몸은 지휘자를 잃은 오케스트라 단원 같아졌단 말인가?

그후 조절의 시기로 접어들었다. 에너지도, 소변 횟수도, 갑상선 호르몬도 모두 약으로 조절해나갔다. 이틀을 더 살핀 뒤에 약의 용량들을 정하고 휘는 또 퇴원했다. 창가에 앉아 찾아오는 모든 의사에게 집에 가겠다고 울음을 보여서, 게다가 입원비 모두가 의료보험으로 해결되는 곳이라 어서 퇴원시켜야 하는 절체절명의 사명을 띤 사람들처럼 모든 스태프들이 바삐 움직인 덕분이다.

그러나 다시 재재입원. 늘 항이뇨호르몬이 문제였다. 뇌하수체의 작용이 불규칙한 기간이었고, 그런 상태에서 미리 약을 너무 많이 넣어주면 그 약한 기능마저 저하될까봐 적게 투여하다 보면 소디움 농도가 낮아지곤 했다. 그러면 휘는 다시 병든 병아리처럼 하루 종

절망할 틈도 없으니 다행

일 잠기운에 취해 누워만 있었다.

  5월 10일 수술 이후, 반신의 마비와 뇌하수체 손상이라는 엄청난 뉴스 앞에서도 나는 절망할 틈이 없었다. 기가 막히다고 울고 있을 시간이 없었다. 하루에 몇 번 물을 마시는지, 몇 번 소변을 보는지를 확인하고 양을 재고 기록해나가야 했다. 그래서 늘 '엄마가 씩씩하니 그래도 보기 좋으네. 워낙 강한 사람이라 그나마 다행이네' 칭찬을 받고 다닌다. 심지어는 감당할 만한 사람이라서 그런 일도 겪는 것이라는 칭찬인지 아닌지 헤아릴 수 없는 격려의 말도 듣는다. 아닌게아니라 병원에서 집으로 오가는 그 시간을 1분이라도 줄이려고 나는 늘 성큼성큼 전투적인 자세로 걷고 있었다. 그러나 그런 칭찬들이 맘 아파서 저 멀리 아는 사람이 보이면, 다시 빙 피해 돌아다니곤 했다. 몇 마디 일상적인 이야기나 경과보고하는 일조차 힘들기도 했었고.

  그러는 와중이라 옛날 친구가 생각났을 것이다. '예쁜 아가씨'들한테만 잘해준다고 내 앞에서는 흉을 보고는 하면서도 관리부서 남자에게마저 맘 좋은 웃음을 보여주던, 그래서 웃지 말라고 내가 화내면 왜? 하고 되려 놀라던, 가난한 집안의 큰딸로 살면서 남동생들을 위해 일찍부터 돈을 벌면서 나보다 훨씬 어른이 되어버렸던 그 친구.

  너도 외로웠겠구나. 자기가 심심해야 겨우 찾아오는, 와서 간식이나 빼앗는 친구를 두었으니. 방금 본 영화의 현학적인 혹은 감각적인 대사나 외워대는 친구를 그리도 기다렸을 만큼. 너무 서 있어서 퉁퉁 붓곤 한다는 그 친구의 두 다리의 피곤과 너무 일찍 시작된 삶의 피곤을 그때 나는 과연 얼마나 이해할 수 있었을까.

암치료와 직접 관련이 없는 약들이라 본격적으로 약값들이 들어가기 시작하자 비로소 나는 약값이라는 게, 귀할수록 비싸다는 그 당연한 사실을 배웠다.

다시 한번 아무리 얇게 잘라도 생길 수밖에 없다는 밝은면과 그 늘진 면, 그 양면을 확인한다. 휘의 뇌종양은(뇌종양의 종류도 다양합니다) 약학이 발달하지 않았을 때만 해도 불치의 병이었다. 뇌하수체가 손상되고서는 살아갈 수 없었기 때문이다. 그러나 그 모든 손상된 호르몬을 대체할 약들이 개발되었고, 현재는 뇌하수체 손상을 예견하고도 수술을 감행할 수 있게 되었다.

평생 그 약을 먹어야 하는 환자들에게 그 약값은 무시할 수 없는 부담이지만, 연구비를 쏟아부어가면서 개발한 약이니만큼 제약회사로서는 호된 값을 매길 수밖에 없다. 그런 약을 개발해준 것만도 고마워해야 할 환자의 입장.

그러나 난치병이나 암환자들이 필수적으로 먹어야 하는 그런 비싼 약값들도 밴쿠버에서는 상당히 합리적인 방법으로 지원되고 있다. 우선 그 집의 수입 정도를 살펴서, 그 수입으로 구입 가능한 수준을 정해놓은 다음 그 이상이 넘으면 지원을 해주고 있다.

하위 파트타임 노동자인 우리의 경우, 300달러까지는 전액 우리 부담, 300달러 이후 1,000달러까지는 40퍼센트 보조, 그리고 1,000달러가 넘어가면 전액보조를 받는다(우리집 수입 정도가 공개되는 순간). 300달러가 넘어선 것도 모르고 있었는데, 약국 컴퓨터에 의해 저절로 약값이 감해져 계산되었다.

휘의 뇌하수체 손상 이후, 갑자기 밤에 몇 시간 어디 가서 더 일할 생각을 하는 남편을 나는 말렸다. 다시 격류지대를 지나치는데, 그래서 그냥 살아도 보통의 사람보다 더 안간힘을 써야 하는데, 노동강도마저 높이는 것은 휘를 위해서도 좋은 일이 아니라고 했다. 휘를 위해서는 좀더 건강한 부모가 필요하다고.

그 말을 하는데 가슴이 아팠다. 이민노동자로서의 가난을 선택한 건 바로 우리다. 통장에 잔금이 있는 가난, 선택한 가난이라 부끄러울 것이 없다. 게다가 수입이 적다고 1,000달러 이상의 약값은 지원을 해주니, 그 힘든 중에 노동강도를 높이는 이중고는 덜 수 있었다. 그런데 안심하고 돌아서 생각하면 다른 누군가가 비교되곤 했다. 내가 떠나온 동네의 나와 형편이 비슷할 누구. 식당이라도 나가야 되나, 한숨을 쉬고 있을 것 같은 그 누구.

심심찮게 실리는 미담을 며칠 전에도 읽었다. 1년 백혈병 치료에 1억 5천만원이 들어갔는데 이젠 더이상 돈이 없어서 지역주민들이 그 아이 살리는 일에 발벗고 나섰다고.

400달러부터 1,000달러까지는 40퍼센트를, 그리고 1,000달러가 넘어서면 약값의 전부를 지원받는 동네에 살면서 그런 뉴스를 듣는 기분은 참으로 묘하다. 그런 기사를 읽는 다른 사람들은 어떤 기분일까. 그 기사의 주인공일 수 없는 다른 평범한(?) 백혈병 환자 가족들은 그럼 어떻게 지내나, 한번이라도 생각해보는 것일까? 그들 역시 1억 5천만원을 1년 치료비로 쓰고 있기는 마찬가지라는 그 간단한 이치를.

지난해 너무 힘들고 바빠서 나는 절망할 틈도, 울고 있을 틈도,

투정을 부릴 틈도 없었다. 수입에 맞게 배려를 해주는 시스템하에서도 그랬다. 짐이 너무 무거우니 오히려 신음소리조차 낼 수 없었던 시기가 하염없이 이어졌었다. 돈걱정이 없었어도 그랬다.

그러나 만약 그 시기에 밑빠진 독에 물을 들이붓듯이 그 모든 치료비, 검사비까지 대야 했다면? 황폐할 대로 황폐해진 '나'라는 지옥 속에 갇혀 있었겠지. 대답이 너무 쉽게 나온다.

안 믿어줘서 고마워요

　매주 화요일과 금요일에 각각 한 시간 반, 그리고 불규칙적으로 토요일 오후 세 시간, 내게는 황금 같은 자유가 주어진다. 투병중인 휘에게서뿐만 아니라 멀쩡한 둘째 휘에게서까지 해방되어서 내가 하고 싶은 일을 하거나 하기 싫은 일에서 손 떼고 잠깐 빈둥거릴 수 있다. 물리치료사가 '와주는 날'이기 때문이다.
　5월, 수술이 끝난 뒤 입원, 재입원, 재재입원을 하면서 병원을 들락거리는 동안, 병원에서 나는 낯선 방문객들을 맞이하느라 바빴다. 소아정신과 의사가 방문했고, 물리치료사들이(각자 맡은 부분이 달라서 복수형입니다. 물리치료의 경우도 의료보험 적용이 수입에 따라 정해집니다. 3개월 혹은 1년은 무료치료, 그 이후 원하면 자비치료를 해야 합니다) 방문했다.
　그들은 휘를 걸어보게 하고, 양쪽 손과 발의 힘을 비교하고, 말하는 모습과 웃는 모습을 살폈다. 실제로 휘는 기운이 없는 한쪽 발을 질질 끌고 있었고, 말을 잘 안 듣는 팔을 아무렇게나 내려뜨려놓고 사용하지 않으려 들었고, 어쩌다 웃을라치면 한쪽 입술과 눈이 이상하게 찡그려졌다. 웃기 싫은데 억지로 웃는 사람처럼. 정확하게 몸 절반이 그랬다. 잠 자고 있을 때 보면, 미처 꼭 다물어지지 않은 왼쪽편 입술로 침이 흘러 입 주변에 허옇게 말라 있곤 했다.

그런데 그걸 보면서 한숨을 쉬고 있을 틈도 없이 곧바로 물리치료 일정이 잡혔다. 치료와 재활이 톱니바퀴 물리듯 곧바로 이루어지는 것이, 좀 나쁘게 표현하자면 마비되기를 기다리고나 있었다는 듯 신속했다.

그러나 그 신속함보다 더 인상적이었던 것은, 아마도 내가 편해서였겠지만, 재활에 관계된 모든 일처리들이 내 편의에 따라 이루어졌다는 것이다. 관계기관을 찾아다닐 필요없이 모든 관계기관들이 내게로 찾아와주었다. 병원에서는 병원 안의 물리치료사가 찾아와주었고, 퇴원할 때 그가 모든 서류들을 가져와 파견 물리치료사와 나를 연결시켜주었다. 그러고는 처음에는 일주일에 세 번, 나중에는 일주일에 두 번 물리치료사들이 운동도구들을 가지고 집으로 찾아와주었다. 하다못해 장애자 주차증 같은 것까지 재활에 필요한 모든 서류들을 물리치료사들이 집으로 가져와주었다. 나는 그냥 서류를 작성해 우체통에 집어넣거나 되돌려주면 되었다.

지난해 여름, 월드컵의 열기가 뜨거울 때, 우리만큼이나 한국경기에 관심이 많은 이가 있었다. 휘의 물리치료사 이네카. 그녀는 네덜란드계 캐나다인으로 히딩크와 한국축구에 열광했다. 문을 열면

"너희도 봤지? 한국이 또 이겼다" 한바탕 수선을 떤 다음 운동에 들어가곤 했다.

휘의 물리치료는 마비된 곳을 풀어주기 위한, 말하자면 상태를 개선시키기 위한 것이 아니라, 휘가 그 상태로 잘 적응하도록 돕는 것이 그 목적이었다. 이네카는 캐나다의 히딩크라는 자부심을 갖고서(그녀의 표현) 휘에게 반신이 불편한 상태에서 발을 떼는 법, 팔을 놀리는 법, 앉았다가 일어서는 법 등을 가르쳐나갔다. 휘는 땀을 뻘뻘 흘리면서 이네카의 그 훈련들을 잘 따라주었다.

이네카는 영리하기도 해서, 잠깐 쉬고 하자면서 공받기 놀이 같은 것을 조금 강도 높은 운동 사이사이에 끼워넣기도 했다. 낑낑거리면서 누웠다 굴렀다 일어섰다를 반복한 뒤의 공놀이는 단순히 놀이가 아니라 왼손을 어깨높이까지 올려서 사용하게 만드는 또다른 훈련이었다.

공원 함께 달리기, 놀이터의 계단을 이용한 운동. 초기 이네카의 제법 강한 훈련기간 동안, 몸 전체의 무게를 무의식적으로 그 성한 오른발로만 지탱해내느라고 휘의 성한 오른쪽 발바닥에는 물집이 서너 차례 잡혔다가 풀렸다가 했다. 발가락 바로 아래 도톰하고 고운 발바닥에 그렇게 물집이 잡혔다가 가라앉았다가 굳은살이 되어가면서 휘는 조금씩 균형감각을 찾아나갔다. 왼쪽의 남은 힘을 사용하는 법을 익혀나가면서 물집도 사라졌다.

질질 끌던 다리를 약간씩 땅에서 떼면서 좀더 편하게 절뚝거리며 걸었고, 아무렇게나 덜렁덜렁 늘어뜨리고 걷던 왼쪽 팔을 좀더 편하게 흔들면서 걸었다.

균형을 잃어서 누가 슬쩍 건드리기만 해도 넘어질 것 같던 휘가 서서히 그런 몸 상태에서는 어떻게 균형을 잡아야 하는지를 깨우쳐나갔다. 그리고 이네카가 그렇게 몸 전체를 교정시켜놓은 다음, 그때그때 휘의 형편에 맞춰 다른 두 명의 물리치료사가 교대로 찾아와주었다.

그런데 이네카의 처음 훈련시기 때를 제외하고는, 이제 물리치료사들은 모든 과정에 둘째까지도 포함시켰다. 손 운동을 위해 찰흙놀이 같은 것을 할 때, 오리기 붙이기 같은 것을 할 때, 당시 그런 만들기 위주의 물리치료를 하던 쉐를린은 심지어는 날이 화창하면 늘 나를 집 밖 어딘가로 쫓아내려고 안달이었다.

어디든 가라고, 쉬라고, 도서관에라도 가라고. 다녀보면 어느 집이나 아이가 아프면 부모의 개인시간이라는 것이 너무 없어지더라고. 그러니 자기가 와 있을 동안만이라도 너의 시간을 가지라고.

쉐를린 덕분에 집안에서 쫓겨나서 나는 혼자 커피숍 창가에 앉아 책을 읽는 호사도 부렸었고, 도서관에 앉아 신문이며 잡지 등도 읽을 수 있었다. 아이들을 데리고 세 시간씩이나 수영장엘 가주면, 길게 누워서 영화를 보기도 했다.

이웃의 누군가는 공원에서 물리치료사들과 아이들이 놀고 있는 것을 보고 놀라서 물었다. 누구냐고. 이런저런 설명을 해주자, 야, 이 나라 참 대단하네, 진짜 인간적인 시스템이구만 했다. 같은 뜻이었지만 난 좀더 역설적으로 표현했다. 아니라고, 비인간적인 시스템이라고. 부모가 초인일 수는 없다는 것을 아는 시스템이니, 부모를 안 믿고 못 믿는 시스템 아니냐고.

그 생각은 지금도 변함없다. 밴쿠버의 복지체계를 경험해나가면서 내가 느끼는 것은, 그 체계들이 결국 인간을 크게 안 믿거나 못 믿는 마음에서 설계되고 보완된다는 점이다. 아픈 아이를 데리고 병원 오가는 일만 해도 그 집 부모는 쉽게 지칠 것이다. 그러니 모든 서류며 해결사항을 가지고, 결국 그 일로 돈을 버는 우리가 가져야 고객이 잘 관리될 것이다라는 구도.

이민자여서 내가 한번도 이용해보지 못한 자원봉사 항목이 바로 시장봐주고 요리해주고 집안 청소해주는 것이었다. 병원복지사가 몇 번 권했었다. 너는 자격이 충분하다고. 그런데 그들에게 미역국이나 김치찌개를 끓여달라고 부탁할 수는 없는 일이었다. 시장봐주는 일조차도 물건들을 설명해주기가 더 어려울 것 같았다(결국 제 영어가 유창하지 않다는 고백입니다).

아이 혹은 부모 형제가 난치병에 걸린다고 해도 집안의 경제적인 능력이 그에 맞춰 개선되지는 않는다는 것을 헤아리는 의료시스템, 아무리 다급해도 두 개이던 손과 발이 갑자기 네 개 다섯 개 열 개로 증가하지는 않는다는 것을 아는 재활시스템, 결국 인간은 약한 존재이기 때문에 서로 돕지 않으면 안된다는 것을 시인하는 자원봉사시스템, 이런 것들을 경험하면서 나는 늘 속으로 이렇게 생각했다. '그래, 나를 안 믿어줘서, 못 믿어줘서 정말로 고마워.'

심지어는 내 기억력조차도 못 믿어서 병원에서는 하루 이틀 전에 늘 확인전화나 편지를 보내준다. 깜박 잊고 있다가 그제서야 다시 한번 달력에 크게 표시를 해둔다. 안(못) 믿어주어서 정말 다행이야 하면서.

그런 경험들 때문에 나는 너무 인간을 믿어버려서 오는 문제들에 더 민감해졌는지도 모르겠다. 집안에 암환자가 생기면 온 집안 사람들이 헌신해야 한다고, 그것이 인간의 도리라고 믿어버리는 의료보험제도에 의문이 생기기 시작했다. 경황없는 와중에 필요한 서류 한 장도 다 직접 떼어다 제출해야 하는 시스템, 부모는 경우에 따라 초인이 될 수도 있다고, 되어야 한다고 믿어버리는 시스템이 참 무섭다고 느껴졌다.

소년소녀가장이라는 말이 있다. 소년소녀도 상황에 따라서는 가장이 될 수 있다는 무시무시한 믿음이 내포되어 있는 말처럼 느껴진다. 누가 날 그만큼 믿어줄까 겁날 지경이다. 결손가정이라는 말도 그렇다. 아버지나 어머니가 없으면 부족한 가정이라는 터무니없는 믿음이 느껴진다. 왜곡된 믿음이 아닐 수 없다.

선천적 장애인들은 24시간 집에서 견디는 초인적인 능력도 함께 가지고 태어났다고 믿어버리는, 그리고 후천적 장애인들조차도 장애를 갖는 그 순간부터 집 밖 출입을 포기하는 초인적인 의지 혹은 초인적인 포기 능력을 발휘할 수 있다고 믿어버리는 우리의 외적인 환경은 또 어떤가.

믿어줘야 할 때는 시시콜콜 간섭하다가(주민등록증 보여줘야 하는 일이 너무 많지 않습니까?) 정작 좀 안 믿어주면, 못 믿어주면 좋겠는 힘든 순간에는 자, 너만, 너의 가족만 믿는다, 희생봉사정신을 발휘해주길 바래, 하고 나오는 국가 시스템. 자, 보여줘, 너의 잠재력을 보여줘, 하면서 수수방관하는 사회, 생각하면 생각할수록 무섭다. 제발 날 믿지 말아달라고 부탁하고 싶은 지경이다.

화요일과 금요일, 너도 인간이니 좀 쉬고 놀아야지 하면서 오후에 와서 또 한 시간 30분 동안 두 아이를 데리고 공원을 산책해주고, 운동도 해줄 물리치료사 아니타가 오는 날이다. 그 시간에 길게 누워서 책을 읽거나 깜박 조는 맛에 나는 엄마인 나조차 크게 안 믿고 못 믿어 주는 점이 늘 고맙다. 휘의 모든 병원관계자, 재활관계자들이 제발 계속 날 안(못) 믿어주길 바랄 뿐이다.

이쑤시개, 필요하세요?

나는 언젠가 읽었던 소설의 한 장면을 떠올렸다. 스페인의 어느 굶주린 하층귀족이 다른 사람들에게 자기가 방금 거창한 식사를 했다는 인상을 줄 셈으로 이쑤시개를 물고 돌아다닌다는 부분이었다. 나는 자신을 속이기 위해 이쑤시개를 즐겨 사용하기 시작했고 커피를 한 잔 마시러 간이 식당에 들를 때마다 잊지 않고 그것들을 한움큼 집어왔다.
―폴 오스터 소설 『달의 궁전』 중에서

물리치료로 몸의 균형을 잡는 것에 조금 자신이 붙자 휘는 학교에 가보겠다고 했다. 한 시간쯤 혹은 두 시간쯤, 일주일에 한두 번 아주 기분이 좋은 날 가는 학교. 그러나 학교에서 언제 데리러 오라는 전화가 걸려올지 모르니 나는 또 전화기 앞에서 대기근무를 한다. 그런데 하루는 전화를 받고 데리러 갔는데 휘의 표정이 좀 어두웠다.

"학교 다니기가 자꾸 싫어져."

"왜?"

"같이 놀 친구가 없어서."

휘의 반에는 4학년, 5학년 함께 공부한 친구들이 있어서 그 중의 몇 명과는 카드놀이도 하면서 제법 섞여서 놀았었다. 그런데 수술 후, 휘가 모자를 눌러쓰고 절뚝거리면서 나타나자 아마 그 몇 명의 친구들마저도 어찌 대해야 할지 몰랐던 모양이다. 어린 맘에도 그런 친구를 바라보는 게 속이 상해서 더 조심을 한 것인지도.

"그럼 네가 먼저 말을 걸어보지 그랬어. 다시 카드놀이 함께 하자고 그래보지."

해줄 말이 그것밖에는 없었다.

소아정신과 의사 바브라의 오피스에 휘를 데려다주고 나면 나는 늘 병원 도서관이나 휴게실 한켠에서 혼자 시간을 죽여야 했다. 책도 읽고 들고 간 시디플레이어로 음악도 듣고. 그러는 순간에도 간혹 지금 휘는 바브라와 무엇을 할까, 어떤 이야기를 나눌까 생각해보곤 했다. 엄마인 내게도 털어놓지 못하는 이야기를 하고 있을까? 그렇다면 엄마에게도 못 털어놓는 이야기는 뭘까. 그 생각을 하면 마음이 적막해지곤 했다.

그렇게 시간을 죽이다가 정해진 시간에 휘를 데리러 가면 바브라는 휘가 그린 그림들, 이야기한 내용들을 간단하게 설명해주곤 했다. 그런데 하루는 들어와서 이걸 좀 보고 가란다.

작은 모래상자 위에 맹수와 애완동물들과 사람 모형을 배치하고 싶은 대로 배치해보는 작업. 휘는 모래벌판 한쪽 귀퉁이에다 울타리를 치고, 사자와 악어 독사 같은 것들과 소나 말 같은 큰 동물, 개나 고양이 같은 애완동물까지를 전부 몰아넣어놓고 있다. 울타리 안이 비좁을 정도로. 그러고는 저쪽 맨 가장자리에 나무 한 그루, 의자, 파라솔을 놓고 달랑 사람을 혼자 그곳에 앉혀놓았다. 그 두 그룹 사이엔 완벽하게 휑한 모래벌판만 놓여 있었고.

바브라가 어깨를 으쓱이면서 웃어보였다. 나도 웃을 수밖에 없었다. 최대한 모든 것들을 한쪽으로 밀어놓고 최대한 멀리 도망쳐서 쉬고 있는 그 사람은 도대체 누구란 말인가.

폴 오스터의 소설에서 이쑤시개를 발견했을 때, 문득 휘가 작업해놓았던 그 모래벌판이 떠올랐었다. 어, 어, 하고 있는 사이에 어느덧 무숙자가 되어서 공원에서 숙식을 해결해야 하는, 인텔리 청년의 고백. 위기를 많은 자선에 의지해 넘어야 하는 사람이 되어서 그가 깨달은 진리는 아주 간단했다. 이쑤시개를 물고 절대 배고픈 척하지 않아야, 손 내밀고 구걸하지 않아야 뜻밖의 행운이 찾아온다는 사실이다. 그렇게 초연한 척하고 있어야, 잔뜩 먹을거리를 싸들고 소풍나온 가족이나 일행에게 초대받는 행운을 누릴 수 있다는 것을 체험으로 익혀나간다.

그 이야기를 읽어나가는 마음이 쓰라렸다. 그건 사람들 사이의 사막에 대한 이야기 같았다. 내겐 '새의 시야' 정도가 아니라 '우주적 시야'로 세상을 바라보라고 가르쳐준 친구가 한 명 있다. 우주 높이에서 이 지구를, 그 지구 안의 사람을 바라본다고 생각해보아라. 그 이후 나는 가끔 우리 집앞의 넓은 공원 잔디밭 위, 내 눈에는

다 같은 잔디로 보이는 그 작은 풀들 중의 하나가 바로 나라고 생각해보곤 한다.

그런데 문제는 그런 성찰로 현실의 문제가 풀리지는 않는다는 것이다. 현실에서는 어느 지역의 풀들이 저쪽 다른 척박한 지역의 풀들을 무시한다. 같은 지역의 잔디밭에서도 더 키 크고 싱싱한 풀이 여린 풀들을 무시하고 소외시킨다.

그보다 더 큰 문제는, 그런 윤기나는 풀들의 무시하는 방법이다. 구질구질한 소리 좀 하지 마. 늘 같은 주장들 정말 지겨워. 니가 못나서 그런 걸 어쩌란 말이냐. 자존심을 좀 가져봐라.

배가 아무리 고파도 이쑤시개를 물고 제발 초연한 척해달라고 요구한다. 아무리 생각해도 인간이라는 고등동물들의 법칙이 너무 난해하다. 상처받지 않으려면 사랑하지 않으면 된다. 사랑게임은 늘 덜 사랑하는 자가 승리하는 법이다. 인간에게 기대해서는 안된다. 결국 자신의 섬에서 냉소지을 일밖에는 아무런 방법이 없어보일 정도다.

그래서 나도 열심히 이쑤시개를 물고 다녔다. 그런데 네덜란드에서 25년 전에 이민 온 물리치료사 이네카가 내 이쑤시개를 빼앗았다. "내가 우리 단체의 상담원을 보낼 테니 상담을 받아보도록 해. 이민 초기에 나는 아이가 아프지 않았어도 너무너무 힘들어서 늘 징징거리고 다녔었어. 너는 네 감정을 너무 감추고 있는 것 같아."

휘가 학교 가는 날 몇 번, 상담자가 찾아왔다. 모국어로 해도 미묘하고 민감한 이야기를 영어로? 처음부터 마음이 열리지 않았다. 결국 나는 단답형 대답만을 했고, 상담원이 미처 다음 질문을 생각해내지 못해서 어색한 침묵이 흐르곤 했다. 그러다가 어느 날, 그녀는 매끄럽게 잘도 피하는 나의 급소를 아주 조용히 찔렀다. "너, 힘들지 않니?"라고.

힘들지, 물론. 그럼 넌 내가 안 힘들 거라고 생각했니? 대답하려는데 이상하게도 눈물이 흘렀다.

"힘든데 네 감정을 너무 꼭꼭 감추고 있어서 너, 지금 더 힘든 거야." 그녀가 매운 양파 조각 하나를 내 눈 앞에 더 갖다대고 있다. 나는 더 운다. 울면서도 에이, 정말 울기 싫은데, 저항감을 느끼고 있다. 도대체 이쑤시개를 얼마나 많이 물고 있었던 거야? 나는?

"그래 울어. 이럴 땐 우는 것도 좋아. 네게는 그게 필요한 것 같다." 그런데 갑자기 그 말을 들으니 눈물이 쏙 들어간다. 뭐야, 진짜 상담원인 거 맞아 싶은 기분이 들면서 더 울고 싶은 마음도 사라진다. 내가 뽑아내야 할 이쑤시개의 숫자가 얼마나 많은지를 또 느낀다.

그 상담기간은 그리 길지 않았었다. 우선 개인적으로 낼 수 있는 시간이 귀했고, 모국어가 아닌 언어로, 게다가 못하는 영어로 상담을 받는다는 것의 한계를 그녀도 나도 느꼈기 때문에. 그렇지만 좋은 경험이었다고 나는 늘 생각한다.

문자중독이 좀 심한 나는 이젠 상담원 대신 암환자 가족을 위한 책들을 빌려다 읽어본다. 어느 날 한밤중에는 그런 책 한 권을 읽다가 낄낄대고 있다. '소아암 환자를 둔 부모에게 해서는 안될 말'이라는 소제목의 글을 읽으면서.

첫번째가 종교를 강요하지 말아라였다. 특히 투병 초기라면 더욱

더. 그 중에서도 그런 고난이야말로 선택받은 증거다, 같은 말은 절대로 절대로 하지 말라고 되어 있다. 그러고는 그에 따른 사례들이 적혀 있다. 독실한 신자인 친구가 와서 그런 말을 하는데 정말 기분이 나빴어요, 어쩌고 저쩌고. 그저 널 위해 기도할게. 네 가족을 위해 기도할게 정도라면 해도 된다고 마무리.

다음 금기어. '너라면 충분히 이겨낼 수 있어. 너는 강하잖아'라는 말은 그래 너는 힘이 세니까 남들 두 개 들 때 세 개쯤은 거뜬히 들 수 있겠지, 이런 말처럼 들리기 쉽단다.

그리고 또, 도움이 필요하면 말하라고 막연히 이야기하지 말라고 충고하고 있었다. 내가 한가한 요일이 무슨무슨 요일이야. 그때 내가 해줄 수 있는 일은 또 무슨무슨 일이고. 그러니 그 일이 필요하면 무슨 요일 몇 시에 날 불러줘. 우선 이렇게 알려주면 부탁할 사람이 정보도 얻고, 심리적으로도 더 편안해진다고 쓰여 있었다. 도와주고 싶어하는 마음이 좀더 쉽게 흡수된다는 말.

한밤에 미국에서 발행된 그 책을 읽으면서 나는 정말 소리내어서 낄낄 웃었다. 사례들이 재미있어서. 사람들은 다 똑같구나. 내가 듣기 싫은 말은 미국 소아암 환자 부모도 듣기 싫거나 거부감이 들었구나. 낄낄거리다가 문득 몇 년 전, 친구의 남편이 재생불량성 빈혈이라는 큰 병을 얻었을 때, 나도 종교를 권하는 것만 빼고 나머지 하지 말아야 할 말들을 다 해버렸었다는 것을 깨달았다. 다 해버린 정도가 아니라 멋진 논리까지 덧붙이지 않았나 모르겠다. 아마 그랬을 것이다. 내 현학취미로 미뤄 짐작해볼 때. 아마 그 친구도 이 쑤시개가 제법 많이 필요했겠다.

몇 년 전 일에 갑자기 미안해지려다가, 그냥 에이, 할 수 없었지 뭐, 하고 말았다. 누가 이런 이야길 해줬어야 말이지 하고 넘어갔었다. 그 뒤로 나는 이쑤시개를 되도록 사용하지 않으려 노력했고, 사용하더라도, '지금 이쑤시개 사용중'임을 잊지 않으려 했다.

아이가 많이 아픈가봐요. 네, 뇌종양이에요. 처음에 나는 아이 병명을 그대로 이야기하곤 했다. 그런데 너무들 놀라는 바람에 요즘은 이쑤시개를 척 물고, 네, 근데 이젠 많이 나아졌어요 하고 대답한다. 병명은 여간해서는 잘 안 알려준다.

아빠 뭐 하시니? 묻는 말에 처음에는 전 엄마랑만 살아요라고 솔직하게 대답했다던 이혼한 선배 딸이 요즘은 네, 회사원이에요라고 거짓말도 안하면서, 친구부모를 놀래키지 않고 대답하는 방법을 익힌 것과 비슷하다. 그 아이도 너무 일찍 이쑤시개 사용법을 익혀버린 것 같다.

남자의 군대 이야기 정말 들어주기 지겹다라거나, 여자들이 쉬지 않고 문제를 고쳐달라고 떠들어대는 것은 정말 봐주기 힘들다라거나, 시집간 친구의 시집살이 이야기를 독신친구가 들어주기 힘들고, 독신녀의 외로움에 대한 이야기가 아이 키우느라 힘든 주부에게는 배부른 푸념으로 들리듯, 경험하지 못한 것을 이해하기 어려운 인간의 약점은 결국 서로가 서로를 소외시키는 것 같다.

다시 말하자면 우리는 모두 소외공동체 마을의 주민.

대구 지하철 역 화재사고 이후, 정신과의사들 몇 명이 피해자 가족들이나 그 가족들을 위로할 방법을 모르는 사람들을 위해 무료상담을 해주었다는 뉴스를 신문에서 보았다. 참으로 신선한 뉴스였다.

　아직도 가끔 이쑤시개를 사용하면서 나는 생각한다. 시시콜콜한 이야기들, 이혼 체험담, 암환자 간병담 같은 것까지가 정보서적으로 널리 출판되는 선진국(다른 표현을 찾을 수 없어서)에 비해 아직도 우리 사회는 너무 경건한 것 아닐까.

　'정상적인 삶'이라는 테두리가 너무 완강하다 보니, 다양한 다른 삶의 경험들을 흔연스럽게 털어놓기가 좀 힘들고, 그러다 보니 용기 있게 '실은 나는 ○○였다.' '미혼이지만 아이가 하나 있다' 등등의 고백이 늘 스포츠신문 '충격고백수기'식으로 변질되어버리는 것도 같다. 경험한 자가 경험해보지 못한 자에게 이런 삶도 있다고 재미있게 이야기해주는 방식이어도 될 텐데.

　후천적인 장애인이, 장애인이 되어서 바라본 세상에 대해서 자연스럽게 이야기하거나, 빈민이 빈민문제를, 여성이 여성문제를, 혹은 남성이 자신의 괴로움을 시시콜콜 이야기하는 문화는 건강한 문화라고 나는 생각한다. 이쑤시개를 물라고, 제발 좀 구질구질하고도 똑같은 이야기는 하지 말아달라고 입을 막는 일은 결국 자신도 섬에 가두는 일이라고도 나는 생각한다.

　그래서 나는 가슴 한복판에 늘 플래카드를 하나 내걸고 지낸다. '타인의 취향을 존중하자.' 그건 다른 말로 하면 내 취향과 내 경험을 존중해달라는 말이기도 하다. 이건 이쑤시개를 남용하다가 상담까지 받아야 했던 내가 이쑤시개 사용을 많이 줄이면서 얻은 별로 신선할 것 없는 내 인생의 황금률이다.

분노와 감상 방지시스템

깊은 사색없이 단순 소박하기는 쉽다. 그러나 깊이 사색하면서 단순 소박하기란 얼마나 어려운가?
자신을 기만하면서 낙천적이기는 쉽다. 그러나 자신을 기만하지 않으면서 낙천적이기란 얼마나 어려운가?
—『서준식 옥중서한』 표지글 중에서

수술 후, 주기적으로 휘를 만나고 지켜보던 신경외과 팀들과 종양학 닥터 휴켄이 드디어 방사선 치료 시기를 결정했다. 이제야 겨우 변한 몸 상태에 적응했는데, 아직도 집앞 공원 한 바퀴를 도는 데 서너 번씩은 벤치에 앉아 쉬어야 하는데, 그런 아이에게 마지막 고비 하나를 어서 넘자고 재촉하는 것 같아서 나는 많이 속이 상했다. 너무 빠른 것 아니냐고 물어봤다.

휴켄과 스타인벅이 동시에 말한다. 수술 후 남은 종양이 활동하기 전, 방사선 치료는 빠르면 빠를수록 좋다고.

7월 17일부터 8월 28일까지의 방사선치료 일정이 잡힌다. 그 기간 중 토요일, 일요일, 공휴일을 제외한 모든 요일에 휘는 이제 아동병원이 아닌 캔서에이전시, 암 전문병원으로 가서 30회, 방사선을 쐬어야 했다.

방사선 치료 날짜가 잡힌 후, 상담을 마친 휘를 데리러 갔더니 바브라가 방사선 치료에 대한 비디오 자료의 이름을 알려주었다. 이제 휘의 두려움은 온통 방사선 치료에만 쏠려 있다고, 그러니 가는 길에 도서관에서 빌려가 한번 보여주는 게 좋겠다고.

그래서 방사선 치료를 받기 전 온가족이 함께 빌려온 그 비디오를 보았다. 방사선 치료과정과 그 효과에 대해 아이들 눈높이로 설명해 놓았다. 물론 재정적으로 늘 곤란을 겪는 아동병원이라(기금 마련을 위한 이런저런 행사가 자주 열립니다) 오래 전에 만들어져 화면상태도 그다지 양호하지 않은 비디오였다. 얼마나 오래되었던지, 넉넉한 중년의 아주머니로 변한 휘의 담당 복지사가 호리호리하게 젊은 모습으로 설명을 해주고 있다. 그 리포터 덕분에 웃으면서 비디오를 볼 수 있었다.

그리고 캔서 에이전시 방문. 입구에서부터 투병중인 노인 암환자들을 계속 만났다. 몸도 가누기 힘든 마른 노인들이 항암치료, 방사선 치료를 받느라 지치고 창백한 모습으로 느릿느릿 걸어다니고 있었다. 모든 환자가 아이들인 아동병원과는 또다른, 아주 쓸쓸한 풍경이었다.

그날은 그저, 인수인계 정도의 만남일 것이라 생각했었다. 그러나 시간이 제법 걸렸다. 우선 방사선 치료를 담당할 의사가 휘를 데리고 그 병동 전부를 견학시켰다. '이러이러한 병동들이 있고, 이러이러한 기계들이 있는데, 너는 그 중에 바로 이 기계를 이용해 치료를 받을 것이다.'

견학 뒤에는 마스크 만드는 작업. 마스크 만들기 전에도 미리 치아를 고정시켜줄 어떤 물질을 떼어서 휘에게 뭔가를 빚어보라고 한다. 그래서 휘가 빚은 그 물체가 어떤 식으로 딱딱하게 굳는지를 미리 보여주었다. 마치 만들기 시간이라도 되는 듯, 휘 역시 비디오로 한 번 봐서 어떻게 해야 하는지 안다면서 설명을 듣고는 단 한번에 마스크 모형을 떠냈다.

마지막으로 의사로부터 방사선 치료 기간에 나타날 수 있는 온갖 가지 증세들을 전해들었다. 항암치료보다 더 힘든 것은 사실이지만, 증세가 나타나면 그때그때 약을 처방해줄 것이라고 했다.

곳곳에 방사선 기계들이 놓여 있고, 그래서 설계 자체가 개미굴처럼 미로처럼 되어 있는, 전체적으로 창백한 그 병원의 공기는 한여름인데도 서늘했다. 30회의 치료를 받아나갈 일이, 게다가 그 사이사이 방금 전해들은 무시무시한 부작용들에 대처해가야 할 일이, 무엇보다도 수술 후 몸과 마음이 아직 회복되지 않은 휘가 다시 꾸역꾸역 험한 고빗길 하나를 넘어가야 할 일이 아득하기만 했다.

기운 없이 나오려는데, 간호사가 자원봉사운전자 전화번호를 준다. 그들에게 전화하면 매일 집앞으로 데리러 가고 처치 마치고는 또 집으로 데려다 줄 거라고 했다. 휘의 아버지가 일하는 날에만 이용하겠다고 하자 간호사가 정색을 하면서 30회 치료 기간 동안 온 가족이 되도록이면 이전과 같은 생활을 하라고, 이 치료에 온 가족이 매달릴 필요는 없다면서 교통편은 그냥 처음부터 끝까지 자원봉사자 차량을 이용하라고 한다. 가족에게 차가 두 대라도, 결국 엄마는 운전석보다는 치료 마친 아이 곁에 앉아 그 상태를 살펴줘야 한다고. 마치 자가용 이용하듯, 누군가가 데리러 오고 데려다 주는 일에 불편해하는 내 마음을 읽었던지 간호사가 차분하게 그런 것들을 일러주었다.

긴 복도를 걸어나오면서 나는 다시 나오려던 한숨을 접었다. 어깨를 짚는 감상도 떨쳐버리려 했다. 도대체 감상에, 자기연민에 빠져들 틈을 안 주는 시스템이군 생각하면서.

내게는 아주 두꺼운 옥중서신집이 두 권이나 있다. 신영복의 엽서 영인본과 『서준식 옥중서한』. 두 분 다 감옥에서 지낸 세월이 하도 길어서, 책들의 부피 또한 만만치 않다. 그런데 그 책들을 읽어보면, 인간이란 도대체 감옥에서도 '돈'으로부터 자유롭지 못하다는 것을 알 수 있다. 감옥에서도, 아니 감옥이니까 더욱더 '돈'이 필요하다. 그 책들을 읽지 않았으면 몰랐을 새로운 발견.

필요하다고 해서 감옥에 갇힌 이가 직접 돈벌이를 할 수 없으니 식구들로부터 도움을 받는다. 그래서 감옥에서 쓴 편지 말미에는 늘, 돈을 부쳐주셔서 감사합니다, 무슨 책을 넣어주셔서 감사합니다, 하는 인사말이 씌어 있다. 처음 그 책들을 읽었을 때나 지금이나, 그 두꺼운 책에서 제일 슬픈 구절들을 대라면 나는 그런 대목들이라고 말하겠다.

그런데 방사선 치료를 위한 견학날, 아무도 회당 얼마고, 그러니 30번 모두 치료받는 데는 얼마라고 일러주는 사람이 없다. 게다가 교통편도 미리 다 해결되었다. 도대체 무엇이 문제란 말인가. 기운 차려서 씩씩하게 치료를 받는 것 외에.

불치의 병에 걸린 환자를 대하는 것보다 더 힘든 일은, 고칠 수 있는데 돈이 없어서 포기하고 돌아서는 환자를 대하는 것이다라는 의사의 말이 다시 한번 선명하게 기억났다.

휘에게 필요한 치료들을 결정해나가면서, 아무도 너희들 지불 능력은 있는 것이냐고 묻지 않는데, 게다가 가족들의 일상이 너무 흔들려서는 안된다고 그 기간 동안 교통편까지 마련해주는데, 그것도 못 받아들여서 분노하고, 비탄에 빠질 수는 없겠다는 그런 심정. 그건 이쑤시개를 무는 것과는 또다른 이야기였다.

그래서 기운을 차리고 우리 가족은 또 우리 가족이 할 일을 했다. 소아정신과 의사가 권한 애완동물 구하기 작전. 마침 휘의 보조교사네 고양이가 새끼를 낳아서 그 새끼 고양이를 한 마리 데려오기로 했다. 물론 그전에 나는 용감하게 아파트 매니저를 찾아가 담판을 하나 지었다.

우리 아파트는 애완동물이라면 토끼나 햄스터 같은 것조차도 금지되어 있는 곳이다. 그런데도 매니저를 찾아가 휘가 여름방학을 통째로 바쳐 방사선 치료를 해야 한다고, 그럼 집 밖에는 나갈 일이 거의 없을 것이라고, 그러니 고양이를 기르겠다고 말했다.

물론 고양이를 좋아하는 나는 고양이가 얼마나 깨끗하고 영리한 동물인지를 아주 열심히 설명해주기도 했다. 씩씩한 내 기세에 매니저도 뭐라 할말이 없는지 외교적인 허락 발언을 했다.

"너희 가족이 고양이를 키우는 거, 나는 절대 모른다. 앞으로도 절대 모를 것이고."

7월 15일, 치료를 3일 앞두고 휘의 아버지는 휘의 머리를 짧게 밀어주었다. 광선이 닿는 곳에 군데군데 머리가 빠질 것이라고 하니, 그전에 미리 잘라버렸다. 그런데 머리를 자르고 나니 머리 절반에 둥글게 난 수술자국이 확 두드러졌다. 후회하는 휘에게 새로운 모자 하나를 더 사주었다. 그렇게 자꾸 모자들이 늘어갔다.

오늘 이야기는 어쩌면 비인간적인 시스템 후속편일지도 모른다. 견학을 가서도, 자원봉사자 차량 안내를 받으면서도 나는 다시 한번, 왜 시스템이 정교하고 공평해야 하는지를 느꼈다.

방사선 치료 전에 견학을 가고, 마스크를 맞추고, 간호사가 자원봉사차량을 소개하는 일은, 방사선 치료를 받을 암환자가 오면 자동으로 작동되는 시스템이다. 휘가 더 불쌍해보여서도 아니고, 그들이 천사여서 더 친절한 것도 아니다.

가끔 이곳에서 나는 '합리적이다' 라는 말이 결국은 '정교하다'의 다른 말 아닐까 생각하곤 한다. 도서관의 문 여는 시간조차도 요일마다 다르고, 계절에 따라 또 약간 다르다. 우기에 해당하는 늦가을부터 겨울·봄까지는 일요일에도 1시부터 5시까지 문을 연다. 갈 곳이 없으니 도서관에서라도 놀라고. 그런데 관광객이 넘치는 아름다운 계절인 여름·가을은 일요일에 문을 닫는다.

병원 밖 늘 세우던 주차가능 지역에 차를 댔다가 위반딱지를 떼고 나서 보면, 무슨무슨 요일은 거리 청소하는 날이니 세우지 말라는 설명글이 붙어 있다. 찬찬히 안 읽어봐서 그렇지.

담당자의 인간성에 기대를 하느니, 시시콜콜한 모든 절차들을 명문화해서, 그 테두리 안에서는 차별이 없도록 하는 시스템의 현장은 여러 곳에서 발견할 수 있다.

이민 오기 전, 집 근처 대형마트에 시장을 보러 가보면, 주말이나 휴일에 일산 가구공장 등에서 일하는 외국인노동자들을 많이 볼 수 있었다. 우리나라를 떠날 날짜를 잡아놓은 상태에서 그들을 바라보는 내 마음은 좀 각별했다. 캐나다에 가면, 내가 바로 저들과 같은 입장이겠지 생각했다.

그들은 너무 싸서 의심스러운 전기구이 통닭들을 서너 마리씩 사거나, 특별 반짝세일하는 품목들, 값은 싸고 양이 많은 과자들만을 쇼핑수레에 담고는 했다. 그 마트 앞 빈터에서 아이들과 장난을 치면서 놀다 보면, 휴일이라도 어디 갈 데 없는 그들 역시 그 근처에서 빙빙 맴을 돌거나 국제전화를 걸고는 했다. 접속이 되면 뒤에 기다리는 동료들에게 신이 나서 웃어보이며 갑자기 목소리를 높이는, 그들의 '슬픈 외국어.'

그런데 나의 감상 어린 예상은 어느 부분에서 완전히 틀렸다. 휘는 소아암 환자가 된 후, 적어도 시스템상으로 완전 공평하게 치료를 받았다. 아직 시민권도 없는 상태라 해도. 밴쿠버 사람들이 유난히 착해서? 맘이 좋아서? 물론 아니다. 시스템상 차별을 금지해놓았기 때문이다. 간혹 편견 어린 대접이나 시선, 무형의 차별이야 존재하지만 적어도 형식적으로 시스템 안에서는 공평하다.

불법체류자 신분이 아니더라도, 만약 그때 그 마트 앞에서 만난 방글라데시나 인도의 누군가, 혹은 그 아이가 암에 걸렸다면? 한국의 빈민들보다 더 낮은 신분인 그들이 겪었을 과정을 쉽게 짐작해볼 수 있다.

　민족성이나 인간성에 대한 이야기들을 나는 좀 싫어하는 경향이 있다. 우주적인 시야로 보면 인간은 다 비슷한 풀잎들. 그러나 시스템을 고쳐가는 것, 내가 사는 집안을 그때그때 편하게 고쳐가는 것은 필요한 작업이라 생각한다.

　집안 공간 이용률이 떨어지고 물건들이 너무 널려 있으니 집안에 수납 공간을 좀 만들어보자 나서면, 당연히 그 기간 동안 온 집안 식구들이 불편할 것이다. 아이나 노인들보다는 상대적으로 견딜 능력이 있는 어른들이 더더욱. 그런데 그게 싫다고 하염없이 방치할 수는 없는 일 아닌가.

　소외계층들이 자기비하나 감상에 빠지지 말고 연대해 힘을 합치고 요구해나가야 한다고 나는 생각한다. 지금 당장은 기득권층인 너희들이 좀 참으라고, 그런데 참고 나서 고쳐놓고 보면 그 편함을 너희도 누릴 것이라고 설득하고 요구하고, 또 설득하는 일이 필요하다고 본다. 내가 못나서. 내가 못 배워서라고 포기하는 것이야말로, 지금 이대로여서 하나 불편할 것 없는 이들이 가장 바라는 것 아닐까?

　인간은 사회적인 동물이다. 그러니까 일정 부분 사회주의적인 시스템이 필요하다고 본다라는 한 친구의 말, 언제 생각해봐도 명언이다. 이 질주하는 자본의 시대에는 더욱더.

등뒤 속삭임, 몸에 해롭습니다

어느 날 아침 아빠와 엄마, 그리고 두 살바기 아기 토마스가 부엌에서 아침을 먹고 있는데, 돌연 엄마가 자리에서 일어나 싱크대로 몸을 돌렸다. 그런데 글쎄, 아빠가 천장 아래서 둥둥 떠다니게 되었다. 이때 토마스는 뭐라 할 것 같으니? 아마도 자기 아빠를 가리키며, "와, 아빠가 날고 있다!고 하겠지?" 그럼 엄마의 반응을 보자. 엄마는 손에 든 잼병을 떨어뜨리고 화들짝 놀라 울부짖겠지.
왜 토마스와 엄마는 그렇게 서로 다른 반응을 보일까? 이것은 습관의 문제다. 토마스 엄마는 인간은 날 수 없다고 배운 사람이다. 하지만 토마스는 그렇게 배운 일이 없다.
—요슈타인 가아더 『소피의 세계』 중에서

바쁘다 보니 도서관에서 빌린 아이들 책과 비디오의 반납기간이

지나 있었다. 10달러를 들고(하루에 2달러씩) 도서관에 찾아가 자진 신고했다. 일주일 야채값을 벌금으로 날리다니, 속이 좀 쓰리던 참인데 도서관 사서가 웃으면서 괜찮다고 한다. 아이들 카드로 빌린 것들에는 벌금을 물리지 않는다고. 아이들이 빌렸다가 깜박 잊은 그 벌금까지를 부모가 물어야 한다면 도서관이 부자될 거라고 윙크까지 해보인다.

오호라, 그제서야 번거로워서 그냥 내 책 빌리면서 아이들 책이며 비디오를 함께 빌리면 사서들이 아이들 카드 갖고 있으면 그걸 내놓으라고 간섭을 한 이유를 한꺼번에 깨닫는다. 아이들에게 카드를 만들어주어서 자신이 고른 책을 직접 빌릴 수 있는 즐거움을 누릴 수 있게 대접하는 한편, 반납기간을 어겨도 벌금까지는 안 물리는 것으로 아이취급을 하는 이중특혜를 주고 있는 것이다.

시야를 많이 잃은 휘가 정상인 아이들 세계와 시각손상자들 세계에 동시에 속하듯, 병원에서도 늘 어른대접과 아이대접을 함께 받는 이중의 특혜를 누렸다. 아직 부모 없이 혼자 집에 머무를 수 있는 나이가 안되었으니 아이대접을 받는 건 당연하지만, 자신의 병이나 수술, 후유증들에 대해 들을 권리를 누리는 것은 어른대접이다.

방사선 치료가 시작되었다. 우리의 방사선 치료 환자 번호를 대고 자원봉사자 차량에 연락을 해놓으니 첫날 30분 전에 문 앞에 차가 막 도착해 있다는 전화가 걸려왔다. 예행연습을 충분히 해서, 개미굴 같은 그 건물에서도 익숙하게 휘가 치료받을 곳을 찾아가 첫 치료를 받았다.

기계 아래 누운 휘의 팔, 다리를 쓰다듬어주고 담당의사들과 함께 ㄱ 자로 꺾여 설계된 그 좁은 공간을 나오면 좁다란 복도가 이어진다. 치료는 복도 끝나는 곳에 있는 스위스 은행 금고문 같은 완강한 철문을 꽁꽁 닫아 건 후에야 시작된다. 방사선이 얼마나 위험하고 강한가를 그런 건물의 구조와 이중의 경계장치로 깨닫는다. 바로 그렇게 꼭꼭 막아놓은 그 안에 휘는 하얀 마스크 하나로 자신을 방어하면서 혼자 누워 있다. 푸르스름한 화면을 통해 그런 휘의 무방비한 모습을 바라보노라면 가슴께가 뻐근해지곤 했다.

그런데 첫날 치료가 끝나자 간호사가 작은 박스 하나, 보물상자 하나를 나란히 휘 앞으로 가져온다. 작은 박스에는 온갖가지 모양의 스티커가, 보물상자에는 장난감들이 들어 있었다. 매일 들고 다녀야 할 30회 진료카드에다 휘는 맨 처음 별 모양 스티커를 골라 붙였다. 그리고 첫날이라고, 잔뜩 채워놓은 보물상자에서 청동오리 한 마리를 집어들었다. 스티커를 고르고, 제법 큰 보물상자를 뒤적뒤적거리면서 무얼 고를까 생각하는 동안, 휘는 비로소 아침부터 굳어 있던 얼굴을 풀며 조금 즐거워했다.

그 첫날의 일상이 30회 동안 매일 이어졌다. 일주일 내내 반짝이는 별들만 고르다가 드디어 동물 스티커로 옮겨가고, 이런저런 캐릭터 스티커로 바뀌었지만, 보물상자에서는 늘 봉제동물들만 골라 들었다. 하다못해 나중에는 바닷가재까지도 집어들었다. 집안 한켠에 작은 봉제 동물원을 꾸며도 될 정도로.

그래서 방사선 치료 후유증이 몰려오기 전까지 휘는 소풍이라도 가는 사람처럼 기대에 부풀기까지 한다. "오늘 가서는 어제 아깝게 놓아두고 온 강아지를 데려와야지." 휘만한 어린 환자가 없었던지, 다음날 가보면 보물상자에 강아지가 여전히 남아 있고는 했다. 늘 어른대접만 해주던 병원에서 그때만큼은 철저하게 아이대접을 해주었고, 휘는 그것을 누렸었다.

처음 휘가 뇌종양이라는 것을 알았을 때나 수술을 해야 했을 때, 나는 스태프들이 휘에게 모든 사실들을 곧이곧대로 이야기해주는 것 때문에 조금 속이 상했었다. 설명하기 힘들면 아예 그림까지 그려가면서 그들은 브리핑을 해주었다. "자, 여기 이렇게 두 시신경 줄들이 교차를 하고 있어. 이렇게. 그리고 그 교차지점 앞에 뇌하수체라는 게 있어. 콩알만한 것. 너의 종양은 바로 그 사이에서 자라고 있단다. 그래서 종양은 머릿속에 있는데 눈이 나빠진 거란다."

뭐, 그 정도쯤은 이해할 수도 있다. 그런데 수술을 앞두고서 수술 후 실명할 수도 있다, 전신마비가 올 수도 있다, 기억력이 일정 부분 사라질 수도 있다, 지적인 능력 혹은 감정적인 변화를 일으킬지도 모른다는 것들을 시시콜콜 설명하는 것을 바라보는 마음은 편치 않았다. 듣다가 휘의 귀를 좀 막아주고 싶을 만큼. 그렇잖아도 예민한 아이 얼굴이 무서워서 하얗게 굳어지는 것도 안 보이느냐고, 항의하고도 싶었다. 그런데 지금은 나도 어른이건 아이건, 환자에게 모든 것을 밝히는 편에 동의를 하게 되었다.

수술에 대해 의논할 때, 마지막 사인을 하는 그 잠깐 동안만 휘는 밖으로 먼저 나가 있고는 했다. 수혈을 하다가 에이즈에 감염될 수도 있다, 목숨을 잃을 수도 있다는 점까지를 스태프들이 일러준 뒤, 부모가 그것까지도 수용한다고 약속해야 비로소 사인을 할 수 있는

데, 그 장면만은 고맙게도 휘 없이 이루어지곤 했다.

그 짧은 시간 동안 안에서 무슨 이야기를 했는지, 자기 모르는 또 다른 무슨 이야기들을 나눴는지 휘는 늘 궁금해했다. "왜 나만 먼저 나가 있으라고 한 거야?" 그 물음에는 늘 약간의 불만이 섞여 있었다.

나중에 책에 보니 9세 이상의 아이들에게는 그 모든 치료과정을 미리 알리고 공유하는 것이 좋다고 쓰여 있었다. 어른들이 끼리끼리 모여서 수군대는 것은 오히려 상상력이 풍부한 아이들을 나쁜 쪽으로 자극할 수 있다고. 게다가 그 앞에서 아무리 부모가 심각하지 않은 척해도 아이들은 이미 달라진 공기를 느낄 수 있다고도 쓰여 있었다.

환자 본인을 따돌리고 보호자와 가족들이 등뒤에서 수군거리는 것만큼 환자를 두렵게 만드는 것은 없다고도 했다. 아이든 어른이든 마찬가지일 것이라고 나는 생각한다.

시야를 잃은 뒤부터 휘는 체육수업은 받지 않는다. 좁은 시야 그 너머에서 들려오는 발구르는 소리, 공이 튀는 소리들이 우리가 상상하는 것보다도 더 위협적으로 느껴진다고 했다. 곁에서 공 튀는 소리가 들리는데 그것이 보이지 않을 때마다 온몸이 긴장되고, 함성은 들리는데 무슨 일 때문인지 모를 때 와락와락 두렵다고 했다. 처음에는 휘를 참가시켜보려고 했던 체육선생님이 휘의 그런 의견을 듣고, 게다가 곁에서 그런 모습을 직접 보면서 절감한 이후, 휘는 체육시간엔 보조교사와 걷거나 책을 읽는다.

보이지는 않는데, 뭐라고 딱 꼬집어 증거를 대기도 힘든데, 등뒤에서 자신만 소외시킨 채 무슨 논의들이 진행되고 있거나 걱정들을 하고 있을 때, 환자는 두 번 소외된다. 자신의 상태를 알 권리와 그것에 스스로 대처할 권리를 한꺼번에 잃는다.

습관의 문제. 어른이 되면서 우리는 알게 모르게, 좋든지 싫든지, 그 사회에서 통용되는 상식들을 몸에 익히게 되는 것이다. 거부하면서도 그에 젖어들어가 결국 습관으로 굳는 것이다. 환자에게 다가올 너무 끔찍한 사실들, 심지어 2개월 3개월밖에 안 남았다는 중요한 사실들조차도 감추는 것이 더 인간적이라 생각하는 것도 그중 하나다. 불치병이 등장하는 드라마에서도 늘 우선은 감추려 들고, 환자는 혼자 그 사실을 알아내고, 그러나 서로 모르는 척하고 그 사이사이 눈물 없이 볼 수 없는 슬픈 에피소드들이 존재한다(물론 지금은 예전에 비하면 많이들 정확히 알려준다고 들었습니다. 그러나 아이가 환자인 경우는 아직도 열악하다고 들었습니다).

그런데 심지어는 아이들에게까지도 병에 대해서, 그 병이 침식해 들어갈 수 있는 모든 것들에 대해 정확히 알리는 문화권에서 투병 생활을 지켜보는 나는 그 점에서는 입장이 확실하다. 모든 것을 알려서 환자가 스스로 선택하게 해야 한다고 믿게 되었다.

휘의 경우 너의 왼쪽편이 이렇게 되었다고 이야기했을 때, 휘는 묵묵히 받아들였다. 수술 전에 이미 그런 일들이 벌어질 수 있다는 이야기를 여러 번 들었기 때문에. 실명에 대한 대비도 이미 뇌종양 진단을 받은 직후부터 오늘날까지도 이루어지고 있는 셈이다. 받아들이긴 힘들겠지만 피할 길 없는 것들과는 결국 정면승부할 수밖에 없다.

그러나 휘는 스타인벡의 '희망은 기적을 만든다'는 말도 기억하고 있다. 자신의 경우 눈은 정상이기 때문에, 죽어버린 시신경을 대체할 수 있을 만큼 의학이 발달하면 잃어버린 시야를 찾을 수 있을 거라고 믿고 있다. 왜 실명했는지를 정확히 알고 있기 때문에 가질 수 있는 희망이다.

소아암 어린이를 둔 부모를 위해 쓰여진 책의 마지막 단원은 늘 죽음을 다루고 있다. 실제로 치료를 받는 과정에서 급속히 악화되는 아이들도 있고, 이미 처음부터 몇 개월 선고를 받는 아이들도 있기 때문에.

그런 아이와 부모가 함께 죽음에 대해서 어떻게 이야기를 나누는 게 좋은지를 조언해주는 단원이 빠짐없이 등장한다. 아이들은 죽는 순간 너무 아플까봐 그것을 제일 두려하기 때문에 아프지 않을 것이라고, 절대로 아프지 않게 해주겠노라고 약속해주는 것이 중요하다고 한다. 그리고 자기가 잘못해서 그런 병이 걸린 것 아닐까 하는 자책감을 없애주어야 한다고. 또 마지막으로 이런저런 사소한 자신의 잘못 때문에 나쁜 세상으로 가면 어떨까 하는 그런 걱정을 충분히 풀어주라고 씌어 있다.

한동안 책 뒤에 꼭꼭 나오는 그런 대목들을 보면서 좀 울었었다. 기가 막혀서. 그 책을 읽으면서 하나하나 배워서 그런 이야기들을 실제로 나눠야 할 부모들이 세상에는 있겠지. 있는 정도가 아니라 많겠지. 그런 생각을 하면 저절로 눈시울이 뜨거워지곤 했다.

그러나 등뒤에서 수군거리고 홀로 눈물짓는 것보다는, 이별의 두려움조차도 피하지 않고 정면대결을 해야 하지 않겠는가. 아이들에게 죽는 순간 아프지 않을 것이고, 네가 나빠서 벌 받는 것은 아니라는 것과 넌 세상에 태어나 나쁜 짓이라고는 아무것도 하지 않은 순결한 영혼이라는 것을 알려주는 일은 부모가 해줘야 할 너무도 중요한 일 아닌가?

아직 어린데, 혹은 너무 나이가 드셨는데, 고통스러운 사실들을 알려서 무엇하리, 이렇게 생각하는 그 배경에는 환자에 대한 배려 못지않게, 그 곤혹스런 순간과 정면대결하기 싫은 보호자들의 이기심은 없는지 한번 생각해보면 좋겠다.

휘는 보통의 아이다. 그 아이가 자신의 병을 수용하고, 그로 인한 장애를 받아들이고, 치열하게 투병하는 것을 지켜보면서 나는 병원 관계자들의 어른대접에 늘 감사하는 마음을 가진다. 한편으로는 방사선 치료기간 동안 보물상자와 스티커들로 충분히 아이대접을 함께 해준 이중특혜가 더 고마웠다.

메멘토 모리, 죽음을 기억하라

노년이 되어가면서 비로소 아름다운 것이 드물다는 것을 알게 되고, 공장과 대포 사이에서도 꽃이 피어나는 것과 신문과 증권 사이에서도 시詩가 살아 움직이는 것이 사실상 기적이라는 것을 깨닫는다.
―헤르만 헤세 「아름다운 죽음에 대한 사색」 중에서

휘가 방사선 치료를 받는 한 달 보름 동안, 나는 그 당시 밴쿠버에서 암치료중인 환자들을 참 많이 만났다. 그리고 당연하게도 그분들 중에는 노인 암환자들이 제일 많았다. 자연적으로도 머리 숱이 적어지는 삶의 황혼기에 두건이나 모자를 눌러 쓰고서 독한 항암치료, 방사선 치료들을 받으러 다니시느라 그분들은 힘들어보였다. 굽은 어깨가, 아마 관절염도 있을 굽은 다리가 더 두드러져보이곤 했다. 그러나 도중에 포기하는 분이 없어 거의 매일 만나던 분들과 자꾸자꾸 만나졌다.

'어차피 죽을 목숨인데 내가 왜 이런 고생까지 해야 하느냐' 하는 대신에, 그분들 역시 휘처럼 장엄하게 암과 싸우고 있었다. 그 물기 적은 바짝 야윈 모습들로도.

방사선 치료를 받고 돌아오는 길, 휘에게도 서서히 두통과 메슥거림이라는 후유증이 나타나기 시작해서 이젠 긴장해서 옆자리를 지키고 있을 때였다. 차 안에서 혹 토할지 몰라 받아낼 그릇을 챙겨 들고 다녀야 했던 때.

모자로 머리를 눌러 가린 할머니가 손수건을 찾아들고 추적추적 울기 시작하였다. 은퇴한 후 자원봉사 운전일을 하는 머리가 허연 할아버지가 천천히 운전하면서 느릿느릿 우는 할머니 이야기를 들어주고, 위로를 해나간다.

(뒷자리에서 훔쳐들은 것을 실감나게 번역해 옮겨보자면)

"수술을 벌써 두 번이나 했다우. 그런데 아직도라니. 에고에고 힘들어 죽겠수. 당신은 절대로 암에 걸리지 마시구랴."

"허허, 어쩌지요. 저는 이미 젊어서 암에 걸려버렸는데. 저도 암 환자였어요. 치료받고 다 나아서 그렇지."

"아이고, 그랬구랴. 훌쩍훌쩍. 그런데 너무 힘들어. 치료해봐서 알겠지만 너무 힘들어. 훌쩍훌쩍. 펑펑(코푸는 소리)"

"그럼요, 힘드신 거 다 압니다. 그래도 어서어서 치료 끝내서 아픈 데 없이 사셔야지요. 이번 치료 끝나면 좋아질 거예요."

할머니는 할머니대로 눈물 많은 젊은 처자처럼 훌쩍거리고, 할아버지는 또 다정한 연인이 되어서 위로를 하고. 뒤에서 없는 듯 앉아

가면서 듣는데, 내가 살아내야 할 인생의 무게가 와락 느껴졌다. 휘는 도대체 어떤가 보니, 또 저 혼자 창밖을 내다보면서, 전혀 안 듣고 있는 듯 그 차 안의 풍경을 음미하고 있다.

차 안에 네 명이 타고 있는데, 그 중에 세 명이 암치료를 받았거나 받고 있는 사람이라니. 그날도, 그 이후로도 갑자기 암은 내게 감기만큼 일상적인 병이 되어버렸다.

치료시간이 대개 일정하다보니 몇 명의 노인분들과 늘 동행하게 되었다. 그 중에는 양로원에 살고 계시는 분도 있었다. 양로원 앞에 가보면, 양로원에서 만난 남자친구분인지 남편인지, 할아버지 한 분이 늘 할머니의 휠체어 뒤에 서서 자원봉사차량을 기다리고 있었다. 병원 오가는 일은 아마 딸의 몫인 듯, 그때쯤 나타난 딸도 허둥대며 주차를 하고 있었고.

나이가 많이 드신 할아버지는 할머니가 차에 올라탄 뒤에도, 빈 휠체어 손잡이를 잡고서 차가 안 보일 때까지 그 자리에 서 있고는 하였다. 그래서 늘 할머니 대신 내가 뒤돌아 보아드리곤 했다.

치료 마치고 다시 그 할머니와 동행이 되어서 가보면, 이미 할아버지는 또 그 빈 휠체어를 앞에 하고 저 멀리 양로원 입구에 서 있었다. 마치 아까 그렇게 할머니를 차 태워 보낸 뒤, 계속 그 자리를 지키고 있었던 사람처럼. 어서 할머니가 와서 그 빈 휠체어에 앉아줘야 안심이 되는 사람처럼 차가 모습을 드러낼 쪽을 하염없이 바라보면서.

딸은 할머니가 휠체어에 앉으면 곧바로 인사를 하고 주차해둔 차 쪽으로 황망히 발길을 돌렸고, 할머니 할아버지 두 분은 늘 우리 차가 안 보일 때까지 양로원 입구에 서서 손을 흔들어주곤 하였다.

휘에게 방사선 치료 후유증이 나타나면서부터, 한 할아버지 자원봉사 운전자는 가끔 만날 때면 박하사탕을 건네주곤 하였다. 당신이 옛날 방사선 치료를 받으셨을 때, 박하사탕을 빨아먹으면 그래도 좀 속이 가라앉더라면서. 휘에게뿐만 아니라 내게까지도 하나 건네주는 초록색 셀로판지에 싸인 두 개의 박하사탕. 먹지 않고 간직하고 싶어서 가만 들고 있으면 어여, 어여 먹으라고 고갯짓을 하시곤 했다.

그런데 휘는 차에서 내려 할아버지가 운전하는 차가 멀어지면, 조심스럽게 박하사탕을 뱉어내곤 했다. "난 박하사탕 먹으면 더 메슥거리는 것 같아." 그래도 차 타고 오는 동안은 꾹 참고 있곤 했던 할아버지 같은 녀석.

그런데 그 치료기간 동안 이웃들과 그런 노인 암환자들에 대한 이야기를 나누다가 나는 묘한 사실 하나를 발견했다. 대부분 중년인 그들이 노년에 대해 너무 자조적이라는 사실이었다. 물론 젊은 날, 나도 치기어린 소리들을 많이 했었다. '마흔까지 살아도 너무 긴 것이 인생이다. 서른다섯쯤까지 살아보다가 조용히 사라져야지.' 그런데 미안하게도 난 조용히 사라지기는커녕 되도록 건강하게 오래 살고 싶어한다.

그런데 그 비슷한 이야기를 중년세대들이 하고 있는 것이다. '이 나라가 그래서 돈이 줄줄 샌다. 의료보험으로 공짜 치료가 되니까 늙어서도 그 힘든 암치료를 받고 있는 것 아니냐. 의료보험 안되면 치료 안 받고 3년 살다 갈 노인들이, 괜히 공짜라고 고생고생 치료

받으면서 3년 살다 가는 경우도 있을 것이다.'

　젊은층의 목소리도 비슷했다. 이웃의 한 젊은 조카는 거리에서 노인분들만 보면 투덜대곤 했다. '대학졸업하고, 밤에 다른 일까지 하면서 돈을 벌어대도 절대로 돈이 안 모아진다. 세금이 너무 많다. 내가 세금내서 다 저 할아버지 할머니들 먹여살린다고 생각하면 억울하다.'

　캐나다에서 나고 자란 사람들의 의견은 안 들어봐서 잘 모르겠다. 그러나 적어도 다가올 노년을 소모품처럼 취급하지는 않을 것 같다는 생각이 들었다. 왜냐하면 경기가 나빠서 감원을 해야 할 경우, 이 나라는 젊은, 경력이 낮은 이들부터 그 대상이 되기 때문에.

　911 테러사건 이후, 남편이 파트타임 노동자로 일하는 공항에도 감원바람이 불었다. 그런데 에어캐나다의 경우, 팔팔한 젊은 직원들이 죄 사라지고, 대신 나이 드신 분들만 남아 일하고 있다고 했다. 그래서 실수는 덜 하는 반면 시간이 너무 많이 걸린다고.

　첨단 의료기기 이용이나 너무 비싼 항암제 등이 개인적으로 감당하기에 너무 벅차니까 의료보험으로 혹은 국가보조로 이루어지는 것만큼이나 정반대의 합리가 적용되는 것이 바로 그 감원 대상 순서였다.

　젊어서 다른 일자리를 찾기가 더 수월한 사람 순으로, 게다가 이곳저곳에서 열리는 너무 비싸지 않은 재취업 강좌 같은 것을 들을 수 있는 젊은 사람들부터 감원할 수 있고, 또 해야 되는구나 하는 것을 이곳에 와서 깨달았다. 감원바람이 불면, 월급 많이 받아가는 나이 드신 분들부터 불안해하는 것이야말로 경제적인 처사일 뿐,

메멘토 모리, 죽음을 기억하라　299

절대로 합리적이지는 않다는 것을.

그렇게 모든 것이 경제적인 이유 하나로 이루어지다 보니, 경제 활동을 마친 이후의 삶에 대한 기대는 한없이 보잘것없어진다. 그런데 노년의 삶을 보호받지 못한다는 것은 마침표를 제대로 찍지 못하고 미완인 채로 사라져가는 것만큼 쓸쓸한 일일 것 같다. 아직 늙어보지 못한 내가 생각해봐도 그렇다.

노년에 암과 싸워내는 것은 목숨을 구걸하는 일이 아니라고 나는 생각한다. 목숨을 받고 태어난 이상, 살기 위해 최선을 다하는 것이야말로 생명에 대한 예의라고 생각한다. 그런데 결국 의료보험의 사각지대에서 제일 먼저 포기되는 환자가 바로 노년의 암환자라는 생각이 든다.

어설픈 의료보험적용으로 효자 불효자가 이분법으로 나뉜다. 돈 많아서 아픈 부모 잘 모시면 효자, 자기 식구조차도 아플까봐 겁나는 와중에 덜컥 병에 걸린 부모를 방치하는 이들은 불효자가 된다. 쓸쓸한 이야기다. 그렇게 쉽게, 자주 인간성이 시험당하고 채점되는 시스템을 하염없이 방치해야만 할까?

암환자는 늘어가는데, 그 엄청난 치료비는 모두 환자와 그 가족 몫이라고 방치하는 지금의 의료보험체계를 수수방관하는 일은 결국 아플 자유조차 없는 두려운 노년을 감수하겠다는 일종의 포기와도 같다고 생각한다. 한창 일하고 난 뒤, 소모품처럼 버려져도 좋다는 이상한 항복, 타협인 셈이다.

지금 한국에서는 이 정도로만 의료보험이 적용되어도 훌륭하다. 경제를 살린 다음 개인이 있는 것 아니냐고 누가 말한다면 나는 묻고 싶다. 그 살려야만 하는 경제는 도대체 누구를 위한 것이냐고. 그리고 권하고 싶다. 수시때때로 내가 떠올리곤 하는 한마디, 평생 묵언전진하는 수도원의 수도사들에게 허용된 유일한 한마디를 함께 생각해보자고.

   메멘토 모리, 죽음을 기억하라.

슬픔의 집에는 창문이 필요해요

못 나눠줘 절대
이 슬픔 나 혼자 다 차지할 거야
애인처럼 연인처럼 다가오지 마
이런 전시에 나눠먹다니
내 목숨에 슬픔 외의 빈 자리 없음을
그런 슬픔
온전한 내 것이 있다는
이 가득함
사랑도 오늘은 너 혼자 해!
—김경미 시 「슬픔이 너무 큰 날은」 전문

치료비를 내는 대신 오히려 휘가 매일 스티커 받고, 선물을 골라

들고 나오는 것이 고마워서 나는 방사선 치료를 받는 동안 가끔씩 체리나 청포도, 작은 꽃화분 같은 것들을 준비해가곤 했다. 그 창백하고 싸늘한 암전문 병원 한켠에 과일이나 꽃이 놓이면 그나마 잠깐 온기가 도는 것 같아서.

그리고 그럴 때마다 단풍잎을 주워서 구멍가게에 가져다 주고는 좋아하는 과자를 달라고 떼쓰는 아이가 나오는 동화를 생각하곤 했다. 그런 동화가 생각날 만큼, 당시 담당자들은 그냥 잘 씻은 과일 한 접시, 그리 비싸지 않은 작은 꽃화분 하나에 화들짝 놀라면서 함빡 웃어주었다. "정말 고마워. 그래 우리에게는 이런 게 좀 필요하지?" 하면서.

8월 28일 그렇게 30회의 방사선 치료가 끝났다. 보물상자 안에도 들어갈 수 없어서 한켠에 세워둔 커다란 특별 선물이 휘에게 안겨진다. "다시 보자는 인사는 우리 하지 말자." 선하게 웃는 그들에게 우리도 특별 선물들을 안겼다. 휘가 쓴 감사의 편지, 그림, 그리고 머핀과 과일.

처음 방사선 치료 날짜가 잡혔을 때, 휘가 그랬다. 그나마 방학중에 시작해서 방학 끝나기 전에 마칠 수 있어서 다행이라고. 방사선 치료까지 다 끝내면 이제 '정상적으로 학교를 다니고 싶다고. 학교를 다녔다 말았다 하니까 따라잡기가 너무 힘들다'고.

그 이야기를 듣는데 가슴이 좀 철렁했었다. 내가 혹은 휘가, 나중에 무엇무엇을 하자고 계획을 세우고 동의를 하면서 기꺼워하면, 금세 또다른 한편엔 안개가 피어올랐다. 그런데 그때쯤 과연 그럴 수 있을까 하는, 사람 기분을 축축하게 만드는 의심의 안개.

그때도 그랬다. 휘는 아무렇지도 않게 9월에 6학년이 되고 신학기가 시작되면 학교를 '정상적으로' 다니고 싶다고 하는데, 그 꿈이 '너무' 크게 느껴지는 것이었다.

그리고 예상대로 9월과 10월 휘는 극심한 방사선 치료 후유증을 겪었다. 치료받는 동안은 강한 약들로 견뎌냈었다. 강력한 스테로이드제와 구토방지약을 먹어서 약 기운에 어떨 때는 심지어 아파트 내 수영장에서 수영도 즐겼었다. 그런데 약을 줄이고 끊자, 마치 봇물 터지듯, 미뤄졌던 이런저런 부작용들이 나타났다.

귀가 그 어느때보다 예민해져서 아예 솜뭉치나 화장지를 뭉쳐서 더 크게 울리는 한쪽 귀를 막아놓기도 한다. 현기증이 심해서 하루 종일 누워 지내야 했고, 그래서 약을 먹으면 또 계속 잠을 잤다. 입맛을 잃었고, 토할 때는 힘이 없어서 온몸을 와들와들 떨었다.

그전에는 늘 동생과 목욕을 함께 한 다음, 동생 머리를 감기고 몸을 잘 씻겨서 먼저 내보내곤 하던 휘가, 이젠 샤워하는 그 잠깐 동안을 현기증 때문에 혼자 서 있지 못한다. 그런 휘를 샤워부스에 기대 세워놓고 몸을 닦아주면서 나는 겁이 나기 시작했다. 이 아이가 이 상태를 벗어날 수나 있을까 싶어서. 그 가을 두 달여를 휘는 그렇게 지냈다. 가장 심할 때는 거실 이쪽에서 식탁까지 걸어오는 것도 힘이 들어서 벽을 짚어야만 했다. 휘는 이제 거의 누워 지내면서 이야기들만 만들어낸다. 좋아하는 동물들에 대한 이야기들. 노트에다 이런저런 동화들을 적어보곤 했다. 약기운에 통통 부은 몸으로 누워서.

휘가 좋아하던 소아정신과 상담이 잠깐 미뤄졌다. 차를 타면 현기증이 더 심해지고 머릿속이 울린다고 했다.

그런데 어느 날 바브라에게서 전화가 걸려온다. 어린이소원재단에서 휘의 소원 하나를 들어주기로 했다는 내용이었다. 다른 소아암 환자들은 호화여객선을 타고 디즈니랜드를 가기로 했는데 휘도 그때쯤 방사선 부작용이 사라질 것이니 함께 갈 수 있다고, 한해 고생한 소아암 환자들에게 베풀어지는 특별선물이라고 말했다.

그 특별선물은 환자뿐만 아니라 온 가족에게 주어지는 것이었다.

육체가 편안치 않아, 말수가 적어지면서 동물들 이야기 만드는 세계로 도피해버렸던 휘와 우리 가족은 갑자기 할말이 많아진다.

휘는 디즈니랜드도 거부했고, 부모가 은근히 강요한 베네치아나 하와이 여행도 거부했고, 무조건 한국을 가겠다고 했다. 할머니 집도 가보고 싶고, 돈보스코에도 가보고 싶다고. 결국 휘의 의견에 따라 우리는 한국행을 택했다.

그때부터 소원재단 청년이 집으로 오가면서 모든 서류들을 준비해나갔다. 담당의사들을 만나 장거리 여행 허락을 받는 일까지를 모두 케스라는 청년이 전담해 처리했다.

그렇게 그 특별선물 이야기를 전해듣고, 가족회의를 하고, 여행서들을 읽어보는 그 사이에 가을이 깊어갔고, 휘의 방사선 부작용도 서서히 사라져갔다. 아름다운 계절에 슬픔의 집에 꽁꽁 갇혀 있던 우리들에게 그 특별선물은 아름다운 창 같은 것이었다. 첫날 케스는 봉제 사자 한 마리를 데리고 찾아왔고, 다음에 올 때는 또 소원재단 로고가 박힌 티셔츠를, 그 다음엔 또 비행기표와 현금을 들고 왔었다.

휘는 '한국의 할머니 집'을 택했지만, 대부분의 밴쿠버 소아암 환자들은 힘든 치료를 마친 후 디즈니랜드 견학을 간다. 전세 비행기나 크루즈로, 간호사와 의사까지 대동하고서. 보통의 아이들보다 힘든 과정들을 겪었으니, 대신 보통의 아이들이 선망하는 장소에 데려다 줄게 하는 식의 특별선물이 주어지는 것이다. 장한 일을 해낸 너희들은 그런 즐거움을 누릴 권리가 있다고 말해주는 상쾌한 격려라고 생각된다.

여기 와서 내가 느낀 것 중의 하나는, 우리가 소위 말하는 영세민, 빈민들의 당당함이다. 처음 캐나다의 의료체계에 대해 한 인터넷 게시판에 글을 썼을 때, 미국에 사는 어떤 한국분이 그랬다. 너, 잘못 알고 있는 것이라고. 네가 영세민이라서 그런 혜택을 받는 것일 뿐이라고(참고로 미국은 의료보험체계가 한국과 비슷합니다).

너 영세민이야, 하는 그 말에 나는 자존심이 많이 상했었다. 왜 내가 영세민이라는 말에 이리도 자존심이 상하나를 골똘히 생각해봐야 했을 만큼. 영세민, 도시빈민, 이런 단어들에 대해 갖는 무의식적인 차별이 내게도 존재하고 있음을 확인할 수 있었다. 가난이 대물림되는 사회구조를 안다는 것, 사회구조를 공부한다는 것과 너 영세민 혜택을 받고 있는 것일 뿐이야라는 말에 상처를 받는 내 마음의 모순 사이에는, 여전히 가난에 관대하지 못한 어떤 학습화된 감정이 있었던 것이다.

한국에서 일 때문에 취재했을 때 보면, 빈곤한 이들은 사실 다른 사람들보다, 여기 밴쿠버의 빈민에 비하면 엄청나게 열심히, 그야말로 뼈빠지게 고생하면서도 가난을 부끄러워했었다. 쉬 떨쳐버릴 수 있는 가난이라는 족쇄를 본인 잘못으로 못 떨쳐버리고 있는 양. 그러나 내가 볼 때는 한번 붙들리면 쉽게 떨쳐버리기 힘든 것이 바로 그 가난이라는 족쇄다. 그리고 그런 구조는 더욱 심화, 강화되고 있을 뿐인 것 같다.

그런데 이곳의 빈민들은 복지수당을 받으면 그날로 술값 혹은 마약으로 탕진을 해버려도 훨씬 당당하다. 정부라는 게 왜 있는데, 이런 배짱들이 느껴진다. 쓰레기통도 좀더 당당하게 뒤지고, 구걸도 너무 뻔뻔스럽다는 느낌이 들게끔 한다.

물론 나는 부끄러워하는 것보다는 그런 당당함이 차라리 더 좋다. 슬프지 않아서. 해준 것은 거의 없으면서 가난은 너의 탓이야라고 윽박지르는 문화 속에서 패배의식, 자기비하가 길러지고, 그래서 선진국의 빈민들보다 백 배쯤은 더 건전, 건강하게 살면서도 부끄러워하는 분들을 볼 때의 그런 슬픔이 없어서.

특별선물을 받고, 한국 갈 준비에 부푼 휘의 얼굴에는 어떤 자랑스러움마저 깃들여 있곤 했다. '봐, 이런 선물을 받는 것도 다 나 때문이지?' 그런 의기양양함.

슬픔 중에, 고통을 겪는 가운데 받는 그런 뜻밖의 선물들은 집 안에 고여 있는 절망의 기운을 환기시키는 정말 소중한 창문임을 나는 지난해 가을 절실하게 경험했다. 여덟, 아홉을 가진 이는 덜 채워진 한두 개의 상실감 때문에 한없는 욕망의 허기를 느낄 수도 있겠지만, 너무 추운 시절에는 작은 털목도리 선물 하나에도 마음이 녹는다는 사실을 다시 배웠다(물론 온가족 한국행 비행기 티켓과 체류비 지급은 털목도리 정도가 아니라 값비싼 겨울 외투 같은 것이었습니다).

 그래서인지 더욱더 나의 궁금즘은 커져만 갔었다. 호된 세금으로 그나마 빈민의 복지비를 지불하는 이 나라 사람들의 빈민들에 대한 관대함과 비교해볼 때, 복지비라고 하기에는 너무도 인색한 액수를 지원하면서도 빈민들에게는 한없이 가혹한 우리 사회와 그 의식의 차이는 어디서 비롯되는지.

 나는 아직도 그 이유를 잘 모르겠다. 너무나 해주는 것이 없어서 미안해서? 그나마 이리 생각하는 게 정신건강에는 제일 나을 것도 같은데.

도보여행자들을 만나다

서로 차갑거나 뜨겁거나, 그때 서로 어긋나거나 만나거나 안거나 뒹굴거나 그럴 때, 서로의 가슴이 이를테면 사슴처럼 저 너른 우주의 밭을 돌아 서로에게로 갈 때, 차갑거나 뜨겁거나 그럴 때, 미워하거나 사랑하거나 그럴 때, 나는 내가 태어나서 어떤 시간을 느낄 수 있었던 것만이 고맙다.
―허수경 산문집 『길모퉁이의 중국식당』 중에서

2002년 11월 3일, 그 깊은 가을에, 눈을 돌리면 사방에 단풍 든 나뭇잎들이 시리던 때에, 그리고 그때마다 그것들을 주워서 뭐라고 몇 자 적어 어딘가로 자꾸만 편지를 보내고 싶었던 시절에, 나는 또 특별한 장소에서 특별한 체험을 한다. 신경외과 주최로 열린 세미나에 참석한 것이다.

세미나는 주말 아침 9시부터 오후 3시까지 아동병원 젠센터에서 열렸다. 넓은 강연장이 뇌종양 어린이를 가진 부모들로 대부분 꽉 차 있다. 휘의 담당의사 중 세 명이나 세미나에 참석해 발표를 했다. 종양학 의사 닥터 휴켄의 「어둠의 세기 뇌종양」이라는 제목의 주제 발표가 있었고, 내분비과 의사의 「뇌종양과 호르몬 관련」 발표 후 우리들의 참가비로 마련된 점심을 먹고 다시 오후 일정이 시작되었다. 그런데 신경외과의 발표란 다름아닌, 뇌를 절개하지 않고도 종양을 수술할 수 있는 새로운 기계 소개였다. 그 첨단기계를 이용한 수술이 어떤 면에서 더 좋은지를 소개했다. 그런데 아직 캐나다에 세 대밖에 없고, 밴쿠버가 속해 있는 비시주에는 그 기계가 아직 도입되어 있지 않다고 했다. 주어진 질문시간, 당연히 환자부모들의 안타까운 물음들이 이어진다.

도대체 언제 그 기계가 도입될 것이며, 언제 우리 아이들이 그 기계로 수술을 받을 수 있는가. 이제 부모들에게는 흩어져서 다시금 아동병원돕기 기금 마련에 박차를 가하고, 이런저런 암후원 단체들에 압력을 가해야 하는 막강한 임무가 주어진다. 특히나 이제 막 뇌종양 진단을 받은 아이들의 부모들이라면 더욱. 휘처럼 주요한 수술을 이미 받아버린 환자를 가진 부모들은 상대적으로 할말이 좀 없었던 시간이다. 그래서 질문과 대답을 가만히 지켜보는데 기분이 좀 묘했다.

첨단 의료기계 보유능력을 경쟁이라도 하는 것 같은 나라에서 온 내겐 그런 풍경이 참으로 낯설게 느껴졌다. 그 공평한 부재라니.

캐나다라는 나라의 위상을 세운 수상으로 존경받는 트뤼도 전수상의 장례식이 생중계될 때, 추모사를 했던 그의 아들이 여론의 조명을 받았었다. 셰익스피어로 시작해 프루스트의 시구로 마무리한 그의 인상 깊은 추도사와 영화배우 같은 외모 덕분에. 그런데 자막에 그가 밴쿠버의 한 사립학교 선생님이라고 나왔다(지금은 그만두었습니다). 학교 선생님께 물어보았다. 사립이라는 그 학교, 정말 유명한 곳이냐고(근데 나는 왜 그런 것을 물어보았지?). 선생님이 웃으면서 그랬다. 나도 처음 들어보는 사립학교라고. 저 위의 세계는 자기 같은 서민은 잘 모르는 이야기라고.

상류사회라는 것이 오히려 이곳은 아주 선명하다는 것을 그런 경험들을 통해 가끔 느낀다. 어느 부자 동네 앞을 지나면서 한 캐나다인이 내게 그랬다. 저런 곳을 올려다보면서 질투하면 괜히 우리만 더 초라해진다고, 그러니 질투하지 말라고. 복권이 당첨되지 않는 이상 도달할 수 없는 세계, 그런 상류사회가 이곳은 더욱 엄격히 존재한다(복권에 당첨되어도 상류사회로의 진입은 어렵겠지요?). 그럼에도 이곳의 보통 사람들은 '그들만의 세계'를 훨씬 여유롭게 받아들이는 것 같다. 그리고 나는 그 세미나를 통해 어느 정도 그 이유를 짐작할 수 있을 것도 같았다. 아동병원에 그런 첨단기계가 없다는 사실 앞에서는 누구나 공평하다는 것. 억울하면 출세하라는 이상한 상승욕구를 자극하지 않는 그 공평성 때문이 아닐까 싶었다.

그 기계가 있는 곳으로 찾아갈 수 있는 '저 높은 곳' 주민이 아닌 이상, 지금 그 첨단 기계가 없다는 사실 앞에, 그때 이민 2년 몇 개월 차였던 나나, 20년 넘게 살아온 캐나다인에게나 공평한 시스템이야말로 이곳 주민들의 평화로운 공존을 가능하게 하는 것 같았다.

한국에는 지금은 벌써 몇 대나 도입되었다는 그 첨단뇌수술 장비가 없다는 설명으로 세미나가 끝난 후, 생존자들과의 만남이라는 좀더 자유로운 시간이 주어졌다. 뇌종양을 이겨낸 청소년 네 명과, 부모 네 명이 연사로 앞에 앉아서 참가한 부모들과 이야기를 주고받는 시간이었다.

처음에는 절박한 질문들이 이어졌다. 이를테면 건강보조 식품 같은 것을 먹였느냐, 효과가 있었느냐 같은 것들. 딱 반반으로 의견이 갈렸다. 열심히 찾아 먹인 부모와 무시하고 병원에서 하란 대로만 했다는 부모. 이제 환자에게 묻는다. 그런 것을 부모가 권했을 때 기분이 어땠느냐. 좋았다, 너무 역겹지 않으면 다 받아먹었다, 그럴 때마다 부모가 이상하다고 느껴졌다. 각자의 성격에 따라 대답들이 각자 달랐다. 결국 한 용감한 환자 부모가 묵묵히 듣고 있는 의사에게 묻는다. 너의 의견을 말해달라고.

예정에도 없었던 돌발 사태에 신경외과 의사가 좀 난감한 표정으로 일어나 두루뭉실한 대답을 해주었다.

"만약 천연식품이고 값이 그다지 비싸지 않다면, 그리고 그것을 먹여보는 것이 심리적으로 안정을 준다면 먹여라. 왜 안 되겠느냐. 다만 값이 너무 비싸다면, 일단 의심해라. 암을 이용한 장사가 세상에는 너무나 많다."

그런 토론들을 지켜보는데 문득, 내가 아직도 적응이 덜 된 낯선 땅에 살고 있다는 이질감이 사라지는 것을 느꼈다. 오고가는 말들은 다 영어인데, 그래서 소외감 느낄까봐 참석하는 걸 많이 망설였는데, 그런 풍경을 바라볼 수 있어서 다행이라는 생각마저 들었었다. 방청객의 어느 누군가가 내가 묻고 싶은 질문들을 다 해주고 있었다. 그 앞에 피부색이, 언어가 무슨 소용이란 말인가.

시간이 얼마 남지 않았을 무렵, 우리에겐 너무도 부러운 위치에 있는 그 생존자석의 부모들에게 누군가가 물었다. 뇌종양 환자의 부모노릇이라는 경험이 준 긍정적인 면과 부정적이 면이 있다면 어떤 것인가고.

제일 씩씩하게 토론을 이끌어 나갔던 한 엄마가 말했다. "하루하루가 정말 소중하다는 것을 느꼈다. 지금 내가 살아 있다는 이 사실이 얼마나 행복한 것인가도." 그런데 그 대답을 하던 그녀가 갑자기 눈물을 터뜨린다. 얼굴은 함박 웃고 있는데, 두 눈에 줄줄 눈물이 흘러내려서 사회를 보던 간호사가 얼른 화장지통을 건네주었어야 할 만큼.

울면서 그녀가 덧붙인다. "간혹 이렇게 전혀 어울리지 않은 자리에서 눈물을 터뜨리곤 하는 것이 이 경험이 가져다 준 부정적인 면이다"라고.

그런데 지금껏 씩씩하고 밝고 명랑하던 한 사람이 눈물보를 터뜨리자, 생존자석에 앉아 있던 다른 엄마들과 자랑스런 그 아이들이 함께 엉엉 울기 시작했다. 환자 입장에서 긍정적인 면과 부정적인 면을 이야기하려던 여학생 때문이었다. 커다란 수술자국을 긴 머리로 교묘하게 잘 감추어낸 예쁜 그 아이가 말했다. "전 아직도 너무 두려워요. 가끔씩, 머릿속에서 또 종양이 자라고 있는 것은 아닐까 생각하면." 그 이야기가 결정적인 최루가스였다. 이젠 방청석의 부

도보여행자들을 만나다 313

모들도까지 훌쩍거리기 시작한다. 맙소사, 아까는 그렇게나 씩씩해 보이던 아이에게도, 그래서 부럽기만 했던 아이에게도 그런 공포가 남아 있구나 싶으니 나도 눈물이 핑 돌았다.

눈물이 어른거리는 눈으로 의사들 좌석을 돌아다보니, 그들은 고개를 숙이고 묵묵하게 앉아 있다. 함께 따라 울 수도 없는 입장에서 그들은 그때 무슨 생각을 했을까?

결국 사회를 보던 간호사가 갑자기 눈물바다가 된 그곳의 마무리 작업을 맡았다. 여기 앉아 있는 부모들에게 해주고 싶은 이야기가 있다면 한마디씩만.

눈물바다를 만든 장본인이 냉큼 마이크를 들고 말했다. "유연하라, 그리고 리얼리스트가 되어라. 어떠한 경우에도 희망을 잃지 말아라. 내가 해주고 싶은 말은 딱 이 세 가지다." 그러자 그 옆에서 아직 눈물을 닦아내고 있던 다른 엄마가 한마디 곁들인다. "그리고 너의 신에게 매달려라. 그리고 가끔씩은 와인에게도."

비로소 방청석에 훌쩍임과 잔잔한 웃음이 함께 섞인다. 그렇게 세미나는 끝났다. 그리고 그때 나는 느꼈다. 고통을 겪는 이들은 어쩌면 도보여행자인지도 모른다고. 정상인, 건강한 이들이 자동차를 타고 쌩쌩 지나쳐 가는 대로변에 강제로 내려져서, 제 몸과 정신력 하나로 천천히 천천히 걸어가고 있는 사람들인지 모른다고.

건강보조식품에 대해 질문을 하고, 아직도 종양이 두렵다는 한마디에 함께 우는 이들이야말로, 함께 장거리를 걸어가고 있는 도보여행자 동지들 같았다.

조금 빨개진 눈을 하고 환한 가을 햇살 아래 나서는 내 발걸음에 좀더 힘이 실렸다. 차를 타고 쌩쌩 삶을 스쳐가는 사람들에게 그들만의 안온한 삶이 있다면, 매순간 육체를 느끼며 더듬거리듯 걸어가는 나에게도 나만의 길에 대한 추억이 있다는, 그런 담담한 기분도 들었다. 게다가 매순간 육체의 건강을, 육체의 안녕을 확인해야 하는 일이 가르치는 겸손이란 참으로 대단하다는 것도 알았다. 휘가 아프고 난 몇 개월 뒤, 어느 날 나는 약병의 작은 글씨들을 잘 읽어내지 못했다. 서서히 진행되었다기보다는 하루아침에 그런 상태가 된 것이다. 게다가 자고 나서 보면 머리가 한 움큼씩 백발이 되어 있기도 했다. 정신보다는 육체가 너무 비통해하지 말고 지금 이 현실을 받아들이라고 명령했다. 애간장을 태우는 일이 너에게나 휘에게나 아무런 도움이 되지 않는다고 육체가 그렇게 신호를 보냈다.

결국 너무도 일찍 노안이 와버린 내게 선배가 돋보기를 선물하면서 쓸쓸히 웃음짓는 사태를 맞이하고서야 무의식중에 정신, 마음을 우대했던 나는 공평히 육체를 달래고 돌보고 살펴주기 시작했었다.

고통을 겪으면서, 그것도 병을 앓거나 병을 앓는 이를 가까이에서 지켜보면서 사는 일은 다시 말하건대, 이 험한 인생을 자동차는커녕 자전거도 없이 걸어나가는 과정을 닮았다. 그러나 그 대신에 얻은 건 인간에게는 보살펴야 할 육체가 있다는 당연한 사실이었다.

프랑스의 한 철학자가 말했다. 자신이 건강하고 자유롭다라는 두 가지 사실 외에는 기뻐서 소리칠 만한 다른 축복은 없다고, 그런데 그 두 가지 축복을 만끽하는 인간은 드물다고, 바로 그런 무지와 무능이야말로 인간의 본질을 가장 잘 설명해주는 특질인 것 같다고.

매일 휘의 두통을 걱정하고 그 육체의 안녕을 물어보는 나는, 그래서 오늘은 괜찮아, 오늘은 함께 걸을 만해라는 뜻의 그 한 마디에 행복해진다. 그러면서 생각한다. 있는 사람들'만'을 위한 첨단의 의료기계들이 놓여져 있는 병원과, 그 앞에 빈부에 따라 일렬로 줄을 세우는 것 같은 의료시스템 안에서의 도보여행이었다면 나는 얼마나 불행했을 것인가를.

병원에 아는 의사 한 명만 있어도, 병원의 실세 한 사람만 알아도 대접이 달라지는 곳이었다면, 그런 험한 돌멩이가 많은 땅에서 걸어야만 하는 입장이었다면 아마도 두 발보다 먼저 마음이 부르트고 쓰라려서 내가 걷고 있는 길 주변을 살피고, 지형을 관찰할 여유는 결코 없었을 것 같다. 게다가 그렇게 걸으면서 관찰하다 보면 그 불편함 중에도 걷는 이만이 누릴 수 있는 즐거움 같은 것도 있다는 것은 영원히 깨닫지 못했을 것도 같다. 그런데 그 생각을 하면 늘 마음이 몹시 아프다.

어딜 그리 바삐 가시는지

봄빛이 그토록 그리운 이 마당에, 크로커스 새싹은 분명 탄성을 자아낸다. 표창 같은 잎이 4,5매로 모아져 나오고, 자라면서 가운데 흰 줄이 굵게 선다. 그리고 몇십년 만의 추위라든지 하는 혹독한 겨울만 아니면 서울에서도 2월 하순이면 꽃대를 볼 수 있다. 있을 수 없는 일이라는 생각마저 든다.
—윤후명 식물이야기 『꽃』 중에서

방사선 치료를 마치고 기대에 부풀어 뇌촬영을 해봐도 결과는 늘 우리를 실망시켰다. 처음에는 방사선 치료 직후라서 오히려 그 부위가 부풀어 있었고, 다음에는 그저 수술 직후와 크기가 똑같다는 이야기만 듣는다.

계절도 겨울이고, 그 독한 치료를 다 마치고 나서도 나아진 것이라고는 하나도 없다는 사실 때문에 마음도 겨울이었다. 나아지기는 커녕, 방사선 치료의 부작용으로 휘의 시야는 아무리 미세하게라고는 하지만 좀더 좁혀졌고, 뇌하수체의 기능도 더욱 저하되었다.

그나마 방사선 치료 후유증을 벗어난 것만도 다행이라고 생각해야 했던, 마음이 몹시 피로하고 가난했던 겨울이었다. 그런데 그런 와중에 한국행 가방도 꾸려야 했다. 공항에 휠체어 서비스를 신청해놓고, 출발 시간도 다 잡아놓았지만 짐 꾸리는 일은 자꾸만 미뤄졌다. 방사선 치료 때 먹었던 강력한 스테로이드제 때문에 휘의 얼굴과 몸에는 여전히 헛살이 쪄 있었고, 갑자기 그렇게 체중이 늘어서 조금만 걸으면 약한 쪽 다리의 관절에 무리가 왔었다. 산책을 다녀오고 나서는 늘 무릎께를 주물러주어야 했을 만큼. 그런 아이를 데리고 장거리 여행을 해야 하는 마음이 편할 리 없었다. 그런데 두 휘는 그런 마음도 모르고, 매일매일 달력에 날짜들을 지워가면서 출발할 날을 기다리고 있었다.

그 전해에 삼촌의 결혼식에 참석하기 위해 한국에 짧게 들렀을 때, 휘는 인대가 부풀어올라 한참 고생을 했었다. 계단 끝 표시가 잘 안되어 있는 곳에서 마지막 계단인 줄 알고 혹은 하나가 더 있는 줄 알고 몇 번 발을 잘못 디디곤 해서 발목에 무리가 갔었다. 그때 이미 나는 서울이 계단으로 이루어진 도시라는 것을 알아챘었다.

그런데 어린이소원재단 협찬으로 한국을 방문해서는 이제 서울이 계단과 인파의 도시임을 느낀다. 느리게 절룩이면서 걷는 휘의 손목을 잡고 편하고 느리게 걸을 수 있는 공간이 거의 없다는 것을 발견했다. 계단을 오를 때도, 계단을 내려갈 때도, 나와 휘는 그 파도 같은 인파의 흐름을 방해하는 존재였을 뿐이다.

다른 방해물들이 군데군데 좀 섞여주면 좋으련만 아무리 살펴봐도 다른 장애인들의 모습은 보이지 않았다. 운신이 불편한 휘와 해찰쟁이 둘째를 데리고 길을 나선 우리는 마치 속도제한이 없는 고속도로에 진입한 저속차량처럼 주위사람들을 방해한다.

방해물 같은 존재이다 보니, 어깨를 세차게 부딪치는 것은 예사이고, 어떤 때 휘는 균형감각도 힘도 약한 왼쪽을 부딪쳐 휘청, 넘어질 뻔한다. 휘가 가보고 싶다는 곳들을 모두 포기하고 대피하는 심정으로 시골로 내려가서, 그곳에서만 오래 머물러야 했다.

그래서 모처럼 정인들 곁으로 왔으나, 비밀접선을 하듯이 그들과 짧게 만나고 금세 헤어지곤 했다. 오후 늦게 고속버스를 타고 '정상인들을 위한 도시 서울'로 잠깐 올라와 술 한잔을 마시고, 심야고속을 타고 다시 내려가기도 했다. 장애자가 된 아이의 엄마이다 보니, 정상인인 나의 일상조차 사라졌다. 도도하게 취해 심야고속버스를 타고 휘의 곁으로 돌아가는 길, 몸이 성하지 않은 아이 곁을 돌보느라 함께 유폐되어 있는 부모들 생각에 마음이 아려왔었다. 이제 나는 지나쳐갈 사람일 뿐, 그런데 그분들은 이런 '정상인들만을 위한' 도시에서 도대체 어떻게 살아내고 계시는 것일까. 어두운 심야고속버스 안에서 술기운에, 감상에 젖어 나는 울고만 싶어졌었다.

분주한 중에 옛 일터에 들러보았다. 한 3년에서 5년 동안 재충전을 한 다음 돌아와 이곳에서 다시 일해야지 하며 낙관적으로 미래를 설계하던 때 생각이 났다. 두 아이를 데리고 공부를 하자면 유학생 신분보다는 이민자인 것이 더 나을 것 같다고 잔머리를 굴리고,

재충전을 하면 15년 이상은 잘 우려먹을 수 있을 것이라 터무니없이 미래를 믿었던 시절이 내게도 있었구나 쓴웃음이 나왔었다. 그런데 불과 3년 뒤, 휘 방사선 치료 때문에 결국 나는 학업을 포기했고, 이젠 지속적으로 관찰해야 할 환자에다 장애까지 가진 아이를 데리고 마치 초대받지 않은 잔치에 참석한 손님 같은 기분으로 '고국방문'을 하고 있었다.

그 일터의 커피숍 앞, 예전에 자전거를 타곤 했던 광장이 어느덧 그럴듯한 숲으로 변해 있었다. 시야를 잃어가던 청년이 그 장애로 자꾸 사회생활에 뒤처지자 자동차를 몰고 질주를 해버렸던 곳. 그리고 피해자 가족 중에 눈에 넣어도 안 아플 손주를 잃은 할머니가 그 범인의 선처를 호소하러 다녔던 그런 기억들이 스쳐갔다. 잠깐 지나쳐가는 사람일 뿐인 내 마음이 이리 구슬픈데, 차별과 소외받는 것이 일상이 되어버린 이들의 심정은 어떨 것인지. 분노라는 폭발물들을 가슴에 안고 살아가는 이들은 또 얼마나 많을 것인지.

그런 생각을 하고 있는데 함께 차를 마시던 선배가 그랬다. 저 숲에는 엽기 토끼가 산다고. 점심시간에 산책을 나가보면, 토끼가 토끼풀 대신에 사람들이 남기고 간 닭튀김조각 같은 것을 먹고 있다고.

토끼조차도 살아남기 위해서는 쓰레기통의 닭튀김을 뒤져 먹어야 하는 현대의 도시공간에서 지금 나는 무엇을 바라는 것인가, 잠깐 마음이 아득해졌다. 휘와 나를 방해물 피하듯 쌩쌩 피해 가는 그 바쁜 사람들이라고 해서, 어깨를 세게 부딪치고도 네가 느려서 그런 거야, 짜증스럽게 쳐다보던 그 사람들이라고 뿌듯한 삶의 질을 누리고 있지는 않을 것이라는 생각이 문득 들었다. 그렇다면 도대체 무엇을 위해 그 인파들은 그리도 바삐 움직여가야 하는 것일까.

문득 그럴 때, 〈매트릭스〉 속을 살아가고 있다는 느낌이 아주 선명해지곤 한다. '너의 사고, 너만의 개똥철학이란 아무 소용도 없어. 그저 프로그래밍되어 있는 그 삶을 스쳐지나가기만 해.' 누군가 그렇게 우리 귀에 속삭이고 있는 것 같다. 뭔가를 깊이 생각한다거나, 도도한 흐름을 저항하면 너만 피곤해진다고 끊임없이 누군가가 주문을 거는 듯도.

두 휘는 한국의 문방구점에만 데려다 놓으면 생기가 돌았다. 문방구점들을 아예 통째로 밴쿠버로 옮겨가고 싶어할 정도였다. 휘가 그랬다. 한국에는 좋은 물건들이 너무도 많이 쌓여 있다고, 그래서 한국에 오면 심심하지가 않다고.

어지간한 식당은 대부분 자동문으로 스륵 열렸다. 그 사이 촌아이가 된 두 휘는 그런 '잘사는' 한국을 자랑스러워했다. 그런데 엄마인 내게는 물건이 넘치는 그 '잘사는' 곳의 그늘이 보이는 것을 어쩌랴. 소비주체들을 위해서만 이상 비대해져가는 도시라는 그 쓸쓸한 느낌.

접선하듯 신도시 전철역 주변에서 한 지인을 만났을 때다. 벨을 눌러 역무원을 부르고 있는 휠체어 탄 아저씨와 보호자를 보았다. 한참 가다가 문득, 어느 입구로 들어가야 하는지를 알려주기 위해 되돌아가서 입구를 확인하고 공중전화까지 걸고 나오면서 보니 두 분은 여전히 버튼을 거푸 누르면서 역무원을 기다리고 있었다. 문득 이상한 기분이 든다. 지은 지 몇 년 안된 역사에 왜 간편한 장애자용 엘리베이터가 없을까. 밴쿠버의 오래된 어떤 건물에서도 장애자용 엘리베이터로 간편하게 이동하곤 했던 내게, 그 하염없이 역무원을 기다리는 두 사람의 모습은 선명하게 기억된다.

도심을 제외하고는 자동문을 보기 힘든 밴쿠버의, 간이건물처럼 허술한 2층 초등학교에도 있는 장애자용 엘리베이터가, 위풍당당한 한국의 대학에는 거의 없다. 몇 계단 안되는 집 앞 도서관에도 있는 장애자용 엘리베이터가 한국의 5층 아파트 단지에는 없었다. 이제 내 눈은 휘가 그렇게나 자랑스러워하는 도시에 있어야 할 것들, 그런데 없는 것들만을 민감하게 찾아낸다. 그러면서 상처받는다.

2003년 새해, 다시 밴쿠버. 휘가 가고파 했던 곳 중에 서울에 위치한 곳들은 거의 다 삭제해야 했던 그 여행의 후유증이 의외로 컸다. 어디 사포 같은 것에 몇 차례 북북 긁힌 듯 오래 마음이 쓰라렸다.

그럴 때마다 아직 추운 마당에 나가 오래 서성이곤 했다. 양지바른 곳에 크로커스 표창 같은 잎과 꽃대가 올라오고 있었다. 그런데 언 땅 껍질을 뚫고 그 여린 잎과 가는 꽃대가 올라오면서, 그 부분의 땅 거죽이 불쑥불쑥 들려 있다. 도대체 그 모습은 어린아이가 너무도 거대한 역기를 기어코 들어올리고야 마는 것 같은 기적이 아니고 무엇이겠는가.

겨울 마당 한쪽에서 벌어지는 그 작은 기적이 그 시절 나를 위로했다. 크로커스는 온 마당의 땅거죽을 다 들고 일어설 필요가 없었다. 그저 제가 솟아날 그 작은 부분의 땅을 제 온힘을 바쳐 들어올리면 되었다. 나는 아직 겨울인 그때, 꽁꽁 언 땅을 불쑥 들어올리고 피어난, 여린 흰 발목을 한 연보라색 그 작은 꽃에 의지하고 있었다.

 작은 몸집으로 그저 제 주변의 땅 표면을 조금 불쑥 들어올리고 피어난 크로커스처럼 나도, 내가 알고 느낀 부분만이라도 나눠보고 싶다는 생각을 그때 점점 더 골똘히 하기 시작했던 것이다. 물론 그 골똘한 생각의 흔적들이 바로 이 글들이다.

불가능한 꿈을 꾸는 리얼리스트

우리 모두 리얼리스트가 되자.
그러나 우리의 가슴속에 불가능한 꿈을 가지자.
―체 게바라

2003년 2월의 마지막 주, 다시금 휘의 상태를 전체적으로 검사했다. 뇌촬영을 했고, 내분비과 정밀검진을 했고, 아이필드 테스트를 했다. 검사를 앞두고서도 마음은 계속 서성거렸고 검사를 마친 후 며칠이 지나도 어떤 일에 집중할 수가 없었다.

그나마 다행스러운 건, 뇌촬영을 하는 동안 담당의사가 어딘가로 급히 전화를 거는 일이 없었다는 것이다. 촬영을 하는 도중에 그 결과를 어딘가로 알리지 않았다는 것을, 상태가 나쁘지 않다는 신호로 받아들이자고 작정하고 며칠 마음을 계속 쓸어내리면서 나는 결

마당 한켠에 피어난 감자꽃(왼쪽)과 로지타 꽃집에서 사온 화분

과를 기다렸다.

3월 4일, 아동병원의 휘를 담당하는 간호사에게서 전화가 걸려 왔다. 나를 찾는 그녀의 목소리가 우렁차고도 밝았다. 아주아주 조금이지만 수술 후 10퍼센트 남겨놓았던 그 종양이 줄어들었다고 알려준다. 알려주는 그녀의 목소리에 밝은 물기가 좀 어린다. 시야도 더이상 좁혀지지 않았고, 뇌하수체의 기능도 더 저하된 것 같지는 않다고 알려주면서 그녀는 꽥꽥 소리를 질러대고 있었다. 출근하자마자 결과를 확인해서 그 좋은 소식을 알리고 있는, 그녀가 전화를 걸고 있는 암병동 너머의 풍경들이 얼핏 눈앞에 스쳐 지나갔다. 그곳을 드나들기 시작한 지 2년 몇 개월 만에 처음으로 듣는 희망적인 소식이었다.

휘에게 그 좋은 소식을 알려주니 빙긋 웃었다. "네가 얼마나 자랑스러운 일을 해냈는지 알겠지?" 했더니 서슴없이 "응"이라고 대답하면서 고개를 끄덕거린다. 그래, 자기자신을 사랑하고 자랑스러워하는 일만큼 중요한 일이 어디 있으랴. 휘의 그런 모습에 가슴이

불가능한 꿈을 꾸는 리얼리스트 325

뿌듯해졌었다.

　기쁜 소식 뒤에 병원 스케줄이 갑자기 헐렁해졌다. 그렇게 모처럼 느슨한 시간들을 보내던 어느 날 인터넷으로 한국소식들을 살펴보다가 사진 한 장을 보게 되었다. 환자복 차림을 하고 시위를 하던 이가 청원경찰에게 두 손 두 발을 번쩍 들린 채로 옮겨지고 있는 사진. 그날 아침 나는 모니터 속의 그 사진을 한참이나 쳐다보고 앉아 있었다. 백혈병 환자들이, 약으로뿐만 아니라 정신력으로 마음을 다스리며 투병해야 하는 환자들이 왜 저런 모습으로 시위를 해야 하나. 왜 마른 짚단처럼 번쩍 들어올려져 치워지고 있어야 하나. 뇌종양 환자 아이를 둔 내가 누린 호사(?)가 미안했고, 그들 앞에 놓인 열악한 환경에 마음이 아팠다. 그 아침 나는 그들의 편에 서 있고 싶었고, 그들의 약한 목소리에 내 작은 목소리 하나를 보태고 싶어졌다.

　원래 '거창 취향'이 다분한 나는 이 글들을 쓰는 도중 체 게바라 평전을 곁에 놓아두고, 시간 날 때면 틈틈이 다시 읽어나갔다. 내 안의 허무, 냉소를 이겨내기 위한 전략이었다. 과연 이런 내 작은 목소리가 무슨 소용에 닿으랴. 열심히 떠들어봐야 듣는 사람도 별로 없어. 게다가 듣고 나도 뒤돌아 서면 일상에 치여 잊혀지고 말겠지 뭐. 글을 써내는 것보다는 그런 내 안의 허무, 냉소를 다스리는 일이 더 힘들었다.

　아르헨티나의 부유층 자녀였고, 25세에 의학박사 학위를 받은 청년 체 게바라를 혁명가이게 한 것은 두 번의 여행과 그 여행에서 만난 수많은 라틴 아메리카의 빈민들이었다. 체는 육체의 병 대신 사회의 병을 고치고 수술하는 의사가 되는 편을 택한다.

체의 평전에 보면, 그는 혁명군의 지휘관이자 주치의, 치과의사였고, 오지인들에게는 의료봉사단이었다. 그의 일기장에 보면 전투가 없는 날, 어느 산악지대 사람들을 진료한 기록이 나온다. 그런데 호기심 많은 한 소녀가 체의 곁을 떠나지 않고 꼬박 지켜보다가 자기 엄마 차례가 오니까 엄마에게 일러바치더란다.

"엄마, 이거 알아요? 저 의사 선생님은 내내 똑같은 얘기만 하고 있어요." 체는 쓰고 있다. 엄밀히 말하면 소녀의 말이 맞다고. 그 오지의 엄마들은 아이들을 다섯 여섯 일곱씩 낳고, 어린아이를 업고서도 온갖 집안일에 멀리 물 길러 다녀야 해서, 그런 중노동 끝에 얻는 병들이란 결국 모두 같은 범주의 것이었다고. 그래서 자기는 계속, 남편과 함께 일상생활을 바꾸어야 한다는 똑같은 이야기만 되풀이했었다고.

나는 체를 표절했다. 이 글들을 읽고 난 어떤 분이, 체의 곁에 쪼그리고 앉아 무슨 이야기를 하나 빠짐없이 듣고 난 소녀처럼, '그러니까 결국 똑같은 이야기만 되풀이하다 마는군' 해도 난 할말이 없다.

내 이야기는 그다지 새로울 것이 없고, 게다가 이 거대자본의 시대를 거슬러 역류하는, 구식도 한참 구식인 이야기다. 모두 다 잘살자는 이야기 대신, 발전 속도를 조금 늦추더라도, 아픈 사람, 배고픈 사람과 함께 가자는 이야기, 더 적나라하게 요약하자면 조금씩 더 청빈해지지 않으면 복지시스템 자체가 존립할 수 없다는 이야기였다.

불가능한 꿈을 꾸는 리얼리스트

1990년 소련이 무너진 뒤, 나는 1년여 부다페스트에 머물면서 동유럽을 집중 여행, 연구(거창 취향)했었다. 이방인의 눈으로 그들의 변화를 살피는 일은 좀 쓸쓸했다. 맑은 시냇물에 시커먼 공장 폐수가 유입되듯, 동구의 청빈한 사회주의 체제에 자본이 섞여들면서 가장 먼저 삶의 질이 무너지는 듯 보였다.

그 사회의 부유층 공무원이 유학생들을 통해 가치없는 조국의 돈 대신 달러를 불법으로 긁어모았다. 그때 나는 은행에 갈 필요조차 없이 기숙사에 앉아, 정식환율보다 1.5배 높은 액수로 환전을 할 수 있었다. 그들 부패 공무원 덕분에. 그 격변의 시기에, 돈 냄새를 잘 맡는 이들은 이렇게저렇게 그동안 유보되었던 욕망을 채워나가기 바빴다. 러시아어 학원이 영어학원으로 바뀌고, 초등학교에도 영어가 교과목으로 채택되었다.

기차 여행을 해보면 칸칸마다 보따리 장수들이 가득했다. 담배나 청바지, 값싼 동구 물건들을 떼다가 다른 유럽의 서민들에게 팔아 넘기는 것으로 한몫 잡으려던 사람들. 그들 때문에 국경지대에서 기차는 하염없이 멈춰서곤 했다. 총을 든 수색대원들은 기차칸을 뒤져 헝가리 담배를 빼앗고 제한된 개수 이외의 청바지, 티셔츠를 몰수하거나 그 주인을 기차에서 내리게 했다. 번번이 나의 커다란 배낭도 덩달아 몽땅 까발려지곤 했다.

그럼에도 새벽에 기차에서 내려보면, 역 주변에는 용케도 그 삼엄한 검문을 피한 이들이 풀어놓은 동구의 값싼 물건들로 좌판이 열리곤 했었다.

나는 그때, 그런 풍경들을 보면서 악착같이 사는 일, 눈덩이를 굴리고 굴리듯 온갖가지 방법으로 돈을 부풀려나가는 일들에 흥미를 잃어버렸다. 공중에 매달린 줄을 타듯, 아슬아슬 균형을 잡아가면서 그렇게 살아가는 이들의 호주머니가 지폐로 불룩해지는 것을 보면서도 그랬다. 부럽지 않았다. 이방인의 눈에 그들이 돈을 무엇과 교환해버리는지 오히려 더 선명하게 보였던 것이다. 대신, 그런 격변과는 무관하게 여전히 청빈한 사람들, 조용히 삶을 이어나가고, 주말이면 구식 양복을 찾아입고 극장을 찾는 사람들이야말로 그 사회를 지탱해주는 버팀목 같은 존재들이라는 것을 알았다. 헝가리를, 부다페스트를 여전히 헝가리답게, 부다페스트답게 지켜주는 이들은 바로 그 청빈하고 조용한 다수였다.

인텔리들은 그 좋은 머리로 암달러 시장을 기웃거리고, 외국인 회사 취업을 위해 노력하고, 영어를 배우고, 유학생들의 과외자리를 알아보기 위해 바빴다. 그들의 학력과 인맥이 그런 지름길 발견을 돕는 듯이 보였다. 그런데 이방인인 나에게 그들은 그 땅의 주인처럼 보이지 않았다. 그 맑은 물줄기에 너무 급격히 섞이고 있는 시커먼 공장폐수를 두 손 들어 환영하는 무리들을 어떻게 그 사회의 주인으로 여길 수 있겠는가.

지금도 나는 가끔 그쪽 소식에 귀를 쫑긋 세운다. 그나마 폐수 방류가 어느 정도 자정되었다는 소식도 들었다. 청빈한 채 흔들림 없이 지켜준 주인들 때문이라고 나는 생각한다.

정치가들이, 지식인들이, 기득권층이 세상을 바꿔주지는 않는다고 나는 생각한다. 힘을 다해 이쪽을 좀 바라보라고 소리를 질러대야 겨우 그들의 고개가 그늘 쪽으로 그것도 아주 짧게 잠깐 돌려지는 정도 아니었던가? 그러나 환자복을 입은 채로도 이것은 부당하다고 외쳤던 그분은 적어도 나를 자각시켰다. 취향에도 안 맞는 개인사를 시시콜콜 털어놓는 방식의 '시위'를 하라고. 그런 대접을 받아가면서 치료를 받는 이들도 있음을 알리라고 부추겼다. 아마도 언젠가 또 환자들이, 혹은 환자의 보호자들이 나서서 의료보험 적용 대상을 늘려달라고 외칠 때, 내 글을 읽은 누군가 몇 사람쯤은 그들 편을 들어줄 것이라고 나는 믿는다. 이 먼 곳에서 내가 할 수 있는, 그리고 바랄 수 있는 정도는 그것이다. 불가능한 꿈을 꾸는 리얼리스트인 내게는 그렇게 세상이 아주 조금씩이나마 좋은 쪽으로 변화해가리라는 믿음이 있다. 아니 더 엄밀히 말하자면 그렇게 변화되어가야 한다는 믿음이 있다.

이번 주중에 벌써 이틀 동안, 휘는 3시까지 수업 전체를 들었다. 반나절 학생에서 보통의 학생으로 이틀을 보낸 것이 휘도 나도 정말 기뻤다.

휘가 뇌종양 진단을 받았던 첫해에, 꽃집 〈로지타〉를 지나치다가 한쪽에 버려진 화분 하나를 보았었다. 대목인 봄꽃들을 그득 들여놓느라 그 화분은 한켠에 방치되어 이파리들이 누렇게 죽어가고 있었다. 그런데도 한 줄기가 겨우 살아서 서너 잎을 여리게 매달고 있었다. 나는 차마 그냥 지나칠 수가 없어서 1달러를 주고 그 화분을 샀다. 로지타가 조금 미안해하면서 말했다. 그거 물만 잘 주면 금세 쑥쑥 클 거라고. 그런데 자기는 다른 돌볼 꽃들이 많아서 잊어버리고 있었노라고.

로지타 말대로 흔한 것들이 대부분 그렇듯 그 이파리들은 물만

쥐도 쑥쑥 잘 자라준다. 이젠 청년이 된 고양이 송이가 아무리 괴롭혀도 끄떡없이 새 줄기를 뻗어가고 새 잎들을 키워나간다.

지난 가을, 야채통에서 쪼글쪼글 마른, 그럼에도 온몸에 하얀 싹을 더덕더덕 키우고 있는 감자 한 알을 발견했다. 그 여린 싹들 때문에 함부로 버리지 못하겠어서 마당 한켠에다 묻어주었더니, 쑥쑥 자라서 요며칠 꽃을 피우고 있다. 시골 감자밭을 지나면 볼 수 있었던 그 순한 감자꽃을 다시 보게 된 것이 기뻐서 나는 마당을 들락날락하면서 눈을 맞추고 웃어주고 있다. 다시 말하건대 모든 생명은 장엄하다.

암환자들, 난치병 환자들, 특히나 치료만 하면 쑥쑥 병을 이겨내는 소아암 환자들에게 치료의 기회를 주는 사회, 그런 병 치료에 필요한 첨단의료장비 검사료에 의료보험이 적용되는 사회, 그런 의료보험이 적용되어도 밑빠진 독에 물 붓기 격인 그런 가정들에 사람들이 물을 길어다주고 눈길을 주는 사회, 나는 내 조국이 그런 곳이기를 바란다.

그래서 나는 꼭꼭 숨어버린 순정어린 마음을 찾아내 먼지를 털고서, 이렇게나 기나긴 연애편지를 썼다. 내가 사랑하는 땅과 그 땅의 사람들을 향해.

이 긴 연애편지를 마치는 한마디는 대부분의 구태의연한 연애편지를 답습하고 싶다.

사랑합니다. 몸이 멀리 있어서 더욱 마음 깊이.

□발문□

몇 년 후엔가는
신경숙(소설가)

 책상에만 앉으면 금방 써질 것 같은 이 글이 써지지가 않는다.
 자정 근처에서 새벽 5시까지 단 1초도 쉬지 않고 투닥투닥 내리는 빗소리를 듣고 앉아만 있었다. 날이 밝아오도록 계속되는 빗속에 안개가 자욱하게 피어오른다. 안개 바다다. 안개를 바라보다가 저기 붉은 계단 끝이 다른 날하고는 다르다는 생각을 했다. 시선 줄곧을 찾던 중이라 붉은 계단 끝을 쳐다보고 있었는데 어느 순간 무엇이 움직여서 놀랐다. 무엇이길래 안개와 빗속의 저것은 움직이기까지 하는 것인가……. 그때야 안경을 찾아 쓰고 눈여겨 보니 비가 내리는 붉은 계단 끝에 웅크리고 앉아 있는 건 노란 고양이였다. 먼 이국에서 친구의 아들 휘가 아프다는 소식을 듣고 난 후에는 무엇이든 혼자 있는 것을 보면 친구가 생각난다, 고 결국 이 글을 이렇게 시작한다.

나는 지금에야 내가 혜정을 처음 본 순간을 기억하지 못하고 있다는 것을 깨닫고 있다. 아무리 생각해봐도 그녀를 내가 어떻게 처음 만났는지 기억이 나질 않는다. 청춘시절 일터에서 만났었다는 기억이 아슴프레하게 날 뿐 첫인사를 어떻게 나누었는지 누가 누구를 먼저 알아보았는지 기억이 나질 않는다. 그냥 우리는 어느덧 같이 있었다. 내가 혜정에 대해 아는 것이라고는 혜정이 내 태생지보다 훨씬 더 아래쪽인 목포에서 자랐다는 것, 그곳에서 대학을 다녔다는 것, 소설가 이동하 선생이 혜정의 스승이라는 것…… 이것뿐이었다.

처음 인사한 게 언제였는지 모르게 우리를 어느덧 같이 있게 했던 것은, 어쩌면 혜정이 신춘문예로 등단한 소설가였고 나 또한 문예지로 갓 등단한 소설가로 서로 쓰고 싶은 소설은 못 쓰고 일터에 나와 일이나 하고 있다는 것…… 그것이었는지도 모르겠다. 여럿이 있어도 혼자 있는 것 같은 그런 분위기를 풍기고 있어서일까. 나는 혜정이 나보다 나이가 한 살 더 많은지 적은지를 아직도 정확히 알고 있지 못하나 많아봐야 한 살이거나 두 살 차이일 텐데, 항상 생각하는 것이나 행동하는 것이 혜정이 나보다 몇 살은 더 위 같은 느낌이었다. 그래서였을 것이다. 그녀에 대해서 큰 걱정을 하지 않았다. 무엇이든 어찌어찌 잘 헤쳐나갈 것 같은 느낌을 혜정은 풍기고 있는 사람이다. 남자처럼 너무나 짧은 머리, 청바지 혹은 면바지에 남방 혹은 스웨터를 즐겨 입고 동그란 검은테 안경을 쓰고 있던 그녀가 쓰는 말과 안경 속의 눈빛과 긴 허리를 가진 뒷모습은 무엇에도 깊이 얽매이지 않고 곧 떠나버릴 것 같은 그런 느낌까지 내포

하고 있었다.

  어떻게 만났는지는 잊었으나 우리(들)는 곧 친구가 되어 80년대의 한 시절을 함께했다.

  내가 아는 이들과 혜정이 아는 이들이 우리들 사이로 서로 섞여 들었다. 그중에 시인 황인숙과 양선희와 혜정과 나는 그야말로 무던히도 만났다. 한 시절 우리는 서로의 집이나 방을 오갔고 서로의 동생들이나 오빠들과도 어울렸으며 하루라도 서로 전화통화하지 않으면 허전해서 한밤중에라도 통화가 된 다음에야 안심을 했고 때때로 사랑하는 것이 같아서 눈치 안 채게 질투하기도 했고(나만 그랬는지도) 그리고 무엇보다도 함께 책을 읽었다. 내가 읽던 책을 혜정이 읽었고 혜정이 읽던 책을 내가 읽었다. 그 시절 우리가 그렇게 무던히도 만나지 않았다면 어떻게 청춘을 통과해왔을까. 이제는 사라진 광화문의 양지다방에서 서로 죽치고 앉아 있거나, 느닷없이 밤기차를 타고 바다를 보러 떠나거나, 최루가스 속을 헤매며 이 도시를 걸어다니지 않았다면. 80년대의 어느 날 혜정과 나는 이한열의 죽음 앞에 비통해하며 분향소를 함께 찾았고 장례식 때는 신새벽에 만나 연세대학교에 가서 긴 행렬 속에 함께 섞여들었다가 시청 앞에서 가방과 신발을 잃어버린 채 거리를 방황하기도 했다.

  그러다가 우리들 중에서 혜정이 먼저 군대를 제대한 애인과 결혼을 했다. 그녀의 결혼식 날은 무척 비가 내렸다. 우리는 서울에서 부케를 만들어서 챙겨 들고 결혼식장이 있는 목포에 가기 위해 김포공항엘 갔다. 비 내리는 공항에서 이동하 선생을 처음 만났다. 선생은 혜정의 결혼식에 주례를 맡아 가시는 길이었다. 이동하 선생의 본명이 '이용'이라는 사실도 그날 알았다. 비 때문에 비행기의 이륙에 문제가 생겨 하마터면 결혼식에 가지 못할 뻔했던 그때에 무슨 일로인지 공항의 직원이 승객들 이름을 차례로 불렀던 것이다. 부케와 주례가 결혼식 10분 전에 겨우 결혼식장에 도착했을 때 혜정이 웃었던가, 울었던가.

결혼식이 끝나고 혜정은 남편과 함께 헝가리로 떠났다.

지금이야 어디로 떠난다는 것이 무슨 화제가 되겠는가만 그때는 용기였다. 두 사람은 그동안 일해서 벌었던 돈을 탈탈 털어서 1년쯤 예정으로 떠났다. 목적지가 헝가리였던 것은 그곳이 물가가 싸기 때문이었을 테지만 나는 헝가리와 혜정이 잘 어울린다고 생각했다. 혜정이 떠날 때 나는 혜정이 쓰고 있던 전화를 물려받았다. 알고 보니 혜정은 그 전화를 오빠에게서 받은 모양으로 우리 집 전화는 지금도 명의가 혜정의 오빠로 되어 있다. 이태 전인가 내가 시외전화비를 연체했다고(자동이체를 해놓았음에도 불구하고 어인 일인지) 혜정의 오빠에게 전화세 독촉장이 날아가는 통에 우리는 수화기 저편에서 서로가 누군가를 알아맞히며 오랜만에 인사를 나누기도 했다. 혜정이 헝가리에서 가끔 엽서를 보내왔다. 훗날에 혜정은 그때가 참 좋았다고 했다. 비록 돌아와서는 방 한칸이 없어 쩔쩔매는 처지가 되었지만 혜정이 좋았다고 했던 그 속에는 혜정이 진정으로 누렸던 자유가 있었을 것이다.

혜정은 헝가리에서 돌아와 다시 일을 시작했고 나는 소설을 써보겠노라고 일을 그만두는 것으로 우리는 삼십대가 되었다. 서로의 생활이 달라지면서 우리는 예전처럼 자주 만날 수가 없었다. 혜정은 그 사이 두 아들을 낳아서 '설휘' '창휘'라 이름을 지었고 나는 소설을 쓴다고 책상 앞에 엎드려 있었다. 창휘가 태어나기 전 어느 겨울날 저녁에 여의도 레스토랑에서 만난 설휘는 너무나 작고 얼굴이 희고 연약해서 애처로워보이는 모습이었다. 혜정이 속상할까봐 그때는 말을 안했는데 그날 설휘를 보고 있는 내 마음에 이상하게 파문이 일었다. 어쩌면 이렇게 깨끗한 아이가 있나, 싶어 까닭없이 마음이 아렸다. 그런데 나 좀 보라. 그날은 물론이고 여태 설휘에게 옷이라도 한 벌, 아니 맛난 것이라도 한번 사주었는지 어쨌는지. 어쩐 일인지 그때껏 내 친구들은 모두들 미혼이었다. 서른이 되어가는데도 친구가 낳은 아이를 본 적이 없는 처지였다. 조금은 떨리고 조금은 낯설고 두 마음이 합쳐져서 어찌할 바를 모르는 채 낯가림이 심한 설휘의 손을 괜히 만져봤다가 머리를 쓰다듬어봤다가 종내는 아린 마음으로 물끄러미 바라나봤던 것 같다. 그날 눈이 내렸다. 설휘의 '설'이 눈설雪자여서 내 친구의 아들 이름이 너무 찬란하다고 잠깐 스쳐지나가듯 생각했던 기억이 난다.

혜정은 설휘 동생 창휘를 낳으면서도 늘 일을 했다. 하긴 그러지 않고는 시골 출신의 가난뱅이들이 이 도시에서 어떻게 삶을 일구어낼 수 있었겠는지. 혜정은 두 아들을 낳고 일을 하느라고 나는 또 내 무엇에 빠져 있느라고 몇 해를 못 만난 적도 있었다. 그러나 아주 오랜만에 전화 통화가 되면 금세 늘 만나왔던 거나 마찬가지가 되곤 했다. 청춘의 어느 시절을 함께 보냈다는 것은 그런 것일 것이다. 못 만나고 지내는 시간이 길어져도 멀어졌다는 생각이 들지 않는 이유는 그 서툴고 타자를 배려할 여유가 없었던 그래서 이기적이며 오류투성이인 청춘의 시간을 함께했기 때문인지도. 혜정은 언제나 책을 읽고 있었다. 혜정과 통화가 되어 얘기를 하다보면 나는 나도 모르게 너는 언제 그 책들을 다 읽었냐…… 하는 말이 저절로 튀어나오며 친구로서 진심으로 존경심이 움트곤 했다. 그리고 곧 미안해졌다. 혜정이 얼마나 소설에 대한 열망이 큰지를 알고 있었기 때문이었다. 한때의 내가 그랬던 것처럼 소설 때문에 혜정이 일에 마음을 제대로 붙이지 못하고 있다는 걸 느낄수록 더 그랬다.

오랫동안 전화통화도 못하고 있던 어느 날이던가. 혜정에게서 전화가 왔다. 영화를 보러 가자고 했다. 우리가 함께 보았던 영화가 무엇이었던가? 잊었다. 혹시 우리가 영화를 보지 못한 건 아닐는지. 동숭동의 새로 생긴 카페에 앉아 오랜만에 차를 마시며 얘기를 나누었던 생각만 난다. 혜정은 우울해보였다. 무슨 마음의 걱정이 있는 것 같은데 얘길 하지 않았다. 때로는 그렇게 옆에 앉아 있어만 주어도 누군가에게는 힘이 되는 것일까. 그날 나는 혜정을 일산 근처의 집에까지 바래다주었다. 그 사이 자동차 운전을 하게 된 나를 혜정은 신기하게 바라보았다. 그날 집에서 마주쳤던 설휘와 창휘는 참 건강해보였다. 어린 것들이 우당탕탕 뛰어다녔다. 거실이며 부엌이며도 적당히 어질러져 있었다. 이제는 자주 만나자 해놓고 또 오래 만나지 못했다. 다시 오랜만에 만났을 때 혜정이 이민 이야기를 꺼냈다. 처음에는 그냥 하는 말인 줄 알았다. 그런데 그녀는 캐나다로 갈까, 한다고 구체적으로 말했다. 나는 캐나다라구? 반문했다. 대체 그 나라는 또 어디쯤인가. 내 친구는 왜 거기 가서 살겠다고 하는가. 늘 곧 어딘가로 떠날 것같이 방랑자 같은 느낌의 그녀였지만 이민은 아니었다. 어딜 떠돌아다니거나 그녀는 부정할 수 없는 한국 토종이었다. 혜정은 그냥 한 5년만 있다 올 거야. 이민 비자로 가는 건 아이들 학교 문제 때문이야…… 라고 했다. 혜정이 떠나던 그 겨울 밤에 우리는 오랜만에 우리 집 식탁에 모여앉아 무슨 얘기인가를 밤늦도록 주고받았다.

 그렇게 혜정이 캐나다로 가고 난 뒤에 우리는 수시로 메일을 주고받았다. 가까이 있는 친구에게 말 못할 일이 있을 때면 나는 혜정에게 뭐라구 뭐라구 써서 메일을 보냈다. 멀리 있다는 게 때로는 하고 싶은 말을 다 하게 하기도 했다. 그러면 혜정도 뭐라구 뭐라구 긴 메일을 보내왔다. 그러다가 메일이 오지 않았다. 갑자기 소식이 뚝 끊겨서 의아하게 생각하긴 했다. 그렇게 두 달쯤 흘렀다. 어느 날 새벽에 내가 다시 왜 답장을 보내지 않느냐는 메일을 좀 냉정하게 써보낸 뒤에야 혜정에게서 설휘가 아프다는 답장이 왔다. 설휘가? 나는 설휘의 병명을 듣고 그만 할말을 잃었다. 혜정이 그 먼 땅에서 아픈 아이 때문에 제정신이 아닌 때에 나는 왜 답장을 보내지 않느냐고 투정이나 부리고 있었구나. 혜정은 원래 그러했다. 무슨 어려운 일이 생기면 그걸 혼자서 껴안고 끙끙대는 사람이었다. 다 해결이 된 다음에야 그런 일이 있었다고 말하는 그런 사람이었다. 내가 할 수 있는 일이란 고작 말을 하라는 것이었다. 혼자 다 끌어안고 있다가는 너도 아플 것이다, 너까지 아프면 설휘는 누가 돌보냐, 그러니 하소연도 하고 소리도 치고 부탁도 해라……. 그러나 혜정은 가능하면 설휘 얘기는 하지 않으려 했다. 해도 그 중에서 가장 나은 이야기만 골라서 했다. 내가 할 수 있는 일이란 고작 점점 시력을 잃어가면서도 엄마를 닮았는지 책읽기를 좋아하는 설휘에게 『고양이 학교』 같은 동화책이나 보내주는 일이었다. 보내면서 이 책이 설휘의 시력을 더 나쁘게 하면 어떡하나 혼자 걱정이나 하는 일이었다. 들을 수 없는 것보다는 볼 수 없는 게 낫다고 말한다는 설휘의 얘기를 전해 들으면서 멍하니 앉아 있는 일뿐이었다.

캐나다에 간 뒤 처음으로-혜정이 서울에 왔을 때 서로 시간이 맞지 않아 못 만나고 있다가 혜정의 여동생이 우리 집 앞에까지 그녀를 태워다 줘서 밤 11시에서 새벽 1시까지 겨우 세 시간 만났던 동안 혜정은 오히려 나를 위로했었다. 무슨 여유로 예쁜 책까지 사와서 선물로 주었다. 그러면서 말했다. 아픈 아이를 데리고 서울에 와보니 그전에 볼 수 없는 것들이 보인다고 했다. 아픈 사람들을 전혀 염두에 두지 않고 지어진 건물이나 신호등 앞에 서면 막막하고 두렵다고 했다. 휠체어를 타거나 장애를 가진 사람들이 벤쿠버에서는 쉽게 눈에 띄는데 서울의 거리에서는 왜 볼 수 없는가? 그녀는 조용히 분노했다. 그들은 이 도시에서 다 어떻게들 살고 있는가 하고. 그때야 나도 생각했다. 모든 시스템이 정상인 위주로 돌아가고 있는 이 도시의 비정한 모습을. 그때 혜정이 다시 캐나다로 돌아가서 보내온 메일의 제목은 '무사도착'이었다. 아이가 다니던 병원 옆으로 다시 오니 안심이 된다고 했다. 여기 머무는 동안 아이가 아플까 봐서 누굴 만나도 편하지가 않았었다고. 외롭지만 이 적막한 안심이 더 나은 것 같다고.

작년 12월에 혜정은 다시 한국엘 왔다. 1년에 한 번 암병동에서 치료를 가장 잘 받은 아이를 택해서 그쪽 재단에서 아이의 소원을 들어주는 프로그램이 있는데 설휘가 뽑혔다는 것이었다. 설휘의 소망은 한국에 가는 것이었다고 했다. 나는 설휘의 소망을 들어준 먼 이국의 그 재단이 너무나 고마웠다. 한국식으로 생각했다. 자기나라 아이들도 많이 있을 텐데 이민 온 아이를…… . 덕분에 나도 내 친구를 모처럼 교보문고에서 만날 수가 있었다. 그때 이미 설휘는 한쪽 눈은 실명상태고 나머지 4분의 1로만 세상을 보는 아이가 되어 있었다. 친가가 있는 남도에 머무는 동안 설휘는 자동차를 타게 되면 차창에 두 팔을 짚고 서서는 세상을 다 보아두려는 듯이 바깥 풍경을 뚫어져라 본다고 했다. 기차를 타고 서울에 오는 동안에도 한시도 차창에서 떨어지질 않는다고 했다.

지난 겨울 혜정은 마치 잠시 어디 갔다가 돌아온 사람처럼 배낭을 메고 약속 장소인 교보문고 매장에 뻘쭘히 서 있었다. 그녀는 교보문고의 화려한 문구점을 돌아보며 설휘가 문구류를 너무나 좋아하는데 계단 때문에 아이를 데리고 나오지 못한 것을 몹시 아쉬워했다. 지난번에 왔을 때, 시력 좋은 사람 위주로만 만들어놓은 계단을 잘못 디뎌 인대가 늘어나서 돌아간 어린 설휘였다. 동네 문구점도 그렇게 좋아하는데 여기 데려오면 천국에 온 줄 알 텐데. 내가 할 수 있는 말은 혜정의 배낭을 어루만지며 다음에는 꼭 데려오자, 라고 말하는 것뿐이었다. 그래…… 다음에는, 다음에는. 내가 뭐 필요한 거 없느냐 물으니 혜정은 나에게 책을 사달라고 했다. 메고 온 배낭에 벌써 책이 한가득 들어 있는 참이었다. 혜정은 『군중과 권력』 같은 아주 두꺼운 책을 고르며 책값이 비싸다고 미안해했다. 그러면서 하는 말이 얇은 책은 너무 금방 읽어버려…… 웅얼거렸다. 설휘가 수술실에 들어가면 혜정은 무슨 내용인지 눈에 들어오지 않아도 책을 읽고 또 읽는다고 했다.

그렇게 다시 캐나다로 간 혜정이 어느날 1인 시위를 하겠다고 했다. 〈언니네〉라는 인터넷 사이트에 '휘의 방'을 개설했다고 했다. 혜정은 아이가 아프다는 말을 아이의 할머니에게조차 1년이 지나도록 하지 않았던 사람이었다. 그동안 내 친구가 어떻게 지냈는지, 내 친구의 아이가 어떻게 아픈 것인지, 과묵한 내 친구가 왜 1인 시위를 하겠다고 나섰는지를 나는 그녀가 1인 시위를 하며 쓴 글들을 읽으며 알게 되었다. 알게 된 것이 어디 그것뿐일까. 이민자의 신분으로 낯선 땅에서 아픈 아이를 치료해가면서 쓰여진 혜정의 글은 우리나라의 모든 시스템과 아프지 않은 나를 반성케 했다. 늘 반복되는 것 같은 이 남루한 일상이 사실은 얼마나 귀한 것인지 알게 했다. 느닷없이 찾아온 불행을 자신의 삶으로 받아들이기도 쉽지 않은데 그를 통해 타자를 발견하고 배려하는 일이야 더 말해 무엇하겠는가. 아이의 고통을 깊이 껴안으며 인간이 지녀야 할 진정한 품위가 무엇인지를 간곡하게 말하고 있는 혜정의 글을 읽은 날이면 감정이 복받쳐서 새벽잠을 설치며 방안을 서성거리곤 했다. 그동안 내가 얼마나 무신경하게 이 세상을 살아가고 있는지, 내가 누군가를 배려할 수 있는 일이 얼마나 많은데 안하고 있는지를 뼈저리게 깨닫는 순간이기도 했다.

가장 최근에 혜정이 보내온 메일엔 감자를 캤다는 얘기가 써 있다. 그곳의 마당 한켠에 그 틈에도 감자를 심었던가. 제법 굵은 알이 두 개…… 자잘한 알이 조랑조랑 달려 있었다고 했다. 굵은 거

두 개는 메일을 보낸 날 갈치에 넣어 조려먹을 예정이고 자잘한 것들은 너무 어려서 흙 속에 다시 묻어주었다고 했다. 너무 어려서…… 라는 말이 마음에 쓰였다. 다시 한국에 가면 서울, 음식점, 카페…… 이런 데 말고 상추 뜯고 고추 따서 밥도 해먹고 마루에도 누울 수 있는 그런 곳을 함께 가고 싶다만 그거야말로 엄청난 꿈이겠지? 라고 써 있다.

 이 글을 마치고 답장을 보내려고 한다. 비로소 말을 하기 시작한 네가 나는 고맙고 자랑스럽다고. 상추 뜯고 고추 따서 밥도 해먹는 그런 곳에 가는 것이 무에 꿈이겠느냐고, 내가 그런 곳을 알아놓겠다고. 나는 혜정의 1인 시위의 의미가 진심으로 널리 퍼져 우리 사회의 무엇인가를 변화시키기를 바란다. 그리고 언젠가는 그녀와 함께 마루에 누울 수도 있는 그런 곳에 함께 갈 수 있을 거라고도 생각한다. 우리 곁에는 건강해진 휘가 함께할 것이라고도. 몇 년 후엔가…… 몇 년 후엔가는.

□ 부록 □

● 지원 단체

사) 한국백혈병소아암협회(www.soaam.or.kr)
백혈병, 소아암 어린이들을 위한 치료비 지원, 후원

새생명지원센터(kids119.bokji.net)
MBC '어린이에게 새생명을 캠페인', 소아암 백혈병 어린이 치료비 후원

● 자원봉사자 모임

더불어 하나회(www.nanura.org)
소아암 백혈병 어린이 후원, 자원봉사 단체

새생명국토대장정 날개달기
(wingshang.new21.org)
소아암, 백혈병 어린이 돕기 국토대장정 모임

해바라기의 꿈(cafe.daum.net/knotman)
고대, 아산병원 환아들을 위한 1:1학습 봉사 모임

도리도리(cafe.daum.net/DORIJJANG)
동아대학교 소아암, 백혈병 환아를 위한 봉사동아리

수호천사봉사단(cafe.daum.net/soaam)
한국백혈병소아암협회 봉사단원들의 모임

사랑을 전하는 하날다래
(cafe.daum.net/hada1004)
소아암, 백혈병 서울 경기지역 봉사동아리

수호천사봉사단(cafe.daum.net/soaam1)
백혈병소아암환아 1:1학습교육 봉사자 모임

꿈나무 생일 잔치
(cafe.daum.net/treeofdream2002)
소아암 어린이를 위한 생일잔치 봉사 모임

곰솥(cafe.daum.net/gobear)
전대병원 소아암, 백혈병 어린이를 위한 사랑의 모임

시밀래(cafe.daum.net/kcchsun)
원자력 병원 소아암환자들을 위한 봉사 모임

아름다운세상(www.butyworld.ce.ro)
소아암, 백혈병 환아 치료비 모금 자선공연 모임

참사랑의집 자원봉사자 카페
(cafe.daum.net/wechamlove)
삼성서울병원 소아암쉼터 자원봉사자 모임

수호천사 봉사단(부산)
(cafe.daum.net/pssoaam)
(사)백혈병 소아암협회 수호천사 봉사단

● 환아 및 부모 모임

한빛 사랑회(www.soam.or.kr)
세브란스병원 소아암, 백혈병 환아 부모 모임

삼성서울병원참사랑회
(cafe.daum.net/charmslove)
소아암, 백혈병 환아들의 부모모임

61천사들(cafe.daum.net/ja61wr)
아산병원 소아암, 백혈병 환아들의 부모모임

희망나눔이(cafe.daum.net/tingtingyi)
서울대병원 어린이병원 소아암, 백혈병 환아 부모 모임

831호 천사들(cafe.daum.net/inha831)
인하대병원 백혈병 및 소아암 환아와 부모 모임방

희망을 향한 여행자들의 쉼터
(cafe.daum.net/childcancer)
소아암 환자와 가족들의 예술치료 모임

아이사랑회(childloves.hihome.com)
이화여자대학병원 소아암, 백혈병 환아 가족 모임

아이사랑(cafe.daum.net/lovebabywara)
국립암센터의 소아암 어린이들의 작은 나눔터

작은손 큰손(cafe.daum.net/sonson1004)
소아암 완치자 모임